Götz Blome

Wirf ab, was dich krank macht

Götz Blome

Wirf ab, was dich krank macht

Verlag Hermann Bauer
Freiburg im Breisgau

Die Deutsche Bibliothek – CIP-Einheitsaufnahme

Blome, Götz:
Wirf ab, was dich krank macht / Götz Blome. –
4. Aufl. – Freiburg im Breisgau : Bauer, 1994
   ISBN 3-7626-0358-8

4. Auflage 1994
ISBN 3-7626-0358-8
© 1988 by Verlag Hermann Bauer KG, Freiburg im Breisgau
Alle Rechte vorbehalten
Einband: Grafikdesign Wartenberg, Staufen
Satz: Typomedia Satztechnik GmbH, Scharnhausen
Druck und Bindung: Ueberreuter Buchproduktion, Korneuburg
Printed in Austria

Gedruckt auf chlorfrei gebleichtem Papier

Inhalt

Vorwort	9
Wirf ab, was dich krank macht	11
Außen wie innen	13
Illusion oder Wirklichkeit?	16
Ganzheitliches Heilen	21
Die richtige Medizin	43
Krankheit in höherer Sicht	49
Schöne Worte	56
Kranksein macht heil	62
Frosch oder Adler?	68
Heilung	71
Das Leben – ein Mysterium	79
Bewußt leiden	89
Die größere Wirklichkeit	98
Krankheitserreger	108
Eselsbrücken	118
Selbstverantwortung	122
Menetekel	131
Ein anderer Aspekt von AIDS	133
Die Botschaft	141
Helfen	142
Der innere Friede	147
Selbstanklagen	151
Vertrauen wagen	159
Selbstverwirklichung	171
Der Weg aus der Krankheit	175
Wer wirft den ersten Stein?	180
Willens sein	185
Der Götterberg	193

Du hast im Zittern deiner Seele
so oft die Grenzen deines Ichs verspürt,
wenn auf der Suche nach dem Sinn des Seins
du letztlich doch nur dich berührt.

Vorwort

Dieses Buch soll dich, liebe Leserin und lieber Leser, persönlich ansprechen. Es ist aus dem Dialog mit Menschen, die – wie du – nach Erkenntnis und innerem Frieden suchen, entstanden und stellt die Frucht täglicher Lebenserfahrung und jahrelangen Beobachtens dar. Ihm liegt die Erkenntnis zugrunde, daß nicht das Leid, sondern die Freude der Sinn unseres Lebens ist und daß wir, obwohl wir unserem Schicksal ausgeliefert sind, in unserer Bewußtwerdung, unserer Suche nach Wahrheit und Klarheit doch eine gewisse Chance haben, sie zu finden. Dazu müssen wir alles, was der Lebensfreude im Wege steht und uns also leiden läßt, entweder aus unserem Leben entfernen oder anders, nämlich positiver und freudvoller, zu sehen lernen.

Daß die hier gemachten Aussagen keine absolute Wahrheit darstellen, versteht sich von selbst. Du solltest sie auch nicht immer wörtlich nehmen, sondern versuchen, die Grundidee, die in ihnen liegt, in deine persönliche Denkweise und auf deine eigene Lebenssituation zu übertragen. Denn jeder von uns sieht die Welt mit anderen Augen, muß seinen Weg gehen, seine Wahrheit finden. Hierzu soll dieses Buch, indem es dich zum Nachdenken anregt oder auch zum Widerspruch reizt, beitragen.

Leid entsteht immer aus einem Verstoß gegen das Richtige, das Wahre. Die Religionen identifizieren dieses mit dem Guten, mit »Gott« – das Falsche, das Unwahre aber mit dem Bösen, dem »Teufel«. So müssen wir leiden, wenn der »Teufel« der zerstörerischen und verlogenen Emotionen, der verneinenden Lebenshaltungen, des Selbstbetruges über uns kommt, wenn wir uns selbst verraten und jene Gesetze, die die Grundlage dieser Schöpfung bilden, mißachten. Wer sich selbst verurteilt, wer mit seinem Schicksal hadert, wer sich wirklichkeitsfremden Vorstellungen, Wünschen, Idealen, Vorurteilen oder Moralzwängen hingibt, weicht von der Wahrheit, die nichts anderes ist, als die

Wirklichkeit seines Lebens, ab und vertreibt sich selbst aus dem Paradies. Sein Leiden zeigt ihm dann, daß es nicht der Apfel der wahren Erkenntnis war, von dem er gegessen hat.

Wie aber finden wir zurück? Das Orakel von Delphi hat schon vor Jahrtausenden die Antwort gegeben: Erkenne dich selbst! Erkenne, daß du selbst die Ursache deiner Leiden bist, und daß du nur, indem du konsequent und unbestechlich nach der Wahrheit über dich und dein Leben suchst, zur Freude und deinem inneren Frieden (denn dieser ist ja das Paradies) zurückfinden kannst.

Natürlich sind von den unzähligen Aspekten, die auf diesem Weg bedeutsam sind, hier nicht alle dargestellt, sondern hauptsächlich jene, die sich im Dialog mit Patienten, Lesern und Freunden (denen ich – *besonders den Schreibern der in diesem Buch zitierten Briefe* – an dieser Stelle herzlich für die wertvollen Anregungen danke) als besonders wichtig herausgestellt haben. Sicher gibt es noch mehr zu berücksichtigen und überdenken, und daher hege ich die Hoffnung, daß du, liebe Leserin oder lieber Leser, mir gelegentlich deine Gedanken hierüber mitteilst.

Wirf ab, was dich krank macht

»Schön wär's, wenn das möglich wäre!« wird mancher resigniert bei diesen Worten denken. Denn angesichts der vielen erfolglosen Versuche, seine quälenden Konflikte zu lösen oder seine Krankheit zu überwinden, ist es nicht verwunderlich, wenn jemand von Trübsinn oder Verzweiflung überfallen wird und diese Welt am liebsten auf schnellstem Wege wieder verlassen würde.

Und doch läßt uns eine geheimnisvolle Kraft immer wieder weitergehen, wie mühsam oder schmerzlich unser Lebensweg auch sein mag: Es ist die Hoffnung, daß eines Tages doch noch alles gut werde. Sie hat den Menschen durch die Jahrtausende seiner Schreckensgeschichte geführt, sie ist die Wurzel der Religionen und der Grund zu diesem Buch, das sie in dir, liebe Leserin oder lieber Leser, wieder erblühen lassen und dich daran erinnern soll, daß nicht das Leid, sondern die Freude der Sinn unseres Lebens ist.

Es gibt zwar Menschen, die meinen, ohne Leiden könne man seine eigentlichen Werte nicht entwickeln und der Schmerz sei die Pforte zum Himmel. Wenn du dann aber ihre verbitterten oder entstellten Gesichter betrachtest und nach den großen menschlichen Qualitäten suchst, von denen sie so beschwörend sprechen, kommen dir Zweifel, ob sie wirklich auf dem Weg in die Seligkeit sind.

Je genauer wir der Frage nachgehen, ob der Mensch, wie oft behauptet, wirklich nur aus dem Leid heraus zum Sinn seines Lebens finden kann, desto widersprüchlicher sind die Antworten, die wir darauf finden. Einerseits ›nein‹, wenn wir die ewig leidende und doch nie geläuterte Menschheit betrachten; andererseits ›ja‹, wenn wir uns daran erinnern, wie sehr eine bewußt durchlittene Situation erheben und bereichern kann.

Was aber ist daran das Entscheidende? Die Leiden und die Schmerzen? Oder ist es nicht vielmehr unsere Sehnsucht nach der Freude, nach dem kleinen Licht am Ende des dunklen Tunnels, in der verborgensten Tiefe unserer Seele, und die unbedingte Bereitschaft, alles, was uns davon trennt, in ehrlichem Ringen zu überwinden? Allein die Freude ist es, die uns leben läßt. Nur sie erhält uns jene Liebenswürdigkeit und Offenheit, mit der wir als Kinder in diese Welt kamen und ohne die, wie es heißt, niemand zurück ins Himmelreich gelangen kann.

Wenn wir nur nicht immer wieder vergäßen, daß die Freude stets um und in uns ist und es an uns liegt, sie zu sehen und zu fühlen! Sie ist die gewaltige Kraft, die alles bewirkt, die die Sonne aufgehen und die Farben leuchten, die Vögel singen und die Wolken ziehen, die Bäche murmeln, die Blumen blühen und unser Herz schlagen läßt. Sie ist das Feuer, das uns in den Augenblicken der Seligkeit durchglüht, wenn wir wissen, daß alles richtig ist und der Friede in uns einkehrt. Wie aber soll unser Herz sie fassen, wenn es von kleinlichem Jammer verschlossen ist, wie sollen wir sie erkennen, wenn wir blind und verbittert dahinvegetieren, von Selbstmitleid vergiftet, von Haß, Neid oder Eifersucht verdorben, von Habgier und Ehrgeiz verblendet oder von Zeitvertreib und Ablenkung entkräftet?

Zum Glück zeigen uns dann Schmerz und Leid unsere Fehler, erinnern uns daran, daß wir die Wahrheit und die Freude verraten haben, und machen uns klar, wo wir uns wandeln und bessern müssen. Sie erscheinen in unserem Leben, damit wir sie überwinden, nicht aber uns in kindischen Klageliedern oder selbstgefälligem Kokettieren mit unserem ach so großen Unglück verlieren. Leid und Freude sind wie zwei Seiten einer Medaille. Wenn du leidest, wirst du die Freude nur dann wieder erleben, wenn du entschlossen zugreifst und eine Wendung herbeiführst, nicht aber, wenn du so tust, als seist du daran unschuldig, und es beim Jammern beläßt.

Die Freuden des Lebens erwarten uns. Laß uns wieder auf die Suche nach ihnen gehen! Es ist ganz einfach: Wir brauchen uns nur von all jenen Einstellungen, Gewohnheiten und Selbstlügen zu trennen, die es uns unmöglich machen, einen schönen und erhabenen Gedanken zu denken, ein frohes Gefühl zu empfinden oder für die Wunder, die sich uns fortwährend offenbaren, Dankbarkeit zu empfinden. Und doch ist dies so schwer für uns, daß die folgende Skizze, so traurig sie ist, nur eine Alltäglichkeit beschreibt:

Außen wie innen.

Immer, wenn ich an seinem Haus vorüberging, zog sich mein Herz zusammen. Denn dort lag seine dreifach gefesselte Seele in der Gestalt von drei alten, struppigen Hunden. Seit Jahren mußten sie dort an kurzen Ketten ihr erbärmliches Leben fristen. Niemals durften sie wie die anderen Hunde über die Felder streifen, niemals übermütig mit ihresgleichen umhertollen. Für sie gab es weder das saftige, aromatische Grün der Waldwege noch den erregenden Duft einer frischen Fährte, weder die wohlige Müdigkeit nach einem ausgedehnten Streifzug noch die freundschaftlichen Besuche bei den Nachbarn. So lagen sie apathisch vor ihren engen Hütten, machten einige kettenklirrende Schritte nach links oder rechts, winselten den Vorübergehenden nach oder bellten sie böse an.

Oft fragte ich mich, wie ein Mensch sich neben diesen traurigen Kreaturen seines Lebens erfreuen könne, bis ich ihn eines Tages herauskommen sah, mit schlurfendem Schritt und eckigen Bewegungen, gerötetem Kopf und starrem, unfreundlichem Ausdruck in seinem aufgedunsenen Gesicht, in der Hand ein halb gerupftes Huhn. Da wurde mir klar, daß es gar nicht anders sein konnte. Wie sollte er, der in seinem düsteren Zimmer bei Alkohol, Zigaretten und Fernsehen selbst ein freudloses Leben fristete, der nie in die schöne, freie Natur hinauswanderte, keine bunte Blume im Garten und kein Lächeln im Gesicht hatte, es ertragen können, daß etwas in seiner Umgebung Lebensfreude empfände?

Fröhlich umherspringende Hunde, lachende Blumen oder die Sonne in seinem Zimmer hätten seine ganze Existenz in Frage gestellt und ihn an das erinnert, was er verloren hatte. So aber war seine Welt in Ordnung. Er wich dem Schmerz, den er in sich trug, aus, indem er ihn seiner Umgebung zufügte und sich Lebensumstände schuf, die seinem inneren Zustand entsprachen. Er war genauso bedauernswert wie seine Hunde.

Hast du deinen Nachbarn oder einen Bekannten in dieser Beschreibung erkannt – natürlich mit gewissen Variationen? Dann hast du wieder einmal den Kopf in den Sand gesteckt – denn du selbst bist darin beschrieben. Vielleicht sieht es bei dir nicht ganz so brutal aus, und vielleicht hast du alles besser übertüncht, aber frage dich einmal ehrlich, ob es in deiner Umgebung nicht auch so ein paar arme Seelen gibt, die du an die Kette legst und denen du die Lebensfreude mißgönnst – dein Lebenspartner zum Beispiel, den du zu besitzen versuchst, deine Kinder, die du nicht ihre eigenen Wege ziehen läßt, oder deine Untergebenen, von denen du die Perfektion von Robotern verlangst – und dies alles deshalb, weil in deinem Leben Freude und Freiheit durch Pflicht, Verzicht und Unzufriedenheit ersetzt sind. Dein äußeres, sichtbares Leben ist der Spiegel deines unsichtbaren Inneren. In ihm kannst du dich erkennen. Wenn du immer griesgrämiger, depressiver oder kränker wirst, zeigt es dir in unmißverständlicher Weise, daß irgend etwas in dir nicht stimmt.

(Vielleicht sollte ich dich überhaupt an dieser Stelle davor warnen weiterzulesen, denn falls du meinst, die oberflächlichen Vergnügungen, mit denen du dir deine kostbare Lebenszeit vertreibst, oder die Erleichterung, die du empfindest, wenn du dich erfolgreich vor einer Bewährungsprobe gedrückt hast, hätten etwas mit jener Freude zu tun, von der hier die Rede ist, wirst du enttäuscht werden. Hältst du die Grimasse, mit der der normale Mensch Freude und Freundlichkeit vorzutäuschen versucht, für erfreulich und bist schon zufrieden, wenn du nach Feierabend deine Frustrationen mit einem Bier, einem Roman, einem Film oder einer Tablette betäuben kannst? Dann ärgere dich nicht über dieses Buch, das dir statt amüsanter Unterhaltung nur Anregungen zu ernsthafter Arbeit bietet. Betrachte es einfach als das Selbstgespräch eines seltsamen Weltverbesserers und Träumers, der entgegen jeder Vernunft und Erfahrung immer noch nicht resigniert hat. Gib es jemandem, der bereit ist, den Blick in sein Spiegelbild in Selbsterkenntnis und seine Betroffenheit in Selbstbefreiung umzusetzen. Oder stelle es in deinen Bücherschrank. Vielleicht kommt der Tag, an dem auch in dir der Wunsch hierzu erwacht).

Eines Tages stand das Haus des bedauernswerten Alten leer, doch seine Hunde lagen immer noch davor. Er war in eine Klinik geschafft worden, weil sein ruinöses Leben ihm eine schwere Krankheit eingebracht hatte. Er starb dort nach langem Siechtum. Die Hunde aber mußten auf seinen ausdrücklichen Wunsch monatelang verwaist an ihren Ketten liegen, weil er immer noch zurückzu-

*kommen hoffte, und weil, wie die Nachbarin meinte, er sie so sehr
liebte.*

Ja, es scheint auch eine Liebe zum Leid zu geben ... Vielleicht
»liebst« du das deine auch so sehr, daß du nicht von ihm lassen
kannst?

Oder brennt dir endlich der Wunsch nach Freude so sehr im
Herzen, daß du bereit bist, alles, was ihr im Wege steht, aufzugeben? Nicht nur, falls sich dies als nötig erweisen sollte, deine
Bequemlichkeit, deinen Besitz oder deinen Ruhm, sondern vor
allem deine Überzeugungen, deine Vorurteile, deine Moral oder
das Bild von dir, das dir so sehr gefällt und hinter dem du dich
versteckst?

Den Hebel der Veränderung müssen wir ja immer bei uns
selbst ansetzen, müssen herausfinden, was *für uns persönlich*
richtig ist und wozu wir berufen sind – selbst wenn es Jahre
dauert. Niemand kann es uns sagen, kein Moralkodex, keine
Heilslehre und kein Guru. Aber unsere innere Stimme raunt es
uns ständig zu in unseren Gefühlen, Eingebungen und Ahnungen. Denn sie ist unsere Verbindung zu jener Wesenheit, die uns
dieses Leben gegeben hat und unser Bestes will. Sie spricht zu
uns in einer Sprache, die aus zwei Worten besteht: Freude und
Schmerz. Jeder versteht sie. Denn die Freude empfinden wir als
richtig und suchen nach ihr, das Leid aber als falsch und weichen
ihm aus. Dieses einfache Prinzip leitet uns dorthin, wo unser
»Heil« liegt. Es ist ganz selbstverständlich: Wenn wir das vermeiden, was uns Schmerz und Unlust bereitet, und dem folgen,
was uns erfreut, kommen wir von selbst dorthin, wo es uns
gutgeht, und bereits der Weg dahin ist schon eine Freude.

Man sollte meinen, mit so sicheren Wegweisern könnten wir
den Weg ins Paradies nicht verfehlen. Tatsächlich aber gibt es
für uns kaum etwas Schwereres, als der Freude zu folgen. Denn
unsere lebensverneinende, an Macht und Vorteil, Pflicht und
Verzicht orientierte Kultur hat unsere Instinkte und Gefühle so
verkrüppelt und pervertiert, daß wir uns mit oberflächlicher
Vergnügung und Ablenkung zufriedengeben und unsere dank-
bare und paradiesische Lebensfreude in einem verlogenen System aus Schuld und Sünde ersticken. Kein Wunder, wenn wir
unter diesen Umständen nur noch die rauhe Sprache des

Schmerzes und Leides, nicht aber die Poesie der Freude, verstehen und unbewußt die Krankheit der Gesundheit vorziehen. So werden wir, obwohl wir uns so lebensbejahend geben und behaupten, nichts gehe uns über Gesundheit und Freude, doch immer unerfreulicher und kränker.

Die äußeren Umstände sind stets die Folge der inneren Zustände. Solange wir die Krankheit in unserem Inneren dulden, können wir auch äußerlich nicht gesunden; solange wir die Freude nicht aus vollem Herzen suchen, wird sie in unserem Leben fehlen.

Wenn es uns schlecht geht, ist die Zeit gekommen, unser Selbstverständnis zu revidieren. Wir müssen uns von unseren Befürchtungen oder Erwartungen, unserem Haß oder unserem Selbstmitleid, unseren Enttäuschungen oder Schuldgefühlen, unserer Eifersucht oder unserer Gier, unseren schlechten Gewohnheiten oder Selbstlügen lossagen, obwohl sie die Basis unseres Denkens sind und wir oft meinen, ohne sie keine Menschen mehr zu sein. Sie machen uns krank und häßlich, heuchlerisch und verlogen, menschenunwürdig und unmenschlich. Sie nehmen uns die Unschuld gegenüber der Wirklichkeit, sie trüben unsere Sinne, so daß wir die Schönheit dieser Welt nicht mehr wahrnehmen können, und sie vergiften unser Herz, so daß wir uns unseres Lebens nicht mehr erfreuen und aus ihm etwas Wertvolles machen können. *»Wirf ab, was dich krank macht«*, heißt die Devise.

Dazu gehören auch jene kleinen, besinnungslosen und wohlfeilen Vergnügungen, mit denen wir so oft unsere innere Leere füllen, die uns dafür aber unfähig für das Erlebnis wirklich großer Freude machen. Sie hinterlassen stets ein untergründiges Gefühl der Unzufriedenheit, Zukunftsangst und Selbstverachtung.

Illusion oder Wirklichkeit?

Eines Morgens lag ich wie immer in der Badewanne und lauschte genußvoll der aus dem Radio klingenden Kammermusik. Es war mir zur lieben Gewohnheit geworden, auf diese Weise den Tag zu beginnen, wohlig in das warme Wasser gestreckt und eingehüllt von erlesener Musik. Plötzlich gab es eine Pause zwischen den

*Stücken, und in diesem Augenblick der Stille geschah etwas Au-
ßerordentliches und Wunderbares: Ich hörte das helle Klingen des
gläsernen Windspieles vor dem Fenster. Es spielte, von einer leichten Brise bewegt, eine solch klare und anmutige Melodie, daß mir
die gleich darauf wieder einsetzende Radiomusik unerträglich
schal und leer erschien. Ich mußte den Apparat abstellen. Da
klang und klingelte es wieder, in unendlich bunten und lieblichen
Tontänzen, da raschelte und sang der Wind eine Begleitung in den
Bäumen dazu, da mischte sich mit einem Male auch der Duft der
frischen Morgenluft, das tönende Tropfen des Wasserhahns, das
Rosa des heraufsteigenden Morgens, die schmeichelnde Wärme
des Badewassers und der zarte Gesang eines Vogels hinein und
fügte sich zusammen zu einer einzigartigen, berauschenden Symphonie. Ich kann seither keine Musik von Schallplatten hören,
ohne daß ein fader, unangenehmer Geschmack in mir emporsteigt
und mich wie damals veranlaßt, sie abzustellen. So geht es, wenn
einem das Echte bewußt geworden ist: Man mag das Künstliche,
den Ersatz nicht mehr.*

Du fragst, was diese kleine Episode mit der Befreiung aus dem
Leid zu tun haben soll? – Mehr, als man bei oberflächlicher
Betrachtung ahnt. Die großen Entscheidungen unseres Lebens
fallen in Form solch unscheinbarer Kleinigkeiten. Sie sind gewissermaßen der letzte Tropfen, der das Gefäß zum Überlaufen
bringt, das sich – meist unbemerkt – schon lange gefüllt hat.
Scheinbare Nebensächlichkeiten sind es, die die Weichen unserer
Biographie stellen. Aber wenn wir eine Zeitlang auf diesem
neuen Geleise gefahren sind, wird uns eines Tages klar, wie weit
sie uns von unserer früheren Richtung abgebracht haben.
Du denkst einen Gedanken, sagst ein Wort, machst einen
Schritt – und schon ergeben sich daraus tausend ungeahnte Folgen. Eine kleine Nachlässigkeit, eine Handlung, hinter der du
nicht stehst, bringt dich in eine Situation, die du nicht willst, und
aus dieser ergeben sich zwanghaft wieder neue Konsequenzen,
die du noch weniger willst. Eine kleine Höflichkeitslüge zum
Beispiel läßt dich in den Augen deiner Mitmenschen anders
erscheinen, als du wirklich bist, und so behandeln sie dich fortan
in einer Weise, die dir nicht entspricht. (Vergiß aber nicht, wenn
du dich darüber beschwerst, daß du selbst die Schuld daran

trägst.) Du nimmst die angebotene Zigarette, das Glas Alkohol, das Stück Torte, obwohl du sie nicht magst, und wirst hinfort als Raucher, Trinker oder Kuchenliebhaber eingeschätzt. Du bedankst dich für ein scheußliches Geschenk, und schon wirst du in die Kategorie jener Menschen eingeordnet, die so etwas mögen. Das wäre vielleicht noch nicht einmal schlimm, denn man kann ja manches verkraften. Doch da du nun falsch klassifiziert bist, wird man dich auch bei jenen Gelegenheiten, die dir tatsächlich entsprechen würden, übergehen und in eine Rolle drängen, die dir zuwider ist.

Der Beruf, in den du aus Gedankenlosigkeit geraten bist, vergällt dir das ganze Leben. Aus der Bekanntschaft mit einem Menschen, den du eigentlich gar nicht magst, wird, wenn du sie aus Feigheit oder wegen kleiner Vorteile duldest, eine Partnerschaft oder gar eine Ehe, unter der du dein Leben lang zu leiden hast. Die intime Beziehung zu einem Kranken, die du aus Verwirrung oder Leidenschaft pflegst, reißt dich selbst in die Krankheit. All diese Leiden sind das Ergebnis eines ersten falschen Schrittes, einer Unachtsamkeit oder Unwahrhaftigkeit. So haben auch die kleinen Betäubungen und Fahrlässigkeiten unseres Alltags, die Bequemlichkeiten und gedankenlosen Vergnügungen, so winzig sie anfangs sein mögen, Folgen von unerhörtem Ausmaß.

Wenn wir unsere persönliche Wahrheit verraten, wenn wir unserer Bestimmung untreu werden oder – einfacher gesagt – wenn wir etwas tun oder dulden, was uns »nicht liegt«, dann geraten wir ins Unglück. Andererseits aber löst sich die immer enger werdende Klammer unseres selbstverschuldeten Leidens, sobald wir beginnen, wieder zum – *für uns!* – Richtigen zurückzufinden. Jede ehrliche Selbsterkenntnis trägt dazu bei, die inneren Konflikte zu lösen, die die Ursache unserer Leiden sind. Nur wenn wir uns eingestehen, wie beharrlich und feige wir uns davor drücken, eine notwendige Änderung in unserem Leben vorzunehmen, wie verlogen wir unsere eigenen Fehler jemand anderem in die Schuhe zu schieben versuchen, wie krankhaft wir die Augen vor der Wirklichkeit verschließen, wie töricht und unehrlich wir mit unserem Schicksal hadern, können wir den Startpunkt für den Weg ins Glück, das heißt zu unserer persönlichen Wahrheit und zur Selbstverwirklichung, finden.

Selbst der so harmlos erscheinende Genuß von Schallplatten, Fotos oder Filmen behindert uns – unmerklich und subtil – dabei. Sie sind Illusionen, Imitationen, Ersatz und bestärken uns in unserer Gewohnheit, ein unwahres, schwächliches und frustrierendes Leben aus zweiter Hand der wunderbaren, gewaltigen und lebendigen Wirklichkeit vorzuziehen. Fehlt dem Konzert aus der Konserve nicht die gesamte übrige Situation, aus der es entstanden ist, die Stimmungen, die Menschen, die Düfte, die Geräusche, die Farben, ja selbst die Tageszeit und Wetterlage? Und ist es nicht eigentlich abstrus, etwas, das aus der Einmaligkeit und Unwiederholbarkeit eines bestimmten Augenblickes entstand, unter völlig anderen Bedingungen unzählige Male herunterzuleiern?

Bei unbelebten Gegenständen mögen solch seelenlose Vervielfältigungen vielleicht noch angehen, das Lebendige aber wird davon zerstört. In all den Konserven, mit denen wir uns das Vergängliche zur beliebigen Verfügung halten wollen, um unser leeres Leben damit zu füllen, steckt ein – wenn auch gut verschleierter – Betrug. Sie sind eine bloße Hülle, eine Mumie, der der lebendige Geist fehlt. Denn dieser ist in jenem Augenblick daraus verschwunden, als das Lied verklang, das Bild verging oder die Situation sich änderte. So wenig, wie du zur Puppe in einem Wachsfigurenkabinett – und täusche sie noch so große Echtheit vor – einen menschlichen Kontakt aufnehmen kannst, so wenig wirst du in einer Platte, einem Foto, einem Film oder sonst einer Imitation das wahre Leben finden können.

Du brauchst dich, wenn dir diese Aussage übertrieben oder unwahr erscheint, nur einmal in den Wald zu setzen. Du hörst das silberne, melodische Plätschern des Bächleins neben dir, das geschäftige Summen der Insekten, die fröhlichen Gesänge der Vögel, das geheimnisvolle Rauschen der Wipfel; du spürst die schmeichelnde Wärme der Sonne, riechst den süßen Duft der Blüten und die Frische des Harzes; du siehst saftiges Grün und schattiges Blau und hoch über den Wipfeln weiße Wolken über die Unendlichkeit des Himmels ziehen. Auf einmal wird dir dein Leben zu einer geheimnisvollen, erquickenden Quelle, die dir Kraft, Freude und Frieden spendet. Hast du so etwas schon einmal vor deinem Fernseher erlebt?

Es war ein so unbedeutendes Ereignis – die Pause im Radio und das gläserne Windspiel –, und doch hat diese einzigartige Symphonie sich als Geschenk des Himmels erwiesen. Sie hatte weitreichende Folgen, machte mich für vieles sensibler und für manch wichtige Erkenntnis reif. Sie ermöglichte mir, eine sehr schwierige Lebenssituation mit innerer Bereicherung zu durchstehen, statt ganz im Unglück zu versinken, weil ich zur Quelle des Lebens zurückgefunden hatte. So seltsam dies auch klingen mag: sie war ein Beitrag zu der Gewißheit, daß hinter der Welt des Unwahren und des Leidens eine Welt der Wahrheit und der Freude existiert, in der unsere kleinlichen Wünsche und Ängste bedeutungslos sind.

Ganzheitliches Heilen

Gespräch mit Dr. Helmut Hark

In Ihrem Buch »Bewährung in der Krankheit«, das ich mit großem Interesse und reichem Gewinn gelesen habe, verbinden Sie Ihre Erfahrung mit Krankheit und Heilung auch mit dem »Heil« und dem Glauben. Vielen Medizinern erscheint diese Verbindung nahezu undenkbar. Darf ich Sie fragen, wie Sie zu dieser Auffassung und Sichtweise gelangt sind?

Das Schlüsselwort ist bereits in Ihrer Frage enthalten, in der Sie von »Medizinern« statt von Ärzten sprechen. Ich persönlich konnte mich nie mit ihnen identifizieren. Der moderne »Mediziner« entspricht dem heutigen Zeitgeist. Er ist ein rational und materialistisch ausgerichteter, nüchterner Spezialist, der im Patienten einen wissenschaftlich definierbaren Fall sieht und ihn – etwas krass formuliert – wie ein Roboter nach bestimmten Programmen und Regeln behandelt, die ihm von der jeweils herrschenden Schulmedizin vorgeschrieben werden. Eine persönliche Beziehung zum Kranken als einem subjektiv empfindenden Menschen und zur Krankheit als bedeutungsvollem Lebensphänomen ist dabei natürlich unmöglich und unerwünscht.

Der Arzt dagegen (von dem glücklicherweise meist auch im »Mediziner« etwas steckt) nimmt an der Krankheit seines Patienten persönlichen Anteil. Er erkennt sich selbst darin und versucht, ihn auf einen Weg zu führen, auf dem seine Krankheit ihren Sinn entwickeln kann. Denn nur so kann sie wirklich geheilt oder, besser gesagt, zum »Heil« werden. Krankheiten sind ja keine Pannen oder Entgleisungen, sondern ein sinnvoller Ausdruck des Lebens. Ein Arzt, wenn er kein »Mediziner« und Wissenschaftler, sondern ein fühlender und suchender Mensch ist, kann sich nicht mit dem gesenkten Blutdruck, dem normalisierten Blutzucker, dem unterdrückten Asthma, der amputierten Brust oder dem weggeschnittenen Darm zufriedengeben, obwohl auch er selbstverständlich die körperlichen Leiden zu lindern versucht. Er weiß aus seinem eigenen Erleben, daß sich

21

hinter jeder Krankheit grundsätzliche und schwerwiegende Lebensprobleme verbergen und daß ohne den Versuch, sie zu lösen, sein Einsatz nur oberflächliche Effekthascherei bleibt. Dagegen besteht das übliche Vorgehen des »Mediziners« darin, die Ganzheit, mit der der kranke Mensch vor ihm erscheint und die nicht nur seinen körperlichen, sondern auch seinen seelischen Zustand umfaßt, durch den Scheuklappenblick seines angelernten Bücherwissens so weit zu reduzieren, bis am Ende tatsächlich nur noch ein »objektives« Krankheitsbild übrigbleibt, nicht aber ein einmaliger, subjektiv empfindender, an Leib, Seele und Sinn leidender Mensch. Daß daraus nur eine unheilvolle Therapie resultieren kann, auch wenn sie vorübergehend Beschwerden lindert, liegt auf der Hand.

Sie fragen nach meinem persönlichen Werdegang: Als ich noch getreu meiner schulmedizinischen Ausbildung allopathisch behandelte, trat mir immer zwingender die Erkenntnis ins Bewußtsein, daß diese Art der Therapie, da sie nur äußerliche Symptome beseitigt, die Patienten immer kränker statt gesünder macht. Sie bekommen blockierende und betäubende Medikamente oder werden operiert – natürlich mit momentanen Besserungseffekten. Nach einiger Zeit aber bricht die vertuschte und unterdrückte Krankheit wieder – meist stärker – hervor oder wird von einer noch schwereren abgelöst. Aber nicht nur das – obendrein gehen dabei auch seine eigentlichen menschlichen Werte, seine Lebensfreude, sein Lebenssinn, sein Seelenreichtum verloren – Kriterien, die in wissenschaftlichen Statistiken keinen Platz haben –, so daß schließlich ein trauriges Wrack übrigbleibt: der innerlich erstorbene Rest jenes Menschen, der sich eigentlich hätte entwickeln sollen. (Mancher wird diese Feststellung bezweifeln, dies aber nur, wenn er sich damit begnügt, einen Menschen lediglich nach seiner Maske, seinen angelernten Automatismen und sozialen Funktionen zu beurteilen, und den Blick für seine weit über dieses Leben hinausreichende Bestimmung verloren hat.) So beschloß ich, die Medizin aufzugeben. Damals sagte ich zu den Patienten: »Wenn Sie zum Arzt gehen, sind Sie selber schuld! Bleiben Sie lieber weg, als in diese Mühle zu geraten.« »Zufällig« bin ich dann auf die natürliche Medizin gestoßen, deren Behandlungsweise ich nicht nur als menschlicher, sondern auch als wesentlich effektiver kennenlernte.

Meine Tätigkeit war immer schon von der – ja niemals endenden – Suche nach dem tieferen Sinn in den Erscheinungen des
Lebens, und damit auch der Krankheit, geprägt. Das hat mich
in eine immer größere Distanz zur modernen, wissenschaftlichen Medizin geführt, die den Menschen in Körper und in
Seele trennt und obendrein seine Beziehung zum Transzendenten und sein Schicksal als Nebensächlichkeiten abtut. Zugleich
aber wurde mir die Bedeutung jener Dimension, die wir mit dem
Wort »Gott« umschreiben und die unsere ganze Existenz durchzieht, immer bewußter. So vertrete ich heute die Meinung, daß
eine Medizin, die den Kranken auf der Basis einer nur naturwis-
senschaftlich-materialistischen Betrachtungsweise behandelt,
weder menschenwürdig ist noch ihm wirklich dienen kann. Jah-
relange Arbeit mit Kranken zeigte mir, daß die schematische
Wiederherstellung eines früheren Zustandes und die schnelle
Beseitigung von Beschwerden – so angenehm sie zugegebenermaßen sind – mit Heilung im tieferen Sinn nur wenig zu tun
haben. Wirkliche Heilung ist viel mehr, nämlich der längst fäl-
lige Schritt in der inneren Entwicklung eines Menschen. Sie
erfaßt ihn in allen seinen Schichten, verändert ihn von Grund
auf und bringt ihn seinem »Heil« näher.

Sie fragen nach dem Sinn der Krankheit und sind nicht darauf
bedacht, mit den raffiniertesten Mitteln der Medizin möglichst
schnell den Störfaktor und die Krankheitssymptome zu beseitigen.
Was versprechen Sie sich von dieser Sichtweise? Sie haben ja
schon auf diese Zusammenhänge aufmerksam gemacht, und ich
möchte Sie bitten, mir noch etwas genauer zu erläutern, wie der
Sinn der Krankheit zu erfassen ist und wie man einem Menschen
helfen kann, diesen Sinn für sich persönlich zu erkennen und damit
einen sinnvolleren und ganzheitlicheren Lebensbezug zu finden.

Die Krankheit ist ein Katalysator im Heilungsvorgang, der
sich ja nicht nur auf die körperliche Verfassung, sondern auf den
ganzen, beseelten Menschen und sein Leben bezieht. Wer das
Gefühl für sich verloren hat, erlebt sie als schmerzliche Korrek-
turmaßnahme, die ihn daran hindert, seinen falschen Weg weiterzuverfolgen, und zur Änderung seiner Haltung zwingt. Dieser Prozeß kann sich, wenn der Betroffene sich dagegen sträubt,
über viele Jahre, ja bis zum Tode hinziehen. Wer aber nicht ganz
verstockt ist, erkennt darin ein Signal, das ihn darauf hinweist,

daß bei ihm etwas nicht in Ordnung ist. Wenn er sich dann zu fragen beginnt, was es ihm mitteilen will, kommt er, angefangen bei den vordergründigen, körperlichen Symptomen, über seinen psychischen Zustand schließlich bis in den Kern seines Selbstverständnisses und Lebenssinnes.

Letztlich ist einer der wesentlichen Gründe für unsere Krankheiten die Sinnlosigkeit in unserem Leben, genauer gesagt: unser ihr entspringender Konflikt mit der Lebenswirklichkeit. Man versteht sein Leben, sein Schicksal nicht und sträubt sich dagegen; das führt zur Zerstörung der inneren Harmonie, des Seelenfriedens. Daraus entstehen dann zunächst Frustration und Unzufriedenheit, die sich, wenn wir nicht in bewußter Auseinandersetzung mit unserem Problem zu einer anderen Einstellung finden, zu Depressionen oder anderen psychischen Störungen entwickeln. Diese wiederum werden nach einiger Zeit in den Körper abgeleitet: einerseits, um das krankhafte Potential loszuwerden oder zu neutralisieren, und andererseits, um uns durch verstärkte Schmerzen und körperliche Defekte endlich zur Umkehr zu zwingen.

Es ist doch so: Wenn wir nicht leiden, bewegen wir uns nicht von der Stelle. Dann klären wir nicht unsere schlechte Ehe, bleiben in unserem gehaßten Beruf, beharren in einer unerträglichen oder verlogenen Situation. Manchmal wacht ein Mensch endlich auf, wenn er seinen Herzinfarkt, sein Magengeschwür oder seinen Krebs bekommt – meistens jedoch leider nicht. Dann werden die Körpersignale allopathisch vertuscht, unterdrückt oder wegoperiert. So nimmt das Unheil (um doch noch zum »Heil« zu führen) seinen Lauf: Das krankhafte Potential schlägt vom Körper wieder in die Seele zurück und veranlaßt sie, da keine Hoffnung auf Besserung besteht, die Selbstzerstörung in Form von schweren, unheilbaren Geisteskrankheiten, Unfällen oder tödlichen Krankheiten in Gang zu setzen. Denn dann ist Heilung, das heißt Erlösung, nur noch durch den Tod möglich. Wenn es einem Menschen aber – unter dem Druck seines Leidens – gelingt, seinen inneren Konflikt zu lösen, sich mit der Lebenswirklichkeit oder »Gott« wieder auszusöhnen und nur das zu wollen, was ihm bestimmt ist, dann kehrt der innere Friede in seine Seele ein, und dann normalisieren sich auch seine körperlichen Funktionen, soweit nicht bereits irrepa-

24

rable Defekte eingetreten sind. Das Wichtigste aber ist, daß dabei wieder sein inneres Wachstum, das ihn zum »Heil« führt, stattfindet.

Viele Menschen beginnen wieder, mit den Selbstheilungskräften in sich, in ihrem Körper, der Seele und dem Geist zu rechnen. Wie sehen und bewerten Sie diese Fähigkeiten zur Selbstheilung als Mediziner? Was Sie zuletzt ausgeführt haben, geht schon in diese Richtung. Ich möchte Sie bitten, auf diese Erweckung von Selbstheilungskräften in einem kranken Menschen noch näher einzugehen.

Ich meine, daß Heilung – egal, in welcher Form sie erfolgt – immer Selbstheilung ist. Auch die Medikamente sprechen, wenn sie Heilung (nicht allopathische Unterdrückung) bewirken, immer nur die Tendenz und Kraft zur Selbstheilung an. Wenn es diese nicht gäbe, gäbe es auch keine Heilung. Das bedeutet: Je intensiver und direkter man diese Kraft anregen kann, desto effektiver und schneller kann Gesundung erfolgen. Dies kann auf vielen Ebenen geschehen: zum Beispiel durch das philosophische Gespräch, die religiöse Meditation, die Psychotherapie, durch künstlerische, körperbezogene und energetische Therapien und natürlich auch die Behandlung mit Medikamenten im weitesten Sinne. Die Homöopathie ist hierfür das klassische Beispiel; sie funktioniert nur, weil der Körper immer und unter allen Bedingungen auf Selbstheilung eingestellt ist. Immer will die Kraft, die ihn geschaffen hat und leben läßt, sich verwirklichen, das heißt wachsen, aufbauen, reparieren, heilen. Daher sind alle Krankheiten, die unser Körper entwickelt, Versuche zur Selbstheilung: Entzündungen, Ausflüsse, Fieber, Eiter, Durchfall und selbst Tumoren. Grundsätzlich wählt er dafür immer den besten unter den noch verbliebenen Wegen. Wenn man ihm aber einen besseren, nämlich den inneren Weg öffnet, zum Beispiel in Form einer Bewußtwerdung, dann braucht er den äußeren, nämlich die körperliche Krankheit, nicht mehr; dann kann der betreffende Mensch, statt zum Beispiel mit körperlichen Symptomen auf eine bestimmte Lebensproblematik zu reagieren, sich mit dieser auseinandersetzen und sie zu seiner Zufriedenheit lösen.

Was würden Sie als Arzt jemandem raten, der als Kranker zu Ihnen kommt und in seiner Hilflosigkeit auch den Wunsch hat,

25

sich eine neue Einstellung zu seiner Krankheit zu erarbeiten oder vielleicht sogar seine Krankheit zu akzeptieren?

Ich meine, daß dieses Akzeptieren der erste und wichtigste Schritt bei der Heilung einer Krankheit ist. Meiner Meinung nach entsteht, wie schon vorher angedeutet, jede Krankheit aus einem Konflikt mit der Lebenswirklichkeit – daraus, daß wir eine nicht rückgängig zu machende Realität nicht akzeptieren. Haß, Neid, Eifersucht, Verbitterung, Enttäuschung, Schuldgefühle, Selbstmitleid, Depression, Verzweiflung – um nur einige Beispiele zu nennen – entspringen dieser Haltung, und wie krank sie machen können, weiß jeder aus eigener Erfahrung. Wer nun auch seine Krankheit (die ebenfalls Lebenswirklichkeit ist), ablehnt, gerät in einen zusätzlichen Konflikt; dadurch wird sein Leiden noch schlimmer, und die Heilung rückt in noch weitere Ferne.

Jeder Heilungsversuch sollte damit beginnen, beim Kranken die Bereitschaft – wenigstens die Bereitschaft – zu wecken, seine nun einmal in diesem Augenblick bestehende Situation als gegeben und sinnvoll anzunehmen. Nichts kann anders sein als es ist – es kann höchstens anders werden. Erst, wenn man seine Panik, seine Angst, seine Horrorvorstellungen und sein Selbstmitleid aufgegeben hat, besitzt man die Ruhe und Gelassenheit, um nach Wegen aus der Krankheit zu suchen. Solange aber diese Hochrechnungen in die Zukunft laufen, solange man sich ausmalt, was noch alles kommen könnte oder darüber jammert, daß man etwas verloren hat, wird alles nur noch schlimmer.

Sie haben davon gesprochen und geschrieben, daß die Krankheit die andere Seite unserer Existenz und unserer Gesundheit sei. In diesem Zusammenhang vertreten Sie die Auffassung, daß in der Krankheit auch die Möglichkeit liegt, mit der unbekannten Ewigkeit und dem unendlichen kosmischen Raum um uns und in uns in Berührung zu kommen. Können Sie diese Erfahrung und die dahinterstehende Lebensphilosophie noch etwas näher beschreiben?

Wenn wir von einer schweren Krankheit überfallen oder einem Schicksalsschlag (also einer Krankheit des Lebens) getroffen werden, können wir erleben, daß unser ganzes Weltbild mit einem Schlag zusammenbricht. Alles, was uns bis dahin wichtig erschien – Besitz, Ehre, Erfolg, Moral oder Ideale – verliert seinen Wert. In diesem Augenblick aber, in dem nichts mehr gilt, beginnen wir, nach etwas Unzerstörbarem, Verläßlichem, Ewigem zu suchen, das uns wieder Halt und Hoffnung gibt. Indem wir unsere kleine Dimension verlieren, bekommen wir die Chance, dafür eine größere zu finden – falls wir nicht gleich in Schicksalshader oder Selbstmitleid versinken. Wenn ein Mensch sich der großen »Leere«, die ihn dann plötzlich umgibt, bewußt aussetzt, gibt ihm seine Selbstheil- oder Seelenkraft die Gewißheit, daß dies noch nicht das Ende ist, daß unser irdisches Leben nicht alles ist, sondern daß es noch etwas Bedeutenderes und Größeres gibt, dem wir uns anvertrauen können.

Dies läßt sich jedoch nicht mitteilen, sondern man muß es erlebt haben. Die Gelegenheit dazu haben wir fast täglich; denn bei jedem Verlust, jeder unerwarteten Schicksalswendung – und wenn es nur eine Autopanne ist – wird uns für einen kurzen Moment klar, wie begrenzt der Bereich unseres bewußten Denkens, Planens und Erkennens ist und welch ungeheure und ungeahnte Möglichkeiten das Schicksal für uns bereithält. Indem uns bewußt wird, wie klein und unwissend wir sind, bekommen wir eine Ahnung für das Große und Unendliche.

In meiner psychotherapeutischen Praxis höre ich gelegentlich von Patienten erschütternde Berichte über seelische Grausamkeiten und Schocks durch die unpersönliche Behandlung von Ärzten und deren mangelnde Anteilnahme und Einfühlsamkeit. Wenn wir von subjektiven Übertreibungen einmal absehen, ist dies doch wohl ein aktuelles Problem. Beeinträchtigt eine derartige seelische Behandlung nicht den gesamten Heilungsprozeß während des Klinikaufenthaltes? Sie haben einleitend zu diesen Punkten, mit denen Sie sich in Ihrer medizinischen Grundhaltung kritisch auseinandersetzen, schon einiges gesagt. Können Sie dazu noch etwas Ergänzendes anmerken?

Die Heilung wird dadurch nicht nur beeinträchtigt, sondern sogar weitgehend verhindert. Viele Patienten erfahren, wenn sie leidend in die Klinik kommen, dort erst richtig, was Leiden heißt. Für äußerlichen Komfort und Hygiene ist gesorgt, aber hinsichtlich der seelischen Bedürfnisse des kranken Menschen, seiner Suche nach Verständnis, Geborgenheit, seelischer Erbauung, innerem Frieden, dem Schönen, dem Wunderbaren oder »Gott« (ich benütze dieses Wort nur mit Vorsicht, da es durch

Mißbrauch bei vielen Menschen tabuisiert ist) herrscht ein ausgesprochener Notstand. Denn der sachliche Geist der allopathischen Medizin duldet nichts neben sich, was er nicht erklären, beweisen und manipulieren kann. Daher ist den natürlichen, subtileren Heilverfahren genauso wie den geistigen Heilern der Zugang zu den Kliniken verwehrt, selbst wenn der Patient sie wünscht.

Statt dessen wird er mit »Anti«-Mitteln, »Blockern«, »Hemmern« und Psychopharmaka betäubt und manipuliert, durch kalte Maschinerien geschleust und zum hilflosen Objekt unpersönlicher und unverständlicher Prozeduren gemacht. Natürlich gibt es Ausnahmen hiervon; doch im allgemeinen sieht sich der Kranke der Allmacht der Ärzte ausgeliefert und wird quasi entmündigt. Das wirkt sich in seiner Situation, in der ihm sein Leben entglitten und das Verständnis für sich selbst verlorengegangen ist, doppelt verheerend aus. Er braucht jemanden, der ihn in seiner – meist unbewußten – Suche nach Hoffnung, Glauben und Lebenssinn unterstützt. Dies aber kann kein menschlicher Roboter, und wenn er noch so schwierige Operationstechniken beherrscht oder alle wissenschaftlichen Daten im Kopf hat.

Der Kranke sagt zwar: »Ich habe Magenschmerzen«, doch meist ist das nur sein Versuch, sich den Autoritäten, von denen nun sein Wohl und Wehe abhängt, verständlich zu machen. Er weiß, daß sie die Wahrheit nicht hören wollen, weil sie dafür keine Therapie haben. Und so schluckt er weiter seinen inneren Schmerz hinunter und verschweigt, daß sein Leiden einer unglücklichen Liebe oder dem verlorenen Lebenssinn, der Angst vor der Zukunft oder seinen Schuldgefühlen entspringt. Vielleicht spürt er auch, daß die Klinik bei uns oft eine Art Abschiebestation darstellt, wenn der Hausarzt mit ihm nicht mehr weiterkommt oder keine Lust hat, ihn täglich zu besuchen.

Natürlich sind solche Pauschalurteile nicht immer gerecht; es gibt zum Glück auch Situationen, in denen sich die Klinikbehandlung segensreich auswirkt, so wie es Ärzte gibt, die sich über die sachliche Norm hinaus ihrer Patienten annehmen. Daher müssen die Betroffenen – Patienten wie Ärzte – für sich selbst entscheiden, ob diese Feststellungen auf sie zutreffen. Viele von ihnen sind allerdings durch die ununterbrochene Flucht vor sich selbst, die Oberflächlichkeit ihres Lebens und die

Unterdrückung ihrer inneren Stimme so stumpf und unempfindlich geworden, daß sie es richtig finden, betäubt zu werden oder zu betäuben, verstümmelt zu werden oder zu verstümmeln, wiederbelebt zu werden oder wiederzubeleben.

Man muß auch bedenken, daß die Fähigkeit, sich menschlichem Leid auszusetzen, begrenzt ist und Ärzte und Schwestern sich eine gewisse seelische Hornhaut zulegen müssen, um in der Klinik überleben zu können. Andererseits aber sähe es in vielen Kliniken und Arztpraxen anders aus, wenn die dort arbeitenden Menschen dies nicht täten und in ihrer Tätigkeit mehr suchen würden als Broterwerb, Sozialprestige oder Macht über andere.

Erst vor kurzer Zeit habe ich erlebt, daß eine Krebskranke von zwei renommierten Klinkchefs, weil sie sich nicht der vorgeschlagenen Chemotherapie unterziehen wollte, nicht nur durch massive Todesdrohungen (die übrigens bis heute nicht eingetroffen sind), sondern auch durch einen »Rausschmiß« aus der Klinik seelisch verletzt wurde. Man erklärte ihr, wenn sie die Anordnungen nicht befolge, habe sie hier nichts mehr zu suchen, und weigerte sich, weitere Kontrollen vorzunehmen oder überhaupt noch mit ihr zu sprechen. Man kann zur Entschuldigung der Professoren nur annehmen, daß sie durch ihre Tätigkeit überfordert sind und deshalb die Fähigkeit verloren haben, einen kranken Menschen, der sich ihrem Behandlungsdogma nicht unterwirft, wenigstens so freundlich zu behandeln wie ihren Hund. Und wir wollen ihnen nicht wünschen, daß es ihnen eines Tages ebenso ergeht wie dieser Patientin, der doch mit Mitgefühl, Verständnis und menschlicher Achtung in dieser Situation mehr geholfen wäre als mit allen Chemikalien dieser Welt. Angesichts solcher Vorkommnisse, die übrigens keineswegs selten sind, stellt sich unausweichlich die Frage, ob in den modernen Klinikstrukturen nicht ein grundsätzlicher Fehler liegt.

Ein Zauberwort ist für viele gesundheitsbewußte Menschen der Begriff der Ganzheit bzw. der Ganzwerdung und Selbstverwirklichung geworden, in dem der Mensch als Ganzer gesehen wird. Wie könnte eine solche Ganzheitsmedizin für Sie aussehen, und was würde sie alles einschließen?

Das Wort Ganzheitsmedizin ist heute in vieler Munde. Man versteht gängigerweise darunter eine Medizin, die nicht nur die grobstofflichen, sondern auch die feinstofflichen Gegebenheiten des menschlichen Organismus, also funktionelle und energetische Zusammenhänge, berücksichtigt. Dies bedeutet gegenüber dem eindeutig materialistisch-mechanistischen Behandlungskonzept der offiziellen Medizin einen großen Fortschritt, aber noch keine wirkliche Ganzheitsmedizin. Eine solche würde den Menschen als ein Wesen mit erstens einer Seele und zweitens einem Körper betrachten und behandeln, denn dies ist die Wertigkeit, die in uns herrscht. Aber nicht nur das; sondern sie würde in ihm mehr als einen »Menschen« sehen – nämlich ein Wesen, dessen Existenz über dieses Leben hinausreicht – und sich stets mit großer Verantwortung fragen, ob und wie weit sie in sein einmaliges, hochsinnvolles Schicksal eingreifen darf. Sie würde sich an den höchstdenkbaren Werten orientieren und sich selbst als Werkzeug der unbegreiflichen, göttlichen Vorsehung verstehen, statt in selbstherrlicher Machermentalität technische Kunstfertigkeiten am leidenden Menschen zu praktizieren.

Die heutige Medizin respektiert zu wenig, daß auch die Krankheit ein Lebensausdruck ist, daß sie einen Sinn hat und für den, der erkrankt ist, der einzige Weg zum »Heil« ist. Es geht für ihn darum, seinen Seelenfrieden und Lebenssinn wiederzufinden, deren Verlust ihn krank gemacht hat und die allein es ihm ermöglichen würden, auch eine unheilbare Krankheit zu ertragen. Das bedeutet allerdings nicht, wie viele mißverstehen, daß die Medizin die körperlichen Beschwerden vernachlässigen solle. Im Gegenteil, wenn sie den Kranken nicht nur als Fall und Behandlungsobjekt, sondern als Individuum und Subjekt sieht, kann sie auch – allerdings nicht auf Kosten seines Seelenheils – seinen Körper heilen. Wenn sie aber nur Symptome unterdrückt oder wegschneidet, ohne sich auch seinem eigentlichen, inneren Leiden zuzuwenden, tut sie ihm keinen guten Dienst, denn dann sucht die Heilkraft, die ja zeitlebens in ihm wirkt, einen anderen, und zwar den nächstbesten Weg (der allerdings zugleich der nächstschlechteste ist) und produziert ein anderes und noch schwereres Krankheitssymptom.

Der Therapeut muß sich stets fragen, wie er dem Patienten bei seiner Selbstverwirklichung, bei der Suche nach Seelenfrieden und der Entwicklung seiner transzendenten Seite helfen kann. Diesem Gesichtspunkt muß er die körperliche Behandlung

30

unterordnen. Wenn er einem unheilbar Kranken dazu verhilft, daß dieser in seinen letzten Wochen, Monaten oder auch Jahren noch ein lebenswertes, sinnvolles Leben führen kann, dann hat er seinen Auftrag erfüllt – was er nicht getan hat, wenn er ihn nur betäubt oder verstümmelt, sein selbstverantwortliches Denken durch Horrorprognosen und Therapiediktate paralysiert, ihm die Bewußtheit für seine Situation genommen und sein Leben mit Gewalt und Tricks künstlich verlängert hat.

Sie sprechen als Mediziner in Ihren Büchern wiederholt vom Segen der Krankheit und auch vom Kampf um diesen Segen. Als Seelsorger und Seelenarzt beeindruckt mich Ihre Anschauung sehr. Worin sehen Sie den Segen der Krankheit?

Der Segen der Krankheit besteht darin, daß sie uns demütiger und bewußter macht. Einerseits erfahren wir durch sie am eigenen Leibe, wie wenig wir uns absichern oder unser Schicksal bestimmen können, und andererseits zeigt sie uns, daß irgendetwas in unserem Leben falsch ist und geändert werden muß. Wenn wir daraufhin die bewußte Auseinandersetzung mit uns selbst beginnen, auf die Suche nach unserer persönlichen Wahrheit gehen, oder, einfacher gesagt: nach dem, was uns gut tut, ist der Segen bereits da. Dann befinden wir uns nämlich wieder auf jenem urpersönlichen Weg, dessen Verlassen der Grund unserer Krankheit ist. Dann haben wir wieder ein Ziel, eine Motivation, eine Hoffnung. Dies allein schon bringt uns vorwärts. Darüber hinaus aber können wir zum Wichtigsten finden, nämlich der Einsicht, daß alles, was uns begegnet, richtig ist – selbst wenn unsere Krankheit äußerlich weiterbesteht.

In meinem Aufgabenbereich als Psychotherapeut habe ich mit Patienten zu tun, bei denen der Hausarzt oder ein anderer Mediziner mit den üblichen Untersuchungsmethoden trotz der subjektiven Beschwerden keinen Befund feststellen kann. Trotzdem fühlen sich diese Patienten krank. In den Gesprächen kommt dann häufig eine vergessene oder unbewußte Kränkung zur Sprache, die sie seelisch und zunehmend auch psychosomatisch krank macht. Wie sehen Sie von medizinischer Seite diese Zusammenhänge, vielleicht unter dem Slogan »Was kränkt, macht krank«?

Ich bin der Meinung, daß jede Krankheit mit einem seelischen Trauma beginnt. Dieses muß aber nicht immer ein offensichtlich verletzender Vorfall sein, sondern es kann sich dabei auch um subtile, innerseelische und zum Teil unbewußte Konflikte handeln, die grundsätzlich in der Weigerung, eine Realität zu akzeptieren, oder der Enttäuschung darüber, daß Erwartungen nicht erfüllt werden, bestehen.

Das kann sich auch auf unsere menschliche Umwelt beziehen. Normalerweise suchen wir die Übereinstimmung mit unseren Mitmenschen (die übrigens auch in einem reibungslos funktionierenden Abhängigkeitsverhältnis bestehen kann) und fühlen uns vor den Kopf gestoßen, wenn sich jemand nicht entsprechend unserer Erwartung verhält. Je nach Bewußtseinsgrad, Temperament und Situation reagieren wir den Schmerz, den dieses Erlebnis in uns hervorruft, entweder in Aggressionen ab oder setzen ihn in eine befreiende Erkenntnis um; beides pflegt uns den inneren Frieden zurückzugeben. Wenn uns dies aber, aus welchen Gründen auch immer, nicht gelingt, richtet sich das aggressive Potential nach innen, vergiftet uns in Form eines Kränkungsgefühles an Körper und Seele und macht uns tatsächlich krank – beginnend im seelischen und endend im körperlichen Bereich.

Ein Mensch, der unter einer Kränkung leidet, muß erkennen, daß seine eigene, unrealistische Einstellung ihre Ursache ist und daß er, um sie wirklich – nicht nur in äußerlichen Scheineffekten – loszuwerden, seine Haltung ändern muß. Es heißt zu Recht: *Ich* ärgere *mich* – über dies und das. Ich ärgere mich deshalb, weil meine Erwartung – man könnte sie auch als Forderung an das Schicksal bezeichnen – nicht eingetroffen ist. Wenn mir aber klar wird, daß diese Forderung unsinnig war, weil ich zum Beispiel von mir auf andere geschlossen habe, dann kann ich wieder Frieden mit der Welt oder den Menschen schließen und meine krankmachende Verbitterung oder Enttäuschung aufgeben.

Deswegen meine ich, daß solche Kränkungen in Wirklichkeit etwas sehr Heilsames sind; sie machen uns auf einen wunden Punkt in unserem Inneren, auf etwas Falsches in unserem Weltbild aufmerksam. Ein seelisches Trauma kann man ja nur an seinen schwachen Punkten erleiden – dort, wo man sich etwas vormacht oder verbirgt. Diese Selbstlügen und Irrtümer sind die Eiterherde unserer Seele und lassen sich, genau wie die Eiterherde des Körpers, meist nur unter Schmerzen entfernen. Wenn ich zum Beispiel irgendwo eine Eitelkeit besitze, dann wird mich eines Tages genau an diesem schwachen Punkt jemand treffen und verletzen. Und eigentlich müßte ich ihm dafür dankbar sein, denn nur so kann ich erkennen, daß bei mir etwas nicht stimmt, und daran arbeiten. Es wäre gut, wenn man sich darüber im klaren wäre, daß man solche Verletzer selbst auf den Plan ruft – unbewußt natürlich, denn bewußt will kaum jemand leiden. Doch der Wunsch nach Befreiung und Heilung ist immer in uns wach und läßt uns nicht ruhen, bis wir – und sei es durch den Tod – erlöst sind.

Sie haben den Satz geprägt: »*Unser Leben ist der Weg zum Heil.*« *Sie beziehen in Ihr medizinisches Denken auch den Glauben ein. Daher nehme ich an, daß Sie eine Verbindung sehen zwischen Heil und Heilung. Bei dem, was wir vorhin erörtert haben – der Ganzwerdung und auch dem Eingebundensein unseres menschlichen Lebens in eine umfassendere, kosmische Ganzheit oder Einheit – haben wir diesen Punkt bereits berührt. Können Sie zu diesem Zusammenhang: Heil und Heilung noch etwas ausführen?*

Ich möchte das »Heil« als die höhere Oktave der Heilung bezeichnen. Heil ist Heilung im höheren, im höchsten Sinne. Unter Heilung versteht man gängigerweise die Beseitigung von Krankheit, von Schmerzen, von Übeln, und so bedeutet das Heil, daß wir frei vom höchsten Übel unseres Lebens werden, nämlich von unserem Zerwürfnis mit der Wirklichkeit, unserem Hader mit dem Schicksal und letztlich unserer Entfremdung von »Gott«, die, da »Gott« in uns selbst ist, die Selbstentfremdung bedeutet. Sie ist es, die uns krank macht, uns instinktlos und selbstzerstörerisch handeln, denken und fühlen läßt und uns den Blick für unsere eigentliche, übermenschliche Bestimmung trübt.

Wenn wir dafür wieder ein Gefühl bekommen – und oft benötigen wir dazu ein bestimmtes Leidenserlebnis – dann offenbart sich uns jene Dimension, die wir vorhin als die kosmische Unendlichkeit bezeichnet haben und die dem Gottesbegriff entspricht. Wenn wir unser Leben mit allem, was wir darin erleben und erfahren, betrachten, dann bemerken wir, daß alles, was passiert, uns in eine Richtung führt, die man als »besser« bezeichnen kann. Eigentlich wird alles immer besser. Diese Aussage bezieht sich natürlich nicht auf äußerliche Vorteile und Bequemlichkeiten, sondern das Wichtigste an uns: unser inneres

Wachstum, denn jedes Leid macht uns ein bißchen bewußter und weiser. Deshalb pflege ich zu sagen: *Wenn du etwas nicht bekommst oder verlierst, dann ist das ein Zeichen, daß dir etwas Besseres bestimmt ist.* Wenn wir dieses »immer besser« so lange weiterdenken, bis wir in einen Bereich kommen, den wir uns nicht mehr konkret vorstellen können, dann berühren wir jene Dimension, die ich mit dem Begriff »Heil« andeuten möchte.

Wir können es auch als die Erlösung von allem, worunter wir zu leiden haben, bezeichnen. Wie das aussieht und was es bedeutet, können wir natürlich nicht wissen, denn wir haben das Heil ja noch nicht. Aber wir können es durch alles hindurchschimmern sehen und fühlen. Es ist die undefinierbare Sehnsucht nach irgend etwas, das über allem steht und das die Menschen auch als »Paradies« bezeichnen. Es ist vielleicht ähnlich jener Erlösung, die wir empfinden, wenn wir plötzlich von einem sehr starken Schmerz befreit werden. Wenn man dieses Erlebnis universalisiert und auf die höchste Ebene überträgt, dann hören eben nicht nur die Zahn- oder Magenschmerzen, die Depressionen und Verzweiflungen auf, dann leidet man nicht mehr unter seinem Schicksal, das einem mißratene Kinder oder den Tod der geliebten Frau, den Verlust allen Besitzes oder eine unheilbare Krankheit beschert hat, sondern alles bekommt einen (wenn auch in menschlichen Begriffen nicht erfaßbaren) Sinn und zeigt sich von einer Seite, die uns damit aussöhnt.

Sie haben von Erlösung und Erlösen gesprochen. Dabei ist in mir die Frage lebendig geworden, ob es einen Zusammenhang gibt zwischen dem, was wir Analyse nennen – nicht nur im Sinne der Psychoanalyse – und der Auflösung von krankhaften Lebensmustern, von beeinträchtigenden und blockierenden inneren Erfahrungen. Indem wir diese auflösen – ob durch ärztliche, therapeutische oder seelsorgerische Methoden, arbeiten wir dann nicht bereits an dem, was durch den hohen Begriff der Erlösung gemeint ist? Wie sehen Sie diese Zusammenhänge? Ich erinnere dabei noch einmal an den feinen Zusammenhang zwischen Heil und Heilung, den Sie deutlich gemacht haben, an das Heil als höhere Oktave dieses Geschehens. Sehen Sie ähnliche Zusammenhänge zwischen Analyse und Erlösung?

Ja, die Analyse will den Menschen aus dem Dunkel seiner Irrtümer und Mißverständnisse, vom Zwang seiner inneren Ver-

34

strickungen befreien. Der Leidende sucht die Erlösung, deshalb unterzieht er sich der Analyse. Er sucht sie aber auch – aus einem unbewußten Antrieb heraus – in Form seiner Krankheit. Denn wenn es ihm nicht gelingt, sein Problem durch Bewußtwerdung zu lösen, versucht sein Organismus, es über eine körperliche Krankheit abzuleiten oder durch dessen Auflösung, nämlich den Tod, Erlösung zu finden. Das ist zum Beispiel einer der Hintergründe der Krebserkrankung. Man kann häufig beobachten, daß Menschen gegen jede Vernunft, wie von einer magischen Kraft angezogen, in die Zerstörung, in den Tod streben. Die Analyse kann dies verhindern, wenn es ihr gelingt, die krankhaften Lebensmuster aufzulösen und die blockierenden (weil blockierten) Erfahrungen aus der Fessel der Verdrängung zu lösen und damit dem Menschen die Führung seines Lebens wieder in die Hände zu legen.

In diesem Zusammenhang ist die Erkenntnis wichtig, daß wir ja immer nur unter uns selbst leiden, also bis zu einem gewissen Grade dafür verantwortlich sind. Wir projizieren unsere innere Problematik auf die Außenwelt und suchen die Schuld bei anderen Menschen oder widrigen Umständen – Bakterien oder Viren, dem Ehepartner oder dem Nachbarn, der Regierung oder den Russen, dem Wetter oder Gott –, in Wirklichkeit aber entsteht unser Leid aus unserem Konflikt mit dem, was ist. Denn dieses – die Lebenswirklichkeit – ist in dem Augenblick, in dem wir sie erkennen, geschehen und unabänderlich. Wenn wir dazu aber den Kontakt verlieren, wenn wir uns in unrealistischen Vorstellungen, Wünschen, Vorurteilen, aber auch Idealen und Glaubensthesen verstricken, veranlassen wir jene Kraft, die diese Realität bewirkt hat, uns in Form von Schmerzen und mit Hilfe einer Krankheit auf unseren Irrtum aufmerksam zu machen. Unsere Erlösung besteht dann – und immer wieder – in einer Aussöhnung, einem Friedensschluß mit ihr.

Allerdings genügt das bloße Aufdecken bestimmter seelischer Traumata, das Aufspüren vermeintlich (und unter bestimmtem Aspekt auch tatsächlich) Schuldiger nicht. Der selbstentfremdete Mensch muß gleichzeitig zu seiner inneren Einheit zurückfinden, zu seiner Selbstverantwortung und seinem seelischen Frieden. Daher sollte eine Analyse ihm auch die Erkenntnis vermitteln, daß der Friede uns nur dann erfüllen kann, wenn

35

wir ihn in uns hereinlassen, wenn wir uns für das Wunder unserer Existenz öffnen und es in »frommem Erstaunen« auf uns wirken lassen, statt es durch platte Erklärungen, überhebliche Kritik oder dümmliche Besserwisserei seines göttlichen, weil unbegreiflichen Geistes zu berauben.

Abschließend möchte ich noch kurz auf die Heilung durch Berührung und Begegnung zu sprechen kommen. Sie haben bereits in einem anderen Zusammenhang dieses Stichwort gegeben. Mir fiel dazu die Heilungsgeschichte ein, in der eine Frau es wagt, zu Jesus zu gehen und ihn zu berühren, und dadurch von ihrem bisher unheilbaren Blutfluß geheilt wird. Das wird es wohl auch in unserer Zeit geben, daß durch die Begegnung zwischen zwei Menschen – einem rat- und hilfesuchenden, kranken Menschen und einem Arzt – eine Heilung eintritt.

Man könnte das unter verschiedenen Gesichtspunkten betrachten. Es gibt natürlich die Heilung durch Berührung im Sinne eines energetischen Phänomens. Denn wir haben ein bestimmtes Energie- und Strahlungsspektrum, das bei Krankheiten »entartet« ist. Dieses kann durch das harmonische, gesunde Spektrum eines Heilers, dessen Gesundheit gewissermaßen auf den Kranken überfließt, saniert werden. Das kommt übrigens auch bei Pflanzen vor. Diese Form der Heilung ist allerdings in der Regel nicht von Dauer, weil die gesunde Energie von dem dabei unverändert gebliebenen kranken Menschen wieder aufgebraucht wird. Ähnlich ist es bei vielen Suggestionsheilungen, bei denen durch eine starke Erwartungshaltung seelisch-geistige Kräfte mobilisiert und zur Beseitigung körperlicher Beschwerden verwendet werden. Sie halten, wenn es dem betreffenden Menschen nur um Oberflächlichkeiten geht, nicht an. Es gibt aber auch Dauerheilungen. Sie lassen sich am ehesten damit erklären, daß der kranke Mensch zu sich selbst zurückfindet und dabei seine innere, krankmachende Kluft schließt. In seinem Heiler begegnet er seiner eigenen heilen Hälfte, zu der er den Kontakt verloren hatte. Der Heiler wird ihm zum Symbol, das ihm innerlich etwas zurechtrückt, das ihm wieder Hoffnung gibt und ihm zeigt, daß das Heil tatsächlich existiert. Unbewußt sucht der Kranke ja immer danach. So kann er diese Heilsbotschaft, die sich im Heiler verkörpert hat, seinem eigenen Selbstverständnis eingliedern und selbst heil oder wenigstens heiler werden.

36

Ein Heilungsprozeß muß immer etwas Grundsätzliches in uns bewirken; es muß uns ergehen wie Saulus, der zum Paulus wurde. Gewissermaßen ist jeder Kranke ein Saulus und, wenn er geheilt ist, ein Paulus. Er hat etwas erfahren, er hat ein Gefühl für das Heil bekommen. Er sieht wieder einen Sinn in seinem Leben, er sucht seine Bestimmung, erfüllt alles mit positiven Gefühlen und Erwartungen und ist durch den Kontakt mit der gesunden Lichtgestalt des Heilers, deren Ebenbild er selbst in sich trägt, wieder gesund geworden.

Es geht also letztlich um die Begegnung mit dem inneren Arzt, der eigenen therapeutischen Kraft. Wenn ich es richtig sehe, haben Jesus und andere große Heiler es immer vermocht, durch ihre Ausstrahlung, durch das Vermitteln dieser Einsicht – auch dieses inneren Lichtes, von dem Sie eben gesprochen haben – in ihrem Gegenüber diesen inneren Arzt lebendig werden zu lassen und die Heilkraft der Natur wieder zum Fließen zu bringen. Können Sie hierzu noch etwas sagen?

Diesen inneren Arzt könnte man auch die Sehnsucht nach dem inneren Frieden, nach der Übereinstimmung mit allem, was ist, und der Entfaltung dessen, was in einem liegt, nennen. Ein Mensch, in dem diese Kraft wirken kann, ist, ungeachtet seiner äußeren Umstände, im höchsten Sinne gesund. Diese Form der Gesundheit nenne ich »Lebensgesundheit«. Sie bedeutet, daß man ein Leben führen kann, das einen Sinn hat und der Selbstverwirklichung dient. Ein solches Leben ist gesund, selbst wenn eine körperliche Krankheit fortbesteht oder man dem Tode geweiht ist. Ein extremes Beispiel hierfür ist der Märtyrer.

Man muß sich auch klar machen, daß Leiden nicht identisch ist mit Schmerz. Ein Mensch kann Schmerzen haben und braucht trotzdem nicht wirklich zu leiden. Er kann eine Krankheit haben und zugleich über dieser Krankheit stehen; er kann sie sogar benützen, um zu wichtigen Erkenntnissen zu kommen, um sich weiterzuentwickeln. Viele Menschen machen das – natürlich unbewußt –, indem sie sich weigern, ihr körperliches Gebrechen aufzugeben, denn irgendwie fühlen sie, daß dieses für sie ein Motor und eine Motivation ist, um an einer wichtigeren Stelle vorwärtszukommen. Einem solchen Menschen tut zwar etwas weh oder es fehlt ihm zum Beispiel ein Bein, aber er leidet nicht darunter.

37

In dieser Hinsicht hatte ich einmal ein eindrucksvolles Erlebnis mit einer relativ jungen Patientin. Ich war einige Zeit abwesend von der Klinik, in der ich arbeitete und in der sie wegen ihres kranken Beines lag, und als ich zurückkam, war es amputiert. Ich nahm an, daß dies sehr hart für sie sei und befürchtete, als ich zu ihr ging, furchtbares Jammern. Doch sie lächelte und sagte:»Das Bein ist weg. Was soll ich mir darüber Gedanken machen? Das ist für mich erledigt und kein Problem mehr. Es gibt Wichtigeres in meinem Leben.« Sie war gegenüber vorher, als sie noch um ihr Bein fürchtete, befreit und irgendwie geläutert.

Dieser Geist fehlt der heutigen materialistischen Medizin, die ihr Augenmerk ausschließlich auf Äußerlichkeiten richtet und dabei das Wichtigste im Menschen ins Abseits drängt. Wenn jemand nur sein krankes Bein behandelt bekommt und im übrigen gewissermaßen nur als dessen Anhängsel betrachtet wird, kommt er nie dazu, sich zu fragen, was seine Krankheit eigentlich für ihn bedeutet, warum er sie bekommen hat, welchen Wert sie für ihn haben oder was er daraus lernen könnte – wozu auch die Fähigkeit gehört, einen Schmerz oder Verlust zu ertragen.

Dazu ein Beispiel: Neulich erinnerte ich eine Patientin daran, daß sie an dem, woran sie am meisten hänge, auch am stärksten zu treffen sei und, wenn sie sich innerlich nicht davon befreie, auch getroffen werde. Weil man nämlich stets nach Freiheit und Stärke sucht, schafft man unbewußt Umstände, die einen zwingen, sich aus Ängsten und Abhängigkeiten zu befreien. Sie sagte darauf:»Das stimmt. Vor einem Jahr habe ich gesagt: Das Wichtigste sind mir meine Augen und meine Beine – die muß ich um alles in der Welt behalten. Und kurze Zeit danach bekam ich eine schwere Thrombose und verlor einen großen Teil meiner Sehkraft.« Es hat sie viel Selbstüberwindung gekostet, damit fertig zu werden, aber inzwischen ist sie tatsächlich so weit, daß sie eine andere Haltung zu ihrem Leben bekommen hat.

Mich erinnert dieses Beispiel mit dem Augenlicht an eine Frau, die ich vor kurzem kennengelernt habe. Sie hat mir gesagt, daß sie dankbar sei, mit fünfzig Jahren ihr Augenlicht verloren zu haben. Daraufhin hat sie angefangen, innerlich zu sehen; sie hat diesen Verlust analytisch aufgearbeitet und macht jetzt als Siebzigjährige »Traumarbeit« für ihre Umgebung. Die Leute strömen zu ihr wie zu einer Wunderheilerin und erzählen ihr ihre Träume. Sie hat ein gutes Gespür und macht jetzt eine bessere Traumarbeit als mancher gelernte Analytiker. Sie ist froh und dankbar und sagt: »Auf diesen Weg wäre ich niemals gekommen, wenn ich nicht mit Fünfzig erblindet wäre.« Das geht vermutlich in die gleiche Richtung, die Sie meinen.

Manchmal sehe ich mich veranlaßt, zu Patienten zu sagen: »Es tut Ihnen gut, daß es Ihnen schlecht geht.« Zunächst reagieren sie natürlich empört oder zumindest überrascht, denn sie erwarten ja das, was man üblicherweise unter Mitgefühl und Hilfe versteht. Irgendwo in ihrem Inneren aber wissen sie, daß es stimmt. Wenn man sie daran erinnert, daß sie ihre Migräne, ihr Ekzem oder selbst ihren Krebs benötigen, um eine andere Lebensrichtung finden zu können, beginnen viele, darüber nachzudenken und zu suchen. Manchmal erkennen sie dann, daß ihre Krankheit nur eine andere Erscheinungsform ihrer Sorgen, ihrer Ängste, ihres Hasses, ihrer Enttäuschung oder ihrer Verbohrtheit ist – kurz, ihrer ganzen verneinenden Lebenshaltung. Damit aber haben sie eine Spur gefunden, auf der sie aktiv weitergehen und wieder zur Lebensgesundheit finden können, statt hilflos in Selbstmitleid oder Anklagen zu versinken.

Also können wir sagen, wenn wir dem Leiden einen Sinn abringen, einen Sinn geben, daß damit das Leiden und manchmal auch der Schmerz verändert wird?

Ja, ich meine darüber hinaus sogar, daß das Leiden den Sinn hat, das Leiden zu beenden. Es ist ein Phänomen, das im Dienste des Lebens steht. Das Leben – in seinem positiven Sinne – schickt uns das Leiden, damit wir erwachen und zu unserer Selbstverantwortung zurückfinden, zur Bereitschaft, die Ursache unseres Unglücks zuallererst bei uns selbst zu suchen und auszulöschen. Denn wirklich verändern oder verbessern können wir nur uns selbst – unsere Umwelt können wir höchstens vergewaltigen. Nur wenn wir unsere inneren Verknotungen lösen, wenn wir »ja« statt »nein« sagen *(was je nach Situation und Möglichkeit Kämpfen oder Nachgeben bedeutet)*, kann unser inneres Wachstum stattfinden. Dann hören wir auf, uns selbst zu schädigen, und weil wir unsere Krankheitssymptome nicht mehr als »Denkzettel« benötigen, verschwinden sie wieder. Diesen Vorgang nennt man Spontanheilung; er kann grundsätzlich bei jeder Krankheit, ob Migräne oder Ekzem, Krebs oder Aids, eintreten. Allerdings sollte man sich bei solchen Überlegungen klar sein, daß es hierfür keine Patentrezepte mit Erfolgsgarantie gibt und wir das Ziel unseres Leidens erst dann erkennen können, wenn wir es erreicht haben. Die meisten jener Menschen, die sich heutzutage der »Esoterik« zuwenden, hoffen ja, auf »spirituellem« Wege das zu erreichen, was ihnen, als sie rein materialistisch eingestellt waren, nicht gelang: Herr über ihr Schicksal zu werden. Sie meinen, wenn sie ihr Unterbewußtes anzapfen oder ihr Bewußtsein manipulieren, wenn sie sich der Magie oder einer Religion verschreiben, ihre »Schwingungen« verbessern oder »positiv« denken, dann könne der gewünschte Erfolg – nämlich Glück, Gesundheit, Erfolg oder Erleuchtung – nicht ausbleiben.

Tatsächlich aber dürfen wir nie vergessen, daß wir nur wenig verstehen und noch weniger tun können. Es geht uns wie dem Seemann, der zwar alle Vorkehrungen für eine sichere Reise treffen, gleichzeitig aber bereit sein muß, sich der unberechenbaren Gewalt des Meeres auf Gedeih und Verderb anzuvertrauen. Trotz abgründiger Angst vor dem Mysterium des Ozeans fühlt er sich unwiderstehlich von seinen Wundern angezogen; er ahnt, daß er nicht nur jenen Hafen ansteuert, der in seiner Karte verzeichnet ist, sondern einen viel wichtigeren, der in seiner Seele liegt. Auch wir kommen, wenn wir in den Brisen oder Stürmen unseres Lebens das innere Ziel nicht aus den Augen verlieren, dorthin – selbst wenn das Schifflein unseres Lebens dabei untergeht.

In diesem Zusammenhang würde ich gerne noch einmal das Stichwort vom Symptom aufgreifen und es mit dem Symbol verbinden. Für mich war eine der wunderbarsten Erfahrungen während meiner Ausbildung in analytischer Therapie von C.G. Jung, Symptome – meine eigenen und auch die von anderen – symbolisch verstehen zu lernen und zu erkennen, daß in jedem Symptom ein Symbol schlummert. Das Geheimnis der Heilung bestand nun für einen leidenden Menschen darin – wenn ich ihm helfen konnte, sich dessen bewußt zu werden –, im Symptom das Symbolische zu erkennen und die darin liegende Botschaft zu vernehmen. Das ist doch eigentlich der Schlüssel zur Heilung.

Wobei ich noch etwas anmerken möchte: Das Symbol ist

etwas, was wir nur teilweise mit dem Verstand begreifen können, genau wie wir auch nur einen kleinen Teil von uns und unserer Existenz verstehen können. Wenn uns dies klar ist, wird alles in uns und um uns herum – also auch unser Leben – zum Symbol. Gerade dadurch, daß wir immer wieder an die Grenze unserer Verständnismöglichkeiten geraten, werden wir reif für die Erfahrung des Unbegrenzten, Ewigen oder »Gottes«. Immer wieder erfahren wir, daß uns die ganze und absolute Wahrheit verschlossen und das, was uns als wahr erscheint, nur ein Abglanz, ein Bruchstück von ihr ist. Indem wir unsere Beschränktheit erkennen, wird uns klar, daß es eine »höhere Intelligenz« geben muß, die uns geschaffen hat und der wir uns anvertrauen können, denn echtes Vertrauen können wir nur in etwas haben, das größer ist als wir selbst. Dadurch aber wird es für uns auch unbegreiflich. Dieses Unbegreifliche spricht aus den Symbolen zu uns, weshalb man sie auch die »Stimme Gottes« nennen könnte. Wir können ewig darin suchen und finden, und jede Erkenntnis eröffnet uns neue Horizonte mit unzähligen Geheimnissen, die uns verlocken, ständig weiterzuschreiten.

Würden Sie in diesem Zusammenhang sagen, daß diese höhere Intelligenz oder diese Kraft aus der Tiefe auch in den Träumen zu uns kommt? Bilder transportieren ja nur etwas – insofern heilt zunächst nicht das Traumbild, sondern die Botschaft, die es enthält. Ich habe gerade in der letzten Zeit zunehmend solche therapeutischen Vorgänge, die durch diese freiwerdende Traumkraft hervorgerufen wurden, sehr intensiv miterlebt. Würde das auch in die Richtung gehen, die Sie anvisieren? Dabei ist zu bedenken, daß der Traum aus einer Tiefe kommt, die wir nicht erklären können. Wir bekommen in diesen Bildern nur ein Endprodukt übermittelt. Wenn es uns aber gelänge, einmal ganz im Bilde zu sein (das ist für mich eine sehr schöne philosophische Formel), wenn wir also sagen könnten: »Ich bin jetzt im Bilde über mich oder eine Not, ein Problem oder ein Symptom«, würden wir dann nicht diesem Geheimnis, das wir hier diskutieren, nahekommen?

Ganz sicher – und ich denke, daß dieses Im-Bilde-Sein auch bedeutet, daß wir eine unbewußte Kommunikation, eine Resonanz zu etwas im »Jenseits« haben, das dem Jenseitigen in uns selbst entspricht. Ich nenne dieses unsere göttliche Seite. Sie steht in Kontakt mit dem Göttlichen, das ja nicht nur »dort drüben«, sondern auch in allem, was hier ist, wirkt. Der Begriff »Im-Bilde-Sein« erweckt in mir die Vorstellung, daß wir in allen unseren – rationalen und irrationalen – Schichten mit dem Göttlichen kommunizieren, also nicht nur mit dem Verstand, sondern auch mit dem Fühlen. Und eigentlich bedeutet dieser Begriff auch, daß man eins ist mit allem, was existiert, daß man sich als Teil des Universums empfindet und sich darin auf ewig geborgen weiß.

Anmerkung: Dr. Helmut Hark, Pfarrer und Psychotherapeut, ist Landesbeauftragter für Lebens-, Ehe- und Erziehungsberatung im Diakonischen Werk der Evangelischen Landeskirche Baden und Autor von *Der Traum als Gottes vergessene Sprache; Träume vom Tod* (Kreuz Verlag); *Religiöse Neurosen* (Kreuz Verlag); *Der Gevatter Tod* (Kreuz Verlag). Dieses Gespräch wurde für sein Buch *Jesus, der Heiler – Tiefenpsychologische Deutungen von biblischen und heutigen Heilungen* (Walter Verlag) geführt.

Die richtige Medizin

Sehr geehrte Frau...,

Sie fragen, ob Sie sich mit Ihrer schweren Krankheit von der Schulmedizin, die mit Cortison und anderen stark wirkenden Medikamenten Ihren Zustand gebessert hat, abwenden und sich, wie Ihnen empfohlen wurde, ganz in die Hände der Naturmedizin begeben sollen. *»Es ist für mich schwer«*, schreiben Sie, *»eine Entscheidung zu treffen, weil die Mediziner im allgemeinen die Heilpraxis geringschätzen und im Gegensatz dazu der besagte Naturarzt die ›Schulmedizin‹ verteufelt beziehungsweise sogar diese als Auslöser meiner Krankheit vermutet. Vielleicht verstehen Sie nun, warum ich mich an Sie gewandt habe. Ich meine, beide Wissenschaften müßten doch vereinbar sein und sich gegenseitig ergänzen.«*

Ihre Frage läßt sich nicht eindeutig beantworten. Das Problem liegt darin, daß es tatsächlich weniger Gemeinsamkeiten zwischen der Schulmedizin und der natürlichen Medizin gibt als man aufgrund ihres gemeinsamen Zieles glauben möchte. Das liegt an der Verschiedenartigkeit ihres geistigen Hintergrundes. Es würde zu weit führen, wenn ich jetzt alle Diskrepanzen erläutern würde. Im wesentlichen aber sind sie darauf zurückzuführen, daß die wissenschaftlich und technisch orientierte, offizielle Medizin es als ihre Hauptaufgabe betrachtet, Symptome zum Verschwinden zu bringen, ohne den geistigen und seelischen Hintergrund des erkrankten Menschen zu berücksichtigen. Dafür setzt sie Behandlungsmethoden und Medikamente (zum Beispiel Operationen, Cortison, Antibiotika, »Blocker« und »Hemmer«) ein, die einen bestimmten Zustand – meist gegen die im Körper herrschende Tendenz – gewaltsam erzwingen. Denn sie geht davon aus, daß eine krankhafte Störung eine sinnlose Entgleisung des Körpers sei, die der Mensch korrigieren müsse und aufgrund seiner Intelligenz auch könne.

Wenn man den Menschen für ein materielles Phänomen –

eine Art Maschine – hält, wird man dieses Konzept richtig finden und sich über die so erzielten oberflächlichen Effekte freuen. Wenn man aber erkannt hat, daß er weit mehr, nämlich der Ausdruck von etwas Höherem, »Göttlichem« ist, das sich natürlich auch in seiner Krankheit manifestiert, fällt es einem schwer, diese einfach zu unterdrücken, zu blockieren oder unerkennbar zu machen. Sie ist ja mehr als eine Unannehmlichkeit oder Anomalie; sie ist der momentane Lebensausdruck eines Menschen und spiegelt seine innere Verfassung und sein ganzes Menschsein wider.

Die natürliche Medizin (als Gegensatz zur wissenschaftlichen) akzeptiert dies und stellt sich in den Dienst jener Kraft, die in allem, auch in den Gesetzen der Natur, wirkt. Sie versucht, dem Organismus zu seiner natürlichen Funktion und Harmonie zurückzuverhelfen, indem sie ihm eine Behandlung anbietet, die ihn in seinem Selbstheilbestreben unterstützt (denn er ist es, der die Heilung vollziehen muß, nicht das Medikament). Sie stellt ihm zur Verfügung, was er braucht, überläßt es aber ihm, ob und wie er darauf reagieren will. Denn sie sieht im Menschen ein Wesen mit einem hochsinnvollen Schicksal, in das kein Außenstehender gewaltsam eingreifen darf. Sie gleicht in ihrem Therapiekonzept dem Landmann, der seinen Acker nach bestem Wissen bestellt und nun auf den Segen des Himmels wartet.

Niemand weiß, was dem Kranken bestimmt ist, in welcher Weise er gesund oder »heil« werden soll: Vielleicht erlangt er seine körperliche Gesundheit wieder, vielleicht aber soll er statt dessen in einem anderen Bereich seines Seins, zum Beispiel seiner Lebenssicht, gesunden oder vielleicht muß er gar dieses Leben verlassen. Nur der betreffende Mensch – in seiner ganzen Bewußtheit und Unbewußtheit – kann dies entscheiden; die Medizin kann es nicht. Unser Leben ist ein unbegreifliches Mysterium. Wir können es weder absichern noch beherrschen; wir können uns nur in seinen Dienst stellen. Wer kennt die Zukunft? Wer weiß, was gut und richtig für uns ist? Wer kann sagen, daß eine leidvolle Krankheit falsch ist und ein problemloses Leben richtig? Es liegt nicht in unserer Hand, wir bekommen das Leben gegeben und sollen so damit umgehen, daß wir daran wachsen.

Wenn wir nicht gesund werden, so ist damit noch nichts verloren – das sollte man sich klar machen. Wahrscheinlich bedeutet es, daß wir dann nur unter dem Einfluß dieser »unheilbaren« Krankheit zu jenen Erkenntnissen kommen können, die uns fehlen und die uns auf andere Weise nie zuteil geworden wären. Die Reise unseres Lebens geht dann eben in eine andere Richtung, als wir erwartet haben, und zwingt uns damit zur Revision unserer Grundeinstellungen und zur Erweiterung unseres Selbstverständnisses. Dann müssen wir uns ernsthafte Fragen stellen, neue Einsichten suchen und eine Haltung dem Schicksal oder »Gott« gegenüber finden, die uns den inneren Frieden zurückgibt.

Eine solche Einstellung aber ist für den »wissenschaftlichen« Fortschritt, mit dessen Hilfe sich der Mensch zum Herrn und Meister über Leben und Natur aufschwingen will, ein Hindernis. Die heutige Naturwissenschaft ist auf »Erfolg« programmiert, das heißt, sie verfolgt bestimmte Ziele, will alles steuern, berechnen und manipulieren. Da sie aber nur eine Variante derselben Lebenshaltung ist, der auch unsere Krankheiten entspringen, nämlich unseres selbstherrlichen Wollens, unseres Sträubens gegen die Lebenswirklichkeit, unseres Vergehens gegen unsere Bestimmung, unserer Verfehlungen gegen die Gesetze der Natur und unseres Körpers, unserer Nichtbeachtung von gesunderhaltenden Instinkten und Gefühlen, kann sie die Krankheiten verschlimmern.

Daher möchte ich Sie bei dieser Gelegenheit daran erinnern, daß die Frage nach der geeigneten medizinischen Behandlung im Grunde sekundär und bedeutungslos ist, solange man nicht zu sich zurückgefunden und die innere Wandlung, die der eigentliche Sinn jeder Krankheit ist, vollzogen hat. Wer geheilt werden will, dabei aber nicht zu einer grundlegenden Änderung seiner Lebenshaltung bereit ist, verfährt wie jener, der sagte: »Wasch mir den Pelz, aber mach mich nicht naß!« Aus langjähriger Erfahrung weiß ich, daß ihm nicht zu helfen ist. Keine Therapie der Welt wird ihm echte, umfassende Heilung bringen können, da er diese im Grunde gar nicht sucht, sondern nur genauso (krankmachend) weiterleben will wie bisher.

»Geh in dich und suche die Wahrheit!« Diese Worte sind der Schlüssel zu einer Therapie, die wirklich helfen kann. Sie bedeuten, daß man sich ehrlich zu fragen beginnt, inwieweit man selbst durch unvernünftiges Verhalten, bösartige Emotionen,

45

negative Einstellungen oder ungesunde Lebensführung die Voraussetzungen für seine Krankheit geschaffen hat. Wer eine Antwort darauf findet, weiß zugleich, welche medizinische Behandlung für ihn geeignet ist. Wenn Sie in Ihrer Krankheit auch dies bedenken, werden Sie den Weg finden, der für Sie der richtige ist.

Da ich als Außenstehender weder die Hintergründe Ihrer Krankheit noch Ihre Lebenseinstellung kenne, kann ich Ihnen kaum zu einer bestimmten Therapie raten. Es gibt Bewußtseinsstadien, denen die schnelle und wirksame Unterdrückungstherapie der Schulmedizin angemessen ist, weil der betreffende Mensch nur auf diesem Umweg zu sich zurückfinden kann. Es kann aber auch besser sein, wenn er sich der natürlichen Medizin zuwendet, wobei erwähnt werden muß, daß sogar in vielen sogenannten Naturheilpraxen allopathisch, das heißt unterdrückend, behandelt wird; nur werden dort statt Chemikalien Naturstoffe verwendet.

Ich würde Ihnen empfehlen, ganz nach Gefühl zu handeln. Fragen Sie sich, was Sie wollen und wenden Sie sich der Medizin zu, die es Ihnen zu bieten scheint. Aber suchen Sie nicht nach einer Garantie, denn die gibt es nirgends. Vor allem aber geben Sie nicht die Führung Ihres Lebens aus der Hand, indem Sie blindlings irgendeinem Ratschlag folgen, sondern tun Sie nur das, wovon Sie überzeugt sind. Auch meine ich, daß Sie den betreffenden Naturarzt unbedingt persönlich kennenlernen müssen, um zu wissen, wem Sie sich anvertrauen. Vergleichen Sie alle für Sie in Frage kommenden Therapeuten miteinander und entscheiden Sie sich für den, der Ihnen die richtige Einstellung zu haben scheint und zu dem Sie am meisten Vertrauen haben. Dann stehen Sie jedenfalls hinter der Therapie und werden nicht von krankmachenden Zweifeln geplagt.

Grundsätzlich ist auch die Kombination von Schulmedizin und Naturmedizin möglich. Während die schnell wirkenden, bremsenden Mittel der Allopathie durch die natürlichen Medikamente in der Regel nicht behindert werden, blockieren sie diese allerdings bis zu einem gewissen Grade. Ich persönlich würde, wie Sie wohl aus meinen Ausführungen erkannt haben, meine Krankheit mit natürlicher Medizin behandeln und auch einen»Mißerfolg« riskieren, weil ich weiß, daß es einen solchen nicht gibt, sondern daß diese Meinung nur unserer Schwäche und unserem Unverständnis entspringt. Doch das ist nur eine theoretische Aussage, da ich mich ja nicht in Ihrer Lage befinde. Ich kann nur hoffen, daß ich, wenn ich schwer krank würde, die innere Stärke und Klarheit besitzen oder erringen würde, um der Verlockung durch die moderne Verdrängungs- und Blockierungstherapie widerstehen zu können. Denn alles Verdrängte taucht eines Tages in negativerer Form wieder auf, und jedes leichtfertige Ausweichen muß korrigiert werden. (Leichtfertig soll heißen: vorschnell, bequem und wider besseres Wissen.) Wir können unser Leben nicht absichern oder vorprogrammieren, sondern können nur versuchen, aus dem jeweiligen Augenblick nach bestem Wissen und Gewissen zu handeln.

Man sollte auch bedenken, daß körperliche Krankheiten immer nur im Gefolge unbewältigter seelischer Störungen auftreten – jener Zustände, die durch den Verlust der inneren Harmonie gekennzeichnet sind: Konflikte, Frustrationen, Unzufriedenheit, bösartige Emotionen, negative Einstellungen, Unwahrhaftigkeit, Freudlosigkeit oder Lebensverneinung. Nur wer den inneren Frieden besitzt, wer sich mit seinem Schicksal identifiziert und in seinem Leben Freude findet, kann gesund sein, denn er hat keinen Grund für Ängste, Schuldgefühle, Verbitterung, Haß, Selbstmitleid und den üblichen, selbstzerstörerischen Krampf. Auf der Suche nach diesem Frieden aber kann uns kein Körperarzt, sondern nur ein Seelenarzt helfen, womit allerdings nicht der normale Psychiater oder Psychologe gemeint ist, sondern ein Mensch, der das, worunter wir leiden, aus eigener Erfahrung kennt und der es selbst wagt, sich dem Leben ohne Vorurteil, Dogma und Moral, nur vom unbedingten Wunsch nach der Wahrheit beseelt, zu stellen.

Wo aber, so fragen Sie vielleicht, gibt es einen solchen außergewöhnlichen Menschen? Wenn Sie wirklich und bedingungslos danach zu suchen beginnen, fällt es Ihnen wie Schuppen von den Augen: Zu Ihrem großen Erstaunen ist es Ihr Ehepartner oder ein Verwandter, Ihr Nachbar oder ein Freund, Ihr Vater oder Ihre Mutter, ein Taxichauffeur oder Ihr Kaufmann, ein Fremder im Stadtpark, ein Kind, der Autor eines Buches und möglicherweise sogar Ihr Arzt oder Ihr Pfarrer. Denn es heißt ja: »Wer sucht, der findet« – oder besser noch: »Nur wer sucht,

47

kann finden.« Die Wahrheit, das Heil, die Freude sind überall und jederzeit. Aber nur der kann sie finden, der aus ganzem Herzen sucht und bereit ist, alles aufzugeben, was ihn davon trennt, was ihn krank macht und leiden läßt. Sein Schmerz zeigt ihm, daß etwas Falsches von ihm Besitz ergriffen hat. Was ist es? Es kann alles sein: sein Besitz, seine Überzeugung, sein Bild von sich, seine Liebe, sein Haß, sein Glaube, seine Moral oder sein Gott.

Wenn wir aber meinen, wir müßten uns alles noch einmal überlegen, wenn wir Bedingungen stellen, uns absichern, Bequemlichkeit und Garantie suchen, zaudern und zögern, sind wir noch nicht reif für die Erlösung. Dann muß der innere Heilungsdruck weiter zunehmen und uns Schmerzen bereiten. Vor allem aber: Solange unser Ruf nach Hilfe nicht der Erkenntnis entspringt, daß wir unser Unglück in irgendeiner Weise selbst verschuldet haben und die Heilung letztlich unser eigenes Werk sein muß, können wir den richtigen Helfer, Priester oder Arzt nicht finden; solange gehen wir blind an ihm vorbei, wie der Unwissende an dem heilenden Pflänzchen zu seinen Füßen, wie das hochmütige Volk, das seinen Retter verschmäht, weil er nicht seinen Vorstellungen entspricht.

Dann können wir nicht erkennen, daß eigentlich wir selbst unser Retter sind, denn auch in uns spricht die Stimme der Wahrheit, Gottes oder wie auch immer man dieses unbegreifliche und allmächtige Wesen nennen will. Gerade weil wir sie überhörten und »Wichtigeres« zu tun hatten, sind wir krank geworden, und weil wir auf kleinlichen Vorteil und oberflächliche Erleichterung aus sind, bleiben wir es. Wir können schreien und jammern soviel wir wollen. Solange wir weitermachen wie bisher, solange wir uns nicht mit ganzer Ehrlichkeit bemühen, uns zu bessern, und so stolz oder gierig, oberflächlich oder verlogen, kleinlich oder drückebergerisch bleiben wie bisher, klingt unser Ruf nicht echt und wird für niemanden zur Stimme Gottes, die ihm die Kraft zur Hilfe verleiht. Statt dessen ziehen wir »Helfer« an, die uns aus Besitzgier, Machthunger, Schuldsucht oder Verblendung dabei unterstützen, unser ruinöses Leben weiterzuleben, indem sie unsere Schmerzen blockieren, unsere Krankheit unerkennbar machen und unseren Blick von den ewigen Werten auf oberflächliche Effekte ablenken.

Krankheit in höherer Sicht

(Dieses Kapitel erschien als Artikel in der Zeitschrift *esotera*.)

Das Geheimnis unserer Existenz, ihr Ursprung und ihr letzter Sinn, werden uns immer unbegreiflich bleiben. Wir können uns nur bemühen, in dem, was wir davon wahrnehmen, den uns angemessenen Sinn zu finden.

So wissen wir, daß »Etwas«, das wir zum Beispiel »Gott« oder »Lebenskraft« nennen, sich in uns verwirklichen will. Dazu strömt es in Form der erforderlichen Aufbaustoffe, wie Nahrung, Strahlung, Eindrücke, Informationen, Impulse und Intuitionen in uns ein und bewirkt unser Wachstum und unsere Selbstentfaltung. Solange dieser Vorgang ungehindert und unseren angeborenen Möglichkeiten entsprechend verläuft, besitzen wir unsere optimale Gesundheit. Ist er aber gestört, so werden wir krank.

Da wir, aus dem »Jenseits« kommend und eines Tages wieder dorthin gehend, transzendenter Herkunft sind, hat unsere unsterbliche Seele größere Bedeutung als unser vergänglicher Körper. Deshalb liegt in ihr der Kristallisationspunkt unserer Selbstentfaltung, die uns mit Hilfe unserer Bewußtwerdung auf eine höhere Ebene unseres Seins heben soll. Hier beginnen aber auch unsere Krankheiten, nämlich in dem Augenblick, in dem die in uns einströmende Lebenskraft durch innere oder äußere Konflikte dabei behindert wird, sich in Wachstum und harmonische Lebensäußerungen umzusetzen. Der dadurch eintretende innere Stau ruft ein Gefühl des Unbehagens hervor (man nennt es heutzutage »Frust«), das uns auf den behindernden Umstand aufmerksam machen und uns motivieren soll, ihn zu überwinden. Nimmt dieser innere Druck zu, weil wir ihn ignorieren oder den Konflikt nicht lösen können, so kommt der Moment, in dem er im seelischen Bereich nicht mehr kompensiert werden kann und Schaden anzurichten droht. Da aber unsere seelisch-

49

geistige Integrität wichtiger ist als die körperliche, leitet der Organismus das krankhafte seelische Potential über den Körper in Form von Fieber, Absonderungen, Entzündungen, Vereiterungen, Ablagerungen, Tumoren usw. ab. In schweren Fällen kann dies sogar den Tod bedeuten.

Der Körper dient also gewissermaßen als Notventil für die durch den inneren Konflikt gefährdete Seele und macht uns, da wir nicht auf die feine Mahnung von innen hören, durch unübersehbare Symptome unsere Situation deutlicher bewußt. Dazu gehören auch Unfälle und Katastrophen, in die wir deshalb geraten, weil unser »sechster Sinn« gestört ist.

Wenn die körperliche Notreaktion ungenügend ist oder wir, statt die seelische Krankheitsquelle zum Versiegen zu bringen, nur die lästigen Symptome unterdrücken, tritt eine gefährliche Steigerung ein, denn dann wendet sich der Krankheitsdruck (durch die weiterhin einströmende und in ihrer Umsetzung blockierte Lebenskraft ständig verstärkt) zurück in den seelischen Bereich. Dort entsteht dann eine viel ernstere Erkrankung, die unser Organismus nun über seelische Kanäle, in Form von Geistes- und Gemütsstörungen, abzureagieren versucht.

Dabei richten wir das in uns gestaute destruktive Potential, entsprechend dem Prinzip der Selbsterhaltung, zunächst gegen unsere Umwelt und versuchen, es in asozialem Verhalten wie sinnlosen Aggressionen, Quälereien, Terrorismus, Mord oder Krieg, auszuleben. Unser gesellschaftliches und politisches Leben ist davon so weitgehend geprägt, daß es kaum jemandem einfällt, dahinter eine Krankheit zu vermuten. (Es gibt hierzu eine interessante amerikanische Untersuchung, in der festgestellt wurde, daß Kinder, deren Krankheit durch Antibiotika unterdrückt wurde, überdurchschnittlich oft kriminelle Tendenzen entwickelten.) Wird aber auch dieser Ausweg durch Umweltdruck, Moral oder Psychopharmaka verschlossen, dann treibt der innere Krankheitsdruck den Menschen in die Selbstzerstörung – mit Hilfe einer unheilbaren körperlichen Krankheit oder einer lebensbeendenden Geistesverwirrung.

Bei diesem Ineinandergreifen der seelisch-geistigen und der körperlichen Ebene und der Verlagerung krankhafter Zustände von der einen auf die andere versucht der Organismus stets, die Seele zu schützen, notfalls unter Verzicht auf die körperliche

Integrität. Niemals opfert er die innere Gesundheit der äußeren, es sei denn, er wird durch Manipulation von außen dazu gezwungen. Hierin liegt die große Gefahr jeder gewaltsam unterdrückenden allopathischen Therapie, weil sie das Notventil verschließt, den natürlichen Heilungsablauf blockiert und den Menschen in die seelische Destruktion treibt.

Diese Zusammenhänge, die sich in Worten so klar und einfach skizzieren lassen, sind in der Lebenswirklichkeit natürlich bedeutend komplizierter und schwerer erkennbar, denn wir erfassen stets nur einen begrenzten Ausschnitt aus der Biographie eines Kranken. Außerdem sind die einzelnen Phasen oft nicht voll ausgebildet, folgen schnell aufeinander und überlagern sich teilweise.

Grundsätzlich wird ein Mensch immer dann krank, wenn ihm die Erfüllung eines Wunsches oder die Befriedigung eines Bedürfnisses versagt wird, wenn er eine Enttäuschung oder einen Verlust erleidet. Zwar steigert sich die dadurch hervorgerufene Frustration nur selten bis zur schweren Krankheit, jedoch ist damit stets ein Anfangspunkt gesetzt, von dem aus jederzeit eine Eskalation stattfinden kann.

Fast immer findet das traumatisierende Urerlebnis in den ersten Lebensjahren statt, in denen die übermächtige Umwelt der Selbstentfaltung des Kindes schmerzliche Grenzen setzt. Entzug der liebevollen Zuwendung, Überforderung oder ungerechte Bestrafung durch neurotische Eltern erschüttern sein Vertrauen in die Welt und rufen Angst, Enttäuschung oder Verbitterung hervor. Solange dieses Trauma nicht aus dem emotionalen Gedächtnis gelöscht (das heißt, der Konflikt mit der Lebenswirklichkeit gelöst) wird, besteht es untergründig – oft lebenslang – wie ein schwelender Brandherd weiter und kann unter ungünstigen Umständen wieder aufleben. Der Organismus versucht es dann in Verstimmungen, Verhaltensstörungen, funktionellen oder vegetativen Störungen zu kompensieren und entwickelt, wenn ihm dies nicht gelingt, zunächst die sogenannten psychosomatischen Krankheiten wie Migräne, Asthma, Schwindel oder Magenbeschwerden, die dann, falls kein grundsätzlicher Umschwung stattfindet, von den schweren körperlichen und seelischen Krankheiten abgelöst werden.

Man muß sich vergegenwärtigen, daß das krankhafte Potential, dessen Ursprung meist der Konflikt des Menschen mit seinen Lebensumständen ist, nicht einfach in nichts aufgelöst werden kann – schon gar nicht durch die allgemein übliche Unterdrückung. Immer erkrankt der Mensch in seiner Gesamtheit, immer hat er in diesem Augenblick seine persönliche Harmonie verloren. Dieser Mißklang, der dann in ihm herrscht verdirbt schließlich auch sein ganzes Leben, sein soziales Verhalten, seine Arbeit und sein Selbstverständnis.

Wenn zum Beispiel ein bestimmtes Erlebnis Verbitterung, Haß oder Angst in uns hinterlassen hat, sind wir wie von einem Gift durchsetzt. Unfähig zu einem frohen Gefühl oder erhebenden Gedanken, verlieren wir bald auch unsere körperliche Widerstandskraft und erkranken schon bei nichtigen Anlässen – zum Beispiel an Grippe oder Kreislaufschwäche, Herzbeklemmung oder Durchfall, Magengeschwür oder Bluthochdruck. Wenn wir hierauf nicht endlich zur Besinnung kommen und obendrein unseren Körper durch Unterdrückungstherapie bei der Selbstheilung behindern, entwickelt sich die Krankheit weiter. Ihre eigentliche Ursache – die negative Einstellung – besteht ja fort. Unser Organismus hat einen Teil seiner Kraft und unsere Seele etwas von ihrer Unschuld verloren, und sobald sich die ursprünglich traumatisierende Situation in irgendeiner Form wiederholt, schießt uns das Gift erneut und jedesmal ein bißchen stärker ins Blut.

Aus den leichten, immer wieder abgeblockten Störungen entwickeln sich dann die schweren, organischen Krankheiten, die Gewebeveränderungen, die Verkalkungen, die Degenerationen, die Tumoren. Gleichzeitig oder im Wechsel damit entstehen die Gemütskrankheiten, vor allem die Bewußtseinsstörungen und Depressionen. Dabei wächst das zerstörerische Element – die Negativität und Lebensverneinung – unaufhörlich weiter und verdirbt unser ganzes Fühlen, Denken und Handeln, bis wir schließlich alles – vor allem aber uns selbst – mit Hilfe einer Krankheit oder durch Gewalt zerstören müssen. Das gilt für den einzelnen wie für ganze Nationen, für den Privatmann wie für den Politiker. Und so läßt sich aus der Tatsache, daß die meisten politischen Führer mitsamt ihren Völkern immer wieder auf die große Zerstörung, heiße sie nun Krieg oder Umweltvernichtung, zusteuern, leicht auf ihren Gesundheitszustand schließen.

Und doch steht *dem einzelnen* immer der Weg zur Heilung und zum »Heil« offen. Er führt mitten durch seine Krankheit. Denn sie ist ja der Notschrei jenes Wesens, das in uns Gestalt annehmen will. Sie will uns aus unserer Besinnungslosigkeit aufrütteln. Sie bedeutet eine Hilfsmaßnahme der Natur, die uns so lange wie möglich die Chance erhalten will, zu uns selbst und zum Sinn unseres Lebens zu finden.

Wir sind gesund, wenn sich die Lebenskraft optimal in uns umsetzen und der göttliche Gedanke, dem wir entsprungen sind, durch uns harmonisch Gestalt annehmen kann. Solange wir das Gefühl haben, daß wir uns selbst verwirklichen, sind wir im höchsten Sinne, nämlich *in der Gesamtbilanz unseres Lebens*, gesund. Ob dieser Zustand von Menschen gesetzten Normen entspricht, ist bedeutungslos, denn wir sind auf dem Weg in eine Dimension, in der diese nicht gelten. Je entschiedener wir unter dem Druck unserer Leiden um Klarheit und menschlichen Wert ringen, je ehrlicher wir unsere Unzulänglichkeiten und Fehler eingestehen, desto besser geht es uns. Wer versteht, daß seine Krankheit ihn durch Leidensdruck zur Umkehr bewegen will – nicht nur seelisch, sondern auch körperlich und praktisch –, wird sie nicht nur als Unglück betrachten, sondern auch als Chance, jetzt endlich auf den rechten Weg zu kommen. Dieser Weg läßt sich jedoch nicht mit simplen Krankheitserklärungen und Verhaltensrezepten beschreiben, sondern er ist ein schrittweises und ganz persönliches Suchen, das Offenheit gegenüber dem Schicksal und größtmögliche Selbstehrlichkeit voraussetzt.

Jeder kennt seine wesentlichen Schwächen, weiß, was ihn krank macht und wo er vor dem Sprung über den eigenen Schatten zurückschreckt. Dorthin muß der nächste Schritt führen. Wer weiß und fühlt das nicht? Denn dort ist sein persönliches Wachstum am stärksten blockiert; dort hat sich etwas Unwahres in sein Leben eingeschlichen, das ihn leiden läßt.

Unsere Krankheit ist eine Mahnung. Meistens überhören wir sie in ihren Anfängen und denken nicht daran, uns zu ändern. So wächst sie weiter und nimmt schließlich in ihren körperlichen Symptomen einen nicht mehr zu übersehenden Ausdruck an. Erwachen wir jetzt endlich? Nein, wir beklagen uns und versuchen weiterhin, das Unangenehme um jeden Preis unsichtbar und uns selbst unempfindlich zu machen. Dadurch verstärkt sich der Krankheitsprozeß, unser innerer Konflikt, unsere Disharmonie, unsere negative Lebenshaltung, unsere Abwehr gegen das, was sich in uns entfalten will, und endet schließlich in der Zerstörung. Vielleicht läuft mancher dann noch eine Weile auf dieser Welt herum, manipuliert, stimuliert, supprimiert, operiert oder transplantiert, innerlich jedoch erstorben und ruiniert. Und die Verlängerung seines Lebens, die er sich so teuer erkauft hat und die er nicht zu nützen weiß, bedeutet dann im Grunde nur die Verlängerung einer sinnlosen Leidenszeit.

Doch die Kraft, der wir unsere Existenz verdanken, meint es gut mit uns. Sie will uns in diesem Leben ein Stück weiter führen, nicht vernichten. Sie hält uns die Türe jenes Gefängnisses, das wir uns durch Boshaftigkeit, Drückebergerei, Oberflächlichkeit, Heuchelei oder Schicksalshader täglich neu erschaffen, immer offen. »Geh hinaus!« lautet ihre unablässige Mahnung. Sie klopft uns auf die Finger, schickt uns eine Krankheit und gibt uns damit immer wieder eine neue Chance.

Unser Leiden vergeht in dem Moment, in dem wir seinen Sinn finden. Unsere Fehler sind vergeben, sobald wir sie bereuen – allerdings nicht in Selbstanklagen oder Lippenbekenntnissen, sondern indem wir uns bis zur letzten Konsequenz in Frage stellen, unser liebgewonnenes Selbstbildnis demontieren und uns dem Schicksal oder »Gott« ohne Vorbehalte und Erwartungen zur Verfügung stellen. Nur wenn wir innerlich »sterben«, können wir wieder auferstehen wie der Phönix aus der Asche. Immer wieder müssen wir von vorne beginnen, uns ganz öffnen und uns wandeln. Wenn der Fehler aus unserem Inneren getilgt ist, ist er vergeben und vergessen und kann niemals mehr wiederholt werden.

Wir leiden, um vom Leid befreit zu werden. Unser Schmerz hat nicht den Sinn, uns zu quälen, sondern soll uns im Gegenteil anspornen, ihn zu überwinden. Wenn wir ihn nur im Körper unterdrücken, verstärkt er sich in der Seele um so mehr und ruft Depressionen, Verzweiflung, Hoffnungslosigkeit und Leere hervor. Es wäre so einfach, gesund und glücklich zu sein: Wir brauchten nur all das loszulassen, was uns krank macht, und nach der Harmonie in unserer Seele zu suchen. Und doch ist dies angesichts unserer Freudlosigkeit und Selbstentfremdung so schwer, daß es manchem als bloße Illusion erscheint.

Je bewußter wir uns mit unserer Krankheit auseinandersetzen, desto kleiner wird unser Selbstbewußtsein, unsere Illusion von Kraft und Wissen, unser Interesse am Vordergründigen und Künstlichen, und desto deutlicher erkennen wir unsere Kleinheit in der kosmischen Ordnung. Gleichzeitig aber keimt in uns die Gewißheit auf, daß wir, als Teil dieser Ordnung, in ihr geborgen sind und ein göttliches, unsterbliches Element in uns tragen. Aus dieser Gewißheit heraus kann sich unser Leben von einer mit Mühsal, Krankheit und Sinnlosigkeit beladenen Zeitspanne in ein erhebendes Erlebnis verwandeln, das diese lächerliche Frist, die wir hier weilen, um Ewigkeiten überdauert.

Schöne Worte

Sehr geehrter Herr . . .,

Sie schreiben:»*Viele der Betrachtungen in Ihrem Artikel* ›*Krankheit in höherer Sicht*‹ *sind sicherlich aus Ihrem Erfahrungsschatz genommen und in ihrer Ausführung sehr interessant. Leider ist die Verbreitung dieser Ansichten gering, und sie werden auch meist zu fanatisch vertreten. Es ist Kranksein nicht gleich Kranksein, Leiden nicht gleich Leiden. Ein vom Leiden Eingehüllter wird kaum Ihre Ansichten teilen; die negativ einhüllenden Gedanken beherrschen ja das Bewußtsein und versuchen, jedes Aufmucken zu unterdrücken. Schon bei einer fiebrigen Krankheit, wie zum Beispiel einer Grippe, ist es schwer möglich, Entschlüsse zu fassen. Man schluckt willenlos die Tabletten, schwitzt und hofft auf baldige Genesung.*«

Anders ausgedrückt: Was nützen all die schönen Worte? Davon wird doch niemand gesund! Wenn man krank ist, braucht man eine wirksame Medizin, die einen wiederherstellt, nicht aber Theorien und erhebende Gedanken.

Ich kenne diesen Einwand aus der täglichen Praxis und verstehe ihn gut, denn wer von uns ist schon bereit, sich der Herausforderung durch seine Krankheit zu stellen, nach ihrem Ursprung und ihrer Bedeutung zu fragen und daraus Folgerungen für sein weiteres Leben zu ziehen? Lieber schlucken wir ein paar Pillen, die unsere Gefühle und Reaktionen unterdrücken und uns die Illusion, gesund zu sein, bescheren. Mir fallen hier Schillers Worte vom Fluch der bösen Tat ein. Ja, sie muß fortwährend Böses erzeugen, und so führt jede Maßnahme, die darauf abzielt, einen vitalen, natürlichen Prozeß zu unterbinden, dazu, daß dieser sich verstärkt und in anderer Form wieder erscheint. So kann man, wenn man lange und gut beobachtet, feststellen, daß einer unterdrückten Krankheit oder einem verdrängten Lebensproblem stets ein schlimmerer Zustand folgt – im Körper, in der Seele oder in den Lebensumständen.

Sich hierüber klar zu sein, ist – gerade bei einer Krankheit – wichtig, auch wenn man oft nicht die Kraft besitzt, dem Verführer, der sich hinter einem weißen Kittel oder in einem »wirksamen« Medikament verbirgt und schnelles Vergessen verspricht, zu widerstehen. Denn dann ist man ihm doch nicht ganz ausgeliefert, sondern wird immer wieder versuchen, aus seinen Problemen und Leiden etwas über sich selbst zu erkennen, an ihnen geistig und seelisch zu wachsen und so zu wahrer Gesundheit zu finden.

Man darf nicht vergessen, daß in allem, was wir erleben, ein höherer Sinn waltet. Er ist gleichbedeutend mit dem, was wir »Gott« nennen, und stellt ein unbegreifliches Geheimnis mit unvorstellbar vielen Aspekten dar, von denen wir immer nur einen ganz bestimmten erkennen können und sollen. Darin besteht dann unser in dem betreffenden Augenblick größtmöglicher Wachstumsschritt. Wenn wir diesen, zum Beispiel anläßlich einer Krankheit, vollziehen, das heißt, wenn uns dabei etwas so klar wird, daß sich daraus eine persönliche Konsequenz ergibt, haben wir unsere »Pflicht« erfüllt und sind im Frieden mit uns und der Welt. Andernfalls finden wir keine Ruhe und leiden unter Frustrationen und Schmerzen, die nichts anderes sind als unsere Sehnsucht nach der Wahrheit.

Doch auch dann ist es gut zu wissen, daß es trotz der Dunkelheit, in der wir herumirren, das Licht gibt.

Allerdings sind jene Menschen, die sich zu tief in ihr Leiden haben sinken lassen, durch Worte nicht mehr erreichbar. Sie haben die Fähigkeit zu bewußtem Fühlen und Denken verloren, sind die »vom Leid Eingehüllten«. Sie werden meine Gedanken nicht teilen können, denn sie streben unbewußt und unaufhaltsam – allen guten Ratschlägen und Warnungen zum Trotz – ihrem befreienden »Unglück« entgegen. Es scheint, als bliebe ihnen nur, sich noch tiefer in den Zerstörungsprozeß fallenzulassen, um so den Punkt zu erreichen, an dem die Klammer ihres Leidens mit Gewalt – in einer Katastrophe oder im Tod – zerbricht.

Doch in diesen Zustand gerät man nicht von heute auf morgen. Es geht ihm eine lange Entwicklungszeit voraus, während derer man immer wieder die Chance zu Umkehr und Besinnung hatte. Und so gibt es auch Menschen, die sich rechtzeitig, solange sie noch die Kraft dazu besitzen, aus dem Sog des Unheils zu befreien suchen, indem sie den Unstimmigkeiten in ihrem Leben Beachtung schenken und sich ernsthaft um deren Beseitigung bemühen. Für sie sind meine Schriften bestimmt. Die Gedanken eines Menschen, der Ähnliches wie wir erlebt hat (letztlich erleben wir alle das gleiche), können uns ja bei der Suche nach Erkenntnis hilfreich sein.

Allerdings vergessen wir oft, daß sich eine Wahrheit nur dem offenbaren kann, der für sie offen ist. Vieles, was wir erfahren, bleibt als Samenkorn in unserem Unterbewußten liegen und trägt erst dann Früchte, wenn wir reif dafür sind. Statt uns aber hierum zu bemühen, geht es uns meist nur um ein paar Erleichterungen und Vorteile. So hören wir uns den Vortrag eines »Gurus« an, absolvieren einen Lehrgang bei einem »Meister« oder lesen ein paar kluge Bücher, um auf schnelle und bequeme Weise zu Gesundheit, Glück oder Erfolg zu kommen.

Aus dieser Einstellung heraus halten mich übrigens viele meiner Leser für einen vom Glück begünstigten und beneidenswerten Menschen. Sie meinen, weil ich einige ihrer momentanen Probleme durchdacht und ausgesprochen habe, könnte ich mir nun ein leichtes Leben machen. Allzusehr in ihren Schwierigkeiten befangen, übersehen sie, daß man das, worüber man etwas aussagen kann, immer erst selbst durchlebt haben muß, und daß die Lösung eines bestimmten Problems uns nur reif für das nächste, nicht aber für alle Zeiten frei macht. Erkenntnisse sind immer nachträglich, eine Art Schlußfolgerung; mit ihrer Hilfe können wir unser Leben besser verstehen, niemals aber uns gegen unser Schicksal absichern. So geht es mir wie jedem anderen Menschen: Auch ich muß ständig und stets aufs neue mit den Problemen meines Lebens ringen und versuchen, darin jenen Sinn zu finden, der mir meinen inneren Frieden gibt.

Wenn etwas für uns Wirklichkeit wird, so beweist das, daß wir es für unseren nächsten Entwicklungsschritt benötigen. Sie schreiben zwar: *»Kranksein und Leiden können unter Umständen eine Umkehr aus der materiellen Weltanschauung bringen, aber selber wohl nur selten heilsam sein, schon weil die Krankheit und das Leid an sich negativ sind«*, vielleicht können Sie mir aber unter diesem Aspekt zustimmen, daß, wenn nun einmal eine Krankheit eingetreten ist, nichts heilsamer sein kann als diese selbst. Sie ist aus der Notwendigkeit unseres kranken Lebens entstanden und daher das Nadelöhr, durch das wir hindurch müssen, um »heil« zu werden – und wenn dies »nur« eine innere Umkehr bedeutet. Zudem: Was ist schon »an sich« und mit Absolutheit negativ? Da der Mensch kein absolutes Wissen besitzt, kann jede unserer Bewertungen nur relativ sein. Statt »an sich« sollte man besser sagen »an mir« oder »an uns«. Denn es liegt ja tatsächlich nur an uns und unserer Einstellung, welchen Wert etwas für uns hat.

Daß man üblicherweise eine Krankheit für negativ hält, ist mir nur zu bekannt. Gerade diese Haltung hat mich veranlaßt, diesen Artikel zu schreiben. Für mich ist sie eine Sackgasse des Denkens und blockiert unsere Lebens- und Heilkraft, weil sie dem Positiven keinen Raum läßt. Solange wir das, was uns unser Schicksal gibt, dem Tribunal unserer kleinherzigen und kurzsichtigen Wünsche unterwerfen und als »gut« oder »böse« bezeichnen, was uns gerade paßt oder nicht, bleiben wir unfähig, der Wahrheit – oder Wirklichkeit – mit offenem Geist und Herzen zu begegnen und etwas daraus zu erkennen. Alles liegt dann ja schon fest: Dies ist gut und jenes ist böse. Wir aber sind darin hoffnungslos und »unschuldig« verstrickt und können tatsächlich nur noch versuchen, das »Negative«, weil es dies »an sich« ist, zu annullieren. Die allopathische Medizin ist ein Beispiel hierfür.

Jeder von uns weiß, daß ihm, wenn er negativ gestimmt ist, auch die Welt negativ erscheint – es ist, als blicke er in einen Spiegel. Wer sich dieser einfachen Erfahrung bewußt bleibt, dem öffnet sich der Ausweg aus dem scheinbar hoffnungslosen Konflikt zwischen Gut und Böse. In Wirklichkeit ist dies der »Weg«, von dem die Religionen und esoterischen Lehren sprechen: Wir müssen unser Urteil und damit uns selbst relativieren und einem höheren Sinn unterordnen. Statt die göttliche Wirklichkeit unserem persönlichen Maßstab anpassen zu wollen, suchen wir dann nach einer Sichtweise, die ihr angemessen ist. Dann erwarten wir nicht mehr, daß sich das Universum uns zuliebe ändert, sondern wachsen, uns selbst ändernd und entwickelnd, in es hinein, erweitern unseren Horizont, werden bewußt und »heil«.

Eine Krankheit ist daher, je nach Gesichtspunkt, unheilvoll und negativ oder heilsam und positiv. Unsere eigene Einstellung entscheidet darüber, ob wir uns als bedauernswerte Opfer sehen und darunter leiden oder in ihr eine sinnvolle Maßnahme unserer Heilkräfte erkennen und sie zu einer Lebensänderung nützen. Dies jedoch ist eine immerwährende und nie endende Arbeit, die unsere ganze Ehrlichkeit und Kraft erfordert. Niemand kann sie uns abnehmen, weder die geistigen Führer und Gurus, noch die Heilslehren und Religionen. Sie können uns höchstens ihr Wissen zur Verfügung stellen wie der Baum die Frucht. Suchen und Pflücken jedoch müssen wir selbst.

Die Gabe der Bewußtheit, die nur wir Menschen zu haben scheinen, verpflichtet uns, nach besten Kräften jenes kleine Stückchen Wahrheit zu suchen, das jedem von uns angemessen ist. Leider aber nehmen wir diese schwierige Aufgabe, von der der Sinn unseres ganzen Lebens abhängt, oft nicht ernst genug, sondern versuchen, mit Hilfe eines einfachen Patentrezeptes »gesund und glücklich« zu werden.

Diesem Wunsch entspringen die meisten Heilslehren und Glückssysteme, und je primitiver ihre Erfolgsversprechen sind – »Gesundheit, Reichtum, Schönheit, Erfolg und Glück in einer Woche und für jedermann« – desto größer ist die Schar ihrer Anhänger – und natürlich auch der von ihnen Enttäuschten. Denn abgesehen davon, daß der Weg ins »Paradies« bekanntlich steil und steinig ist und so manches Opfer abverlangt, befindet es sich ja gerade nicht dort, wo sie es dann vermuten.

Vor allem hierin liegt meiner Meinung nach der Grund dafür, daß Sie feststellen können: *»Wie oft wurde schon versucht, das Bewußtsein der Masse aus dem Negativen herauszuheben. Ich erinnere nur an Coué und Dr. Murphy, die fast schon vergessen sind. Wie wenige Menschen sind bisher bereit gewesen, sich auf ein positives Leben einzustellen!«* Diese mangelnde Bereitschaft der Menschen, sich auf ein positives Leben einzustellen, ist meiner Ansicht nach nichts anderes als die mangelnde Bereitschaft, alle Wertvorstellungen, nach denen sie leben (also nicht nur jene, denen ihr jetziges »negatives« Leben entspringt, sondern auch jene, die sie für »positiv« halten), auf ihren Wahrheitsgehalt zu überprüfen und so zu korrigieren, daß für sie persönlich etwas Sinn- und Wertvolles dabei herauskommt.

»Die Menschen sind unglücklich, weil sie nicht erkennen, daß sie glücklich sind«, hat einmal ein großer Dichter gesagt. Und so ist es in der Tat. Wir träumen vom positiven Leben, suchen Besitz oder Verzicht, Sinnenfreude oder Entsagung, Irdisches oder Transzendentes, und übersehen dabei, daß wir es bereits – jeder in der ihm entsprechenden Form – haben: Es ist das, was ist – die von jener Kraft, die alles bewirkt und die wir »Gott« nennen, geschaffene Wirklichkeit. *Nichts kann anders sein als es ist, es kann höchstens anders werden.* In dem Augenblick, in dem es uns bewußt wird, ist es unabänderlich und geschehen und zeigt uns die Absurdität unserer davon abweichenden Ideale und Wünsche.

»Ich will, daß es nicht so ist, wie es ist!« rief einmal eine sehr unglückliche Patientin aus und erfaßte damit ihr ganzes Problem mit wenigen, treffenden Worten. Allerdings verstand sie die Wahrheit, die sie da ausgesprochen hatte, nicht und litt um so mehr, je unzufriedener sie war. Da sie meinte, ein Recht auf ein anderes Leben zu haben, trat sie das ihre mit Füßen. Immer ist es der Konflikt zwischen Wirklichkeit und Wunsch, der uns, weil er uns in einen Gegensatz zum unbegreiflichen Schöpfungsplan bringt, leiden und mit unserem Leben unzufrieden werden läßt.

Kranksein macht heil

Sehr geehrte Frau...,
ich will versuchen, Ihnen die Gedanken mitzuteilen, die Ihr Brief bei mir hervorgerufen hat, und hoffe, daß sie Ihnen ein wenig weiterhelfen. Zwei Aspekte scheinen mir daran wichtig: einmal die Krankheit Ihres Sohnes, der plötzlich und unerklärlich von Depressionen und Nervenzusammenbrüchen überfallen wurde, und zum anderen Ihre persönlichen Schwierigkeiten, damit fertigzuwerden.

Natürlich kann man aus der Ferne eine Krankheit weder richtig diagnostizieren noch behandeln, aber aufgrund dessen, was Sie berichten, glaube ich doch, daß einer der wichtigsten Gründe für das sonderbare Verhalten Ihres Sohnes in einem zu starken Druck seitens seiner Umwelt (Sie vermutlich nicht ausgeschlossen) besteht, die ihm etwas abverlangt, was ihm von Natur aus widerstrebt. Eine gewisse Rücksicht auf die Spielregeln unserer Gesellschaft ist zwar unerläßlich, doch wenn ein Mensch dabei zuviel von seinen individuellen Neigungen und Bedürfnissen aufgeben muß, kommt es zu zerstörerischen Reaktionen: Je nach persönlichen Anlagen wird er dann entweder ausfallend, gewalttätig oder zum Terroristen, oder aber er zerstört sich selbst, indem er krank wird, einen Unfall verursacht oder sich das Leben nimmt.

Daß man einem Menschen nachhaltigen Schaden zufügen kann, wenn man ihn mehr belastet, als er ertragen kann, weiß jeder. Diese Grenze der Belastbarkeit bei anderen zu erkennen, ist für uns oft sehr schwierig, weil wir ihn aus unserem eigenen Lebensgefühl heraus zu beurteilen pflegen und meinen, was wir selbst ertragen können, sei auch für andere zumutbar. Da aber jeder von uns eine andere psychische Struktur besitzt, die selbst unter Familienangehörigen stark differieren kann, müssen wir, wenn wir an einen anderen Menschen – aus welchen gutgemeinten Gründen auch immer – Forderungen stellen, stets mit Gefühl und Behutsamkeit auf seine Reaktionen achten, die oft verschlüsselte Notschreie darstellen. Wenn ein Mensch am Heiligabend plötzlich nach Strick oder Messer verlangt und seine Angehörigen angreift, oder wenn er sich außerstande fühlt, morgens das Bett zu verlassen, Verabredungen einzuhalten, höflich und zuverlässig zu sein, so kann man auf jeden Fall annehmen, daß er unter einem für ihn unerträglichen Druck gestanden hat bzw. weiterhin steht. Oft sind es gerade emotionsbeladene Anlässe wie Festtage oder Familienfeiern, die das Faß zum Überlaufen bringen und den betreffenden Menschen veranlassen »durchzudrehen«.

»›Vom Teufel besessen‹, sage ich. Ich suche jemanden, der ihm den Teufel austreibt«, heißt es in Ihrem Brief. Denn dies würden Sie vermutlich für Heilung halten. Geheilt aber kann er, wenn überhaupt, nur dadurch werden, daß man ihm Verständnis entgegenbringt und ihn bis auf weiteres von allen Forderungen freistellt, – selbst von der, gesund und normal zu sein. Am besten wäre es, wenn er vorerst mit denjenigen Personen, gegen die sich seine Aggressionen (die ja nur Ausdruck einer verzweifelten Notwehr sind) richten, keinerlei Kontakt hätte, damit sich seine seelische Struktur ohne die Belastung schmerzlicher Reminiszenzen neu ordnen kann. Ihre Forderung jedoch, ihm den Teufel auszutreiben, zeigt, daß erneut Druck und Gewalt ausgeübt werden soll. Das kann nur dazu führen, daß der »Teufel«, nämlich jene zerstörerische Gewalt, die ihm seine Selbstverwirklichung unmöglich macht, sich noch fester in ihm etabliert.

Ob und inwieweit Ihrem Sohn in dieser Lage zu helfen ist, läßt sich nicht sagen, denn die Zukunft ist ungewiß, und es liegt nicht in unserem freien Ermessen, unser und das Schicksal anderer zu ändern. Diese Tatsache bedeutet nun aber keineswegs, daß es richtig wäre, in Verzweiflung oder Apathie zu verfallen und sich innerlich vom Gang der Welt zu distanzieren. Denn jedes Problem, mit dem wir konfrontiert werden, stellt eine persönliche Herausforderung dar und hat den Sinn, unsere Einstellungen zu korrigieren, damit unser Leben sinnvoll und richtig wird. Vor allem aber sollten wir dabei unsere eigenen Fehler erkennen, denn – wenn überhaupt – können wir nur bei uns selbst etwas ändern. Wir versuchen stets, unsere eigene Problematik in der

63

Außenwelt zu lösen, und pflegen gerade unsere persönlichen Fehler bei anderen Menschen zu verfolgen.

Diese Gewohnheit, das Böse und Verwerfliche nur außerhalb von uns zu suchen, ist ein unbewußter Selbstschutz und versetzt uns in die Lage, uns selbst zu ertragen und wertzuschätzen. Sie macht uns aber blind für uns und hindert uns daran, frei und mündig zu werden. Sie ist das Fegefeuer, von dem wir uns umgeben meinen und das doch in Wirklichkeit in unserer Verbohrtheit und unserem Selbstbetrug besteht.

»Hilf dir selbst, dann hilft dir Gott«, sagt das Sprichwort, denn wenn wir in Not sind, müssen wir den Blick, statt hilfesuchend zum Himmel, zunächst nach innen richten; dort allein können wir Gott und Hilfe finden. Nur unser Herz und unser Gefühl können seine Stimme vernehmen, die uns ständig davor warnt, unsere eigene, persönliche Wahrheit für gesellschaftliches Ansehen, Ehre, Besitz oder Vergnügungen zu verraten. Diese Stimme ist es, die uns so empfindsam macht, daß wir unsere selbstverschuldeten, unwahrhaftigen Lebensumstände nicht mehr ertragen können. Wir erleiden Schmerz und Leid, damit wir die Scheuklappen abwerfen, die uns falsche Ziele verfolgen lassen, und damit wir das aufgeben, was uns krank und unglücklich macht. Denn unsere eigentliche Bestimmung sind Glück und Freude. Solange wir aber nicht jenen Weg verlassen, auf dem wir ins Unglück geraten sind, können wir diese nicht finden. Erst wenn wir bereit sind – und meistens sind wir es erst, wenn der Druck unseres Leidens ins Ungeheuerliche gestiegen ist – uns grundsätzlich zu ändern, und alles, worauf unser Selbstverständnis, unsere Selbstachtung und unsere Selbstzufriedenheit beruhen – seien es nun Überzeugungen und Ideale, Glaube und Liebe, Traditionen und Werte – unbestechlich auf ihren Wahrheitsgehalt zu überprüfen, können wir befreit werden.

So bezieht sich der zweite und wichtigere Aspekt dieses Briefes auf Ihre persönliche Haltung in diesem Unglück und auf Ihre Verzweiflung. Sie schreiben: *»Kranksein macht heil, so dachte ich früher auch, aber seit die Satanskrankheit Depression und Nervenzusammenbruch meinen einzigen Sohn erwischt hat, glaube ich dies nicht mehr«,* und schließen mit den Worten: *»Ich bin zerschmettert.«* Ich weiß, ein Mensch in Ihrer Lage sucht Trost,

Hoffnung und Hilfe. Er ist über die Grenzen jener Vorstellungen und Gewohnheiten hinausgeworfen, innerhalb derer das Leben für ihn verständlich und akzeptabel ist. Diese stellen aber gleichzeitig ein geistiges Gefängnis dar und behindern ihn in seiner wichtigsten Aufgabe, nämlich menschlich zu wachsen und zu reifen. Gerieten wir nie in Not, so wären wir wie die Steine, die die Jahrtausende unverändert und unbelebt überdauern. Indem wir aber Leid und Freude, Trauer und Glück, Bedrohung und Geborgenheit erfahren, indem unsere vermeintlich richtige Welt in einem Augenblick zusammenfällt und wir unsere Sicherheiten verlieren, erweitert sich unser Bewußtsein, vertieft sich unser Verständnis und offenbart sich uns jenes unbegreifliche Geheimnis, das wir »Gott« nennen. Wenn wir aber in jenen Augenblikken, in denen das Schicksal oder »Gott« uns auf die Probe stellt, zurück statt vorwärts blicken und die Lebenswirklichkeit an unseren törichten Wünschen, unserer Bequemlichkeit und unserem Kleinmut messen, sind wir blind für das Wichtigste und geraten in ausweglosem Leid.

Sie befinden sich jetzt in einer Situation, die Sie leiden läßt. Aus Ihrem Brief läßt sich nur wenig über die wahren Gründe entnehmen, nämlich über Ihre Lebenseinstellung, die Ihnen die Realität in so furchtbarem Licht erscheinen läßt. Soweit diese Einstellung Ihren Sohn betrifft, bedeutet das aber auf jeden Fall, daß sich in Ihrer Beziehung zu ihm etwas ändern muß, daß Sie ihn, in welcher Weise auch immer, mit anderen Augen betrachten und entweder mehr Abstand zu ihm oder ein größeres Verständnis für ihn gewinnen müssen. Nur so werden Sie ihn von der dauernden Forderung, »normal« und wohlerzogen zu sein, entlasten und auch selbst etwas lernen können. Abgesehen davon aber und zuallererst müssen Sie versuchen, die jetzige Lage zu akzeptieren und Frieden mit ihr zu schließen, was eigentlich bedeutet, daß Sie Frieden mit dem schließen, der sie Ihnen geschickt hat.

Ich weiß nicht, welche Beziehung Sie zur Religion oder zu »Gott« haben, auf jeden Fall aber werden Sie in Ihrem hohen Alter wissen, daß hinter allem in dieser Welt und also auch hinter unserem Schicksal eine übermenschliche Macht und ein höherer Sinn stehen. Diese können wir nicht in unseren menschlichen Denkkategorien erfassen. Gerade dadurch aber, daß wir unsere menschliche Beschränktheit erkennen, wird uns das, was jenseits unserer Grenzen liegt – das Göttliche – bewußt.

Natürlich läßt sich so etwas in Worten schlecht ausdrücken – man muß es erfahren. Erfahren aber können wir nur das, was wir mit innerer Offenheit und ohne Vorbehalt zu durchleben bereit sind. »Dein Wille geschehe!« heißt es. Dies ist auch die Botschaft jedes Unglücks, jedes Leidens und jeder Krankheit. Sie sollen uns daran erinnern, daß ein Wille geschieht, der über dem unseren steht, und daß wir uns, wenn wir uns gegen ihn sträuben, von ihm entfernen wie Luzifer von Gott. Wer sich aber ehrlichen Herzens bemüht, das Mögliche zu wollen – und das ist stets das, was tatsächlich ist und geschieht –, findet zurück zum großen Frieden. Für den ist das Leben eine lehrreiche und erbauliche Reise durch ein unbekanntes Wunderland, in deren Verlauf er immer wieder jene blaue Blume findet, nach der die Menschheit seit jeher sucht.

Sie sollten nicht sagen: »Seit das Unglück über mich hereingebrochen ist, glaube ich nicht mehr an das Heil.« Denn gerade mit dieser Einstellung vertreiben Sie das Glück aus Ihrem Leben. »Gott« unterwirft sich nicht unseren Bedingungen. Er erfüllt nicht unsere Wünsche, damit wir uns ihm zuwenden. Wenn Sie nicht mehr leiden wollen, müssen Sie das Ihre dazu beitragen. Wenn Ihr Leben positiv sein soll, muß die Bereitschaft, dieses Positive zu erkennen, in Ihnen liegen. Dann müssen Sie sich eingestehen, daß es allein Ihre negative Einstellung ist, die Ihr Leiden hervorruft. Sie stellen Ihrem Leben Bedingungen, die es – aus welchem Grunde auch immer – nicht erfüllt. Sie wollen, daß Ihr Sohn gesund und normal, Ihr Alltag ungestört und bequem, Ihre Mitmenschen höflich und wohlerzogen und Ihr Schicksal angenehm sei, und nun, da der »Satan« in Form der Krankheit Ihres Sohnes aufgetaucht ist, verraten Sie Ihren Gott und glauben nicht mehr, daß er es gut mit Ihnen meint. Daher ist die Krankheit Ihres Sohnes auch zu der Ihren geworden. Sie leiden, genau wie er, unter Depressionen und Verzweiflung, wenn auch die Gründe dafür verschieden sind. Das, was Sie Ihrem Sohn vorwerfen, werden andere Menschen – in anderer Form natürlich – jetzt auch über Sie sagen.

Eine Krankheit kann uns auf mancherlei Weise »heil« machen: indem sie eine Ableitungs- und Reinigungsmaßnahme des

Körpers darstellt und diesen von Krankheitsgiften befreit; indem sie so großen Leidensdruck erzeugt, daß wir uns seelisch verändern und die Notwendigkeit zu einem anderen Verhalten erkennen; sie kann uns aber auch zu »Gott« zurückführen, da sie uns klarmacht, daß wir ohne Vertrauen in ein göttliches Wesen und einem ihm entspringenden Sinn verlorengehen und verzweifeln müssen. Dies ist der wichtigste Aspekt, und er bedeutet das Heil im umfassendsten Sinne, die Geborgenheit im Schicksal und der Ewigkeit. Dieses Heil steht uns immer offen, ob wir nun körperlich und psychisch wiederhergestellt werden oder nicht. Wer hierhin gefunden hat, für den ist das, was man üblicherweise Krankheit oder Unglück nennt, allenfalls eine Prüfung, eine Erfahrung oder sogar eine Bereicherung.

So führt Kranksein immer zum Heil. Welche Umwege wir dabei gehen und wie tief wir in das Leid eintauchen müssen, das hängt weitgehend von unserem Willen ab, es zu suchen, und unserer Bereitschaft, es zu finden. Es wird sich in dem Augenblick einstellen, in dem Sie Ihrem Unglück mit einer anderen Einstellung begegnen, in dem Sie nicht nur Negatives darin suchen und trotzigen Herzens mit der Vorsehung hadern. Wenn sich dann der innere Friede in Ihre Seele gesenkt hat, werden Sie nicht nur wissen, daß dies der richtige Weg ist, sondern werden auch eine für alle Beteiligten annehmbare, praktische Lösung finden können.

Frosch oder Adler?

Alles in dieser Welt besitzt unendlich viele Ebenen und Aspekte, und eines der Wunder unseres Lebens besteht in der Tatsache, daß, je konsequenter wir einer Frage nachgehen oder etwas zu verstehen suchen, um so zahlreicher und bedeutender die sich dabei offenbarenden Perspektiven werden. Ein kleines Beispiel hierfür: Ein schlichter Apfel kann für uns, neben seiner Funktion als Nahrungsmittel, Anlaß zu weitreichenden Überlegungen und Erkenntnissen werden, die nicht nur seine Form, seine Farbe, seinen Duft und deren allgemeine Bedeutung, seine Eigenschaft als Frucht und Teil des großen Naturkreislaufes, seine Wichtigkeit in der Volkswirtschaft, seine Rolle in der Mythologie, seinen ideellen Wert und seinen Sinn in der Welt betreffen, sondern uns bis zu den höchsten Fragen, nämlich nach dem Schöpfer dieser Welt und unserem eigenen Sinn darin, führen.

Wenn wir uns in verkehrter Richtung durch einen Trichter bewegen, geraten wir, statt in immer größere Enge, in zunehmende Weite und Fülle. Ähnlich ist der Weg des wahrheitssuchenden Geistes: Er führt in die Unendlichkeit, denn mit jedem Erkenntnisschritt wächst und vervielfacht sich unsere Perspektive, bis wir, wären wir keine beschränkten Menschen, an einem imaginären Punkt die absolute Fülle, die Totalität, das Grenzenlose erreichen würden. Dabei verliert das Materielle zunehmend seine raumbegrenzte Gestalt und verwandelt sich in unbegrenzten Geist. Die normale Bewegung durch den Trichter dagegen führt durch ständige Reduktion und Einengung schließlich in einen begrenzten Ausschnitt, eine Art Brennpunkt, in dem das Materielle eine so dichte Gestalt annimmt, daß wir es, zum Beispiel in der Gestalt eines Werkzeuges, benützen können.

In der einen Richtung finden wir also zur zweckgebundenen Konstruktion, zur kleinen, engen Gesetzmäßigkeit, zur Maschine, in der anderen zur großen Idee, zur universellen Erkenntnis, zum absoluten Wissen. Beides ist für uns von Bedeutung, und so besteht eine unserer wichtigsten Lebensaufgaben darin, in der kleinen, praktischen Alltäglichkeit stets auch den großen, allumfassenden Sinn wahrzunehmen. Besonders dringend ist dies, wenn uns das unbegreifliche Mysterium unserer Existenz so direkt berührt, daß wir darunter leiden, das heißt in Krankheit und Unglück. Zwar macht sich jeder Mensch irgendwelche Gedanken darüber. Aber es ist doch ein großer Unterschied, ob wir uns mit der erstbesten, alles vereinfachenden Antwort zufriedengeben und in unseren stumpfen Alltagstrott zurückfallen oder, wie es uns als bewußtwerdenden Wesen auferlegt ist, dem sich stets neu stellenden »Warum?« unbeirrbar so lange folgen, bis wir die Grenze unserer persönlichen Verständnismöglichkeiten erreichen und eine neue Perspektive finden – natürlich jeder entsprechend seiner Natur und seinen angeborenen Möglichkeiten.

Der Frosch sieht nur das kleine Stückchen Erde vor seiner Nase und meint, die Welt bestehe aus Gräsern und Insekten; der Adler dagegen überblickt aus der Höhe des Himmels weite Räume und große Zusammenhänge. Jeder sieht die Wahrheit, denn sie steckt in jedem Detail unserer Welt, doch ist für den einen das Weltbild des anderen nicht wahr, weil es ihm nicht angemessen ist.

Gleichen wir dem Frosch oder dem Adler? Sollen wir uns nur um das Vordergründige und Alltäglich-Nützliche kümmern, oder ist es uns auch gegeben (und aufgegeben), erkennend über den Dingen zu schweben und in einem großen Gedanken die Zusammenhänge unseres Lebens zu erfassen? Eine rhetorische Frage, und zwar deshalb, weil es uns möglich ist, sie zu stellen. Und weiter: Ist ein so einschneidendes Ereignis wie eine Krankheit nur ein technisches Versagen in unserer Körper-Maschine, entstehen Unglück und Leid nur aus dem zufälligen Zusammentreffen ungünstiger Umstände, oder hat all dies noch eine höhere Bedeutung, gibt es dafür auch eine Adlerperspektive? Und Heilung, von der alle Welt spricht – ist sie nur die Reparatur eines Defektes, die Wiederherstellung eines früheren Zustandes, oder hat sie auch etwas mit dem »Heil« zu tun, mit jenem Zustand, in dem wir, wie Adler in unermeßlicher Höhe schwebend, in uns das Wirken des Ewigen und Göttlichen verspüren und uns der Winzigkeit alles Zerstörbaren bewußt werden, das uns, wenn wir uns daran klammern, unsere Leiden bringt?

Ich kann es nicht in Worte fassen,
denn es zerrinnt mir wie ein Schneekristall;
es ist, als wollte ich das Weltenall
in *einem* Bild und als ein Wissender erstehen lassen.

Gestalt kann ich ihr nimmer geben,
der übermächtig-ungefaßten Kraft,
die dort im Innern meiner Seele schafft,
in unruh-ahnungsvollem Beben.

Sie spricht in einer Sprache, die ich noch nicht kenne,
was sie mir sagen will, ich zwing's in Worte nicht.
Ich höre tief im Fühlen meiner Seele ein Gedicht,
in dessen Wohlklang schaudernd ich verbrenne.

Wie weit unser suchender Geist auch immer vordringen mag – das eigentliche Wesen unseres Seins wird uns immer unbegreiflich bleiben. Diese Erkenntnis aber ist die Voraussetzung für eine Antwort auf unsere Lebensfragen, die auch unser Herz zufriedenstellt. Paradoxerweise ist es gerade das Wissen, daß wir eigentlich nichts wissen, das dem bißchen Wissen, das uns gegeben ist, seinen sich selbst übersteigenden Wert gibt.

Heilung

(Dieses Kapitel erschien als Artikel in der Zeitschrift *esotera*.)

Je kränker ein Mensch, desto größer ist sein Interesse an Heilung. Gerade in unserer Zeit fühlen immer mehr Menschen, wie dringend sie ihrer bedürfen. Auf der Suche danach gehen sie zu Ärzten und Heilern, Gurus und Magiern, experimentieren mit Kräutern und Düften, Farben und Tönen, Massage und Diät, Edelsteinen und Blüten, dem Atem, dem Wort, dem Geist, der kosmischen Energie, und mancher von ihnen sucht sogar sein Heil darin, andere zu heilen. Über das Wichtigste jedoch, nämlich was Heilung eigentlich bedeutet, herrscht weithin Unklarheit.

Das Spektrum dieses Begriffes ist sehr weit, denn in ihm finden die unterschiedlichsten Lebensauffassungen ihren Ausdruck. Die meisten Menschen allerdings verstehen darunter nur die Beseitigung ihrer körperlichen Beschwerden und erkennen nicht, daß dies, weil sie dabei das Heil ihrer Seele zu vernachlässigen pflegen, mit echter Heilung wenig zu tun hat. Wer dagegen (neben der geeigneten medizinischen Behandlung) sein Leiden zum Anlaß nimmt, in sich zu gehen, krankmachende Einstellungen und Lebensgewohnheiten zu überwinden und nach einer höheren, ihn weiterführenden Perspektive zu suchen, erringt die höchste Form der Gesundheit, nämlich Lebensgesundheit. Sie bedeutet, daß sein Leben in seiner Gesamtheit sinnvoll und lebenswert ist und seiner Selbstverwirklichung dient. Dabei kann selbst eine körperliche Krankheit fortbestehen, denn sie wird dann zur Quelle von Selbsterkenntnis und innerem Wachstum.

Mancher, der die folgenden Ausführungen liest, wird einwenden, daß ihm erhebende Gedanken und erbauliche Theorien wenig nützen, wenn er wirklich krank ist oder Schmerzen ihm den klaren Verstand rauben. Für ihn sei angemerkt, daß er, wenn er beizeiten Kraft und Klarheit sammelt, eines Tages, wenn Gefahr droht, darauf wird zurückgreifen können. Auch für ihn gilt: Jede Se-

kunde ist ein Samenkorn; wenn du säst, bedenke, was du einmal ernten willst.

Wer krank ist, sucht Heilung und versteht darunter normalerweise die Wiederherstellung jenes Zustandes, in dem er sich vor seiner Erkrankung befand.

So unterzog sich Frau G., als sie an einer schweren Akne erkrankte, einer Spezialbehandlung in der Hautklinik, die ihre Pickel bald wieder verschwinden ließ; so ließ sich Herr J., als er wegen einer Kopfgrippe arbeitsunfähig wurde, vom Hausarzt eine antibiotische Spritze geben, die seinen Kopf schnell wieder klar machte; so gaben die Eltern der kleinen S. ihrem Kind, als es unter einer eitrigen Angina litt, das vom Vertreter des Hausarztes verordnete Antibiotikum, woraufhin die Entzündung schnell abklang; so begab sich Frau C., als sie den Rückflugtermin aus Spanien wegen eines fieberhaften Durchfalls zu versäumen fürchtete, in die Behandlung des einheimischen Arztes, der sie mit zwei antibiotischen Spritzen in kürzester Zeit wieder reisefähig machte; so verabreichten die Angehörigen von Frau Z. ihrer bettlägerigen Großmutter, als diese ihnen wegen eines tagelangen Durchfalls zuviel Pflege abverlangte, ein bewährtes Mittel, das den Stuhlgang schon nach wenigen Stunden normalisierte; so nahm Herr D., als sein staubiger Beruf bei ihm asthmatische Beschwerden auslöste, Cortisontabletten, die es ihm ermöglichten, an seinem Arbeitsplatz zu bleiben; so verschaffte sich Herr G., als ihm seine Heuschnupfenanfälle zu lästig wurden, mit einem schnell wirkenden Mittel endlich Erleichterung.

Sie alle verwechselten Beschwerdefreiheit mit Heilung und meinten, wenn sie nur wieder ihr gewohntes Leben aufnehmen könnten, sei alles in Ordnung. Doch wir werden sehen, wie teuer sie ihr Irrtum zu stehen kam. Denn sie bedachten nicht, daß das Leben kein Zurück kennt und Heilung daher nicht in der Wiederherstellung eines früheren Zustandes bestehen kann, sondern stets mit einer grundlegenden Veränderung, gleichsam einer Neugeburt, einhergehen muß. Zudem übersahen sie, daß der Mensch in erster Linie ein seelisch-geistiges Wesen ist und daher niemals am Körper allein erkrankt. Im Gegenteil: Was wir als Krankheit bezeichnen, ist immer nur die Folge einer schon lange bestehenden, krankhaften Seelenverfassung. Diese muß auf jeden Fall in den Heilungsprozeß einbezogen werden, denn sie läßt uns gegen die natürlichen Instinkte, die uns vor Schaden bewahren sollen, verstoßen, lebenswichtige Bedürfnisse, zu denen vor allem innerer Friede und eine Beziehung zum Göttlichen gehören, vernachlässigen und mit unserem Schicksal hadern, wodurch wir den Sinn unseres Lebens verlieren.

Unser Organismus trägt das Prinzip der Selbsterhaltung in sich. Daher ist er immer, bis zum letzten Atemzug, auf Heilung eingestellt und versucht, durch Entzündung, Fieber, Ausscheidung, Tumor oder psychische Reaktion die inneren Gifte zu neutralisieren und uns gleichzeitig durch Schmerzen auf vorhandene Mißstände aufmerksam zu machen.

Der »normale« Mensch aber, der es richtig findet, Frustrationen und Schmerzen zu ignorieren und verbittert oder resigniert seine Tage zu fristen, erkennt nicht, welcher Segen in seiner Krankheit, die eigentlich bereits der erste Schritt zur Heilung ist, liegt. Er kann in ihr nur eine ärgerliche Störung seines Lebensplanes sehen und sucht sie daher unverzüglich und fast um jeden Preis aus der Welt zu schaffen. Wenn er dann wieder nach Besitz, Ansehen oder Vergnügungen jagen kann, hält er sich für geheilt und die ganze Angelegenheit für vergessen. An der äußersten Oberfläche seiner Existenz lebend, erkennt er nicht, daß er, während er sich mit medizinischen Tricks von seinem Leidensdruck befreite, seine Krankheit nur in die Tiefe verdrängte. Von dort aus jedoch beherrscht sie ihn erst richtig und nimmt, solange er sich nicht grundlegend ändert, immer schwerere Formen an.

So ist es nicht verwunderlich, daß Frau G., nachdem ihre Akne »geheilt« war, an schweren Entzündungen des Darmes, der Bauchspeicheldrüse und der Nieren erkrankte und heute noch, ein Jahrzehnt später, deswegen arbeitsunfähig ist; daß Herr J. seit der »Heilung« seiner Kopfgrippe unter schweren Ohrgeräuschen und Schwindelanfällen zu leiden hat; daß die kleine S. kurz nach der »Heilung« ihrer Angina an Leukämie erkrankte; daß Frau C. im Anschluß an die »Heilung« ihres fiebrigen Durchfalls schwere Darmentzündungen bekam, die eine Operation erforderlich machten; daß sich Frau Z., nachdem sie von ihrem Durchfall »geheilt« war, einen Tag lang er-

73

brach, das Bewußtsein verlor und bald darauf starb; daß Herr D. statt seines Asthmas ein sogenanntes »Mondgesicht«, Bluthochdruck und Depressionen bekam und Herr G. sich für die »Heilung« seines Heuschnupfens Rheuma einhandelte. Aus derartigen Fällen, denen man Millionen weiterer hinzufügen könnte, besteht heute der medizinische Alltag. Dabei spielt die allopathisch eingestellte Medizin, deren Geist man auch in vielen sogenannten Naturheilpraxen findet, eine traurige Rolle. Da sie derselben oberflächlichen und unheilvollen Lebensauffassung entspringt wie die Krankheit, die sie zu heilen vorgibt, hält sie diese für eine sofort zu korrigierende Entgleisung und die Seele des Menschen für einen nebensächlichen Schnörkel. Sie lehnt alles ab, was nicht in ihr einfaches, »logisches« Weltbild paßt, und glaubt obendrein naiverweise, wenn sie irgendwelche Laborergebnisse normalisiert, Symptome unsichtbar und Schmerzen unfühlbar gemacht oder den Menschen in seine sozialen Pflichten wiedereingegliedert hat, habe sie ihm Gutes getan oder ihn sogar geheilt. Dabei muß ihr natürlich entgehen, daß alle ihre auf schnelle und vordergründige Effekte abzielenden Manipulationen nicht nur ungeeignet sind, echte Heilung herbeizuführen, sondern diese sogar verhindern.

Solange ein kranker Mensch bewußt leidet, hat er die Chance, seinem Übel auf den Grund zu gehen und nach den wirklichen Ursachen zu suchen, was zugegebenermaßen oft sehr schwer ist – doch haben wir eine andere Wahl? Wenn er aber unter dem Einfluß »wirksamer« Medikamente oder radikaler Operationen das Gefühl für sich verloren hat und weder den eigentlichen Hintergrund seiner Krankheit noch die Tatsache, daß sie ja weiter in ihm besteht, erkennen kann, verschließt sich ihm der Weg zur Heilung.

Doch nicht nur im körperlichen Bereich hat die Bereitschaft zu Unterdrückung und Verdrängung unheilvolle Folgen. So erkrankte Herr T., der die offenkundige Krise in seiner Ehe lange verdrängt hatte, an Krebs, als seine Frau sich von ihm trennte; so erlitt die Lehrerin Frau O. Kreislaufzusammenbrüche, nachdem sie der notwendigen Konfrontation mit einem frechen Schüler ausgewichen war; so verfiel Herr F. in schwere Depressionen, nachdem er jahrelang die tiefe Unzufriedenheit mit seinem Beruf ignoriert hatte; so wurde Frau W. geisteskrank, nachdem sie sich jahrzehntelang von ihrer angeheirateten Familie hatte schlecht behandeln lassen; so bekam Frau Y., nachdem sie sich immer wieder vor der notwendigen Aussprache mit ihrem Vater gedrückt hatte, bei dessen Tod Asthma; so wurde die kleine H. »aus heiterem Himmel« von hohem Fieber befallen, als man ihr verboten hatte, mit einer bestimmten Freundin zu spielen; so erkrankte Herr M. an Lungentuberkulose, nachdem er monatelang die Tatsache überspielt hatte, daß er seinem Arbeitspensum nicht gewachsen war; so wurde Herr N. impotent, als er seinen brennenden Wunsch, eine Beziehung zu seiner geliebten Jugendfreundin aufzunehmen, unterdrückte; so erlitt der kleine U. Anfälle von schwerer Atemnot, als ihn seine ehrgeizige Familie unter zu hohen Leistungsdruck setzte, und so bekommen wir alle, wenn wir zum Beispiel Wut oder Ärger herunterschlucken, Magenschmerzen, Koliken, Kopfschmerzen oder Durchfall.

Die meisten Menschen vergeuden ihre Kraft im Kampf gegen die Widrigkeiten ihres täglichen Lebens und bedenken nicht, daß diese, seien es nun Mitmenschen, Probleme oder Krankheiten, nur Werkzeuge ihres Schicksals sind, das sie mit deren Hilfe bewußter machen und weiterführen will. Statt sogleich auf Abwehr oder Unterdrückung zu sinnen, wäre es besser, sie würden darin nach eigenen Fehlern und einer Einstellung suchen, die es ihnen ermöglicht, harmonisch und menschenwürdig zu leben. Die äußeren Umstände sind immer der Ausdruck der inneren Zustände. Daher wird uns unser Leben, solange wir ihm ablehnend, das heißt in Verbitterung oder Angst, Trauer oder Sorge, Haß oder Neid, Selbstmitleid oder Schuldgefühl gegenüberstehen, auch immer nur ablehnungswürdig erscheinen können.

Wir müssen bereitwillig nehmen, was das Schicksal uns schenkt, und geben, was es uns abverlangt. Niemals aber dürfen wir mit ihm hadern, denn das bedeutet, daß wir uns gegen jene allmächtige Kraft stellen, die alles bestimmt. Selbst der Verlust des Liebsten und Wichtigsten darf nicht unser Vertrauen in die Vorsehung erschüttern oder uns an unserem Leben verzweifeln lassen, denn dadurch bekommen wir ja nur gezeigt, wie kleinlich noch unser Wünschen und wie vergänglich all das ist, woran wir uns klammern.

Weil aber Herr E. es nicht hinnehmen konnte, daß sein beruflicher »Todfeind« seine Stellung bekam, erlitt er einen Herzinfarkt; weil Herr S. den Verlust seines großen Vermögens nicht verkraften konnte, traf ihn der Schlag; weil Herr J. meinte, seine Ehre sei das Wichtigste in seinem Leben, mußte er, als sie verloren war, Selbstmord begehen; weil Frau K. sich mit dem Verlust ihres Sohnes nicht abfinden konnte, erkrankte sie an Brustkrebs; weil Herr H. den Tod seiner Mutter nicht akzeptieren wollte, bekam er Gesichtskrebs, und weil Herr A. in den Todesumständen seines Sohnes nur Sinnlosigkeit und Ungerechtigkeit sehen konnte, wurde er von Hodenkrebs befallen.

Wie auch immer unsere Krankheit aussehen mag, stets versetzt sie uns in einen außergewöhnlichen Bewußtseinszustand, um uns die Augen zu öffnen. Solange wir aber sofort wieder »normale« Zustände anstreben und nicht zu einer grundlegenden Änderung unserer Einstellung finden wollen, verbauen wir uns den Weg zur Heilung. Dann besteht der krankhafte Zustand, der durch unsere im wahrsten Sinne des Wortes unheilvolle Lebenshaltung hervorgerufen wurde, in unserem Inneren fort, und unsere unsterbliche Seele droht Schaden zu nehmen. Da dies aber das Ende unserer menschlichen Entwicklung bedeuten würde, zwingt sie uns immer wieder durch den Druck unseres Leidens in jene Richtung, in der unser »Heil« liegt.

Wir sind Wesen, in denen sich jene unermeßliche Kraft verwirklichen will, die wir »Gott« nennen. Zwar können wir sie nicht wirklich begreifen, doch fühlen wir, daß sie uns ständig drängt, die Grenzen unseres Könnens, Wissens und Seins zu erweitern. Dabei bestimmen unsere naturgegebenen Anlagen, in welche Richtung und zu welcher Höhe wir uns entwickeln können, und unsere Schwächen und Unzulänglichkeiten stellen die Kristallisationspunkte unseres inneren Wachstums dar. Denn indem wir unsere Grenze erfahren, werden wir bewußt.

Stagniert dieser Wachstumsprozeß, so entwickelt sich in uns ein innerer Druck, den wir als Leidensdruck bezeichnen. Im Seelischen entstehend, erstreckt er sich, wenn er dort keine Änderung bewirken kann, auf den Körper und ruft eine Krankheit hervor. Wird diese aber unterdrückt oder wieder nach innen verdrängt, verstärken sich die krankhaften Erscheinungen immer mehr, um den Heilungsprozeß doch noch in Gang zu bringen und uns vor dem Untergang zu bewahren.

Sobald wir die ersten Anzeichen einer Krankheit bemerken, die immer in Frustration und Unzufriedenheit bestehen, gibt es für uns, falls wir nicht in die Zerstörung geraten wollen, nur eine Möglichkeit: Wir müssen unser Leben ändern und eine Einstellung suchen, die uns den inneren Frieden zurückgibt. Dabei dürfen wir vor keinem Opfer zurückscheuen. Jeder Vorbehalt, jedes Ausweichen, jede Selbstlüge, jedes Verdrängen oder Verweigern bringt uns unweigerlich immer tiefer in das Unheil. Dies ist ein unabdingbares Naturgesetz. Daher rufen jene Therapien, die nur die schnelle, körperliche Erleichterung im Sinne haben, grundsätzlich und immer eine noch schwerere Krankheit hervor, auch wenn sie mit ihren prompten Erfolgen oft zunächst darüber hinwegtäuschen.

Das Leben kennt keine »Gnade vor Recht«, wir sind zum Heil »verurteilt« und müssen jeden Betrug an unserer Wahrheit dreifach büßen. Wer die Botschaft seiner Krankheit ignoriert und meint, er könne so weiterleben wie bisher, muß so lange und stets zunehmend leiden, bis er auf seinen persönlichen Weg zurückgefunden und mit seinem Schicksal Frieden geschlossen hat. Das bedeutet aber nicht, wie viele vorschnell meinen, alles fatalistisch und willenlos über sich ergehen zu lassen. Denn der »Kampfplatz« wird nur nach dort verlagert, wo Aussicht auf Erfolg besteht: nach innen. Statt die Lebensrealität mit Gewalt zu verfälschen und Schuldige für die eigenen Verfehlungen zu suchen, gilt es, sich selbst zu überwinden, das heißt die negativen Einstellungen, die törichten Ängste, die kleinlichen Wünsche und die leichtfertigen Lügen, die unser Denken beherrschen und uns nach der unverdienten Erleichterung rufen lassen.

Erst wenn wir zu innerer Klarheit gefunden haben, können wir richtig reagieren und jene Maßnahmen ergreifen, die uns zu wirklicher Heilung verhelfen. Dazu gehört auch, daß wir uns nur einer Medizin anvertrauen, die das Heil des Menschen nicht seiner »Heilung« opfert und die, statt Symptome zu manipulieren, verdrängen oder bekämpfen, Bedingungen schafft, unter denen die natürliche Heilkraft ihr Werk vollbringen kann.

Vor allem aber und immer wieder: Solange wir uns gegen unsere Krankheit *(wenn sie nun einmal eingetreten ist)*, blindlings wehren oder in panische Angst verfallen, haben wir keine Chance auf Heilung. Nur wer bereit ist, ihr einen Sinn zuzugestehen, kann sie überwinden. Denn dann wird er erkennen, daß sie der Ausdruck innerer Konflikte ist, die seinen falschen Wünschen und Erwartungen, Vorstellungen und Idealen, seiner Selbstgerechtigkeit oder seinem Hochmut entspringen. Solange diese unser Denken beherrschen, können wir nicht gesund sein. Denn sie rauben uns den inneren Frieden und das Wissen, das alles in unserem Leben richtig ist und im jeweiligen Augenblick, *unter Berücksichtigung aller Umstände*, gar nicht besser sein könnte. Sie bewirken in uns eine tiefe Angst, weil sie unseren Blick für die Wirklichkeit trüben. Sie sind die Ursache unseres Hasses und unserer Überheblichkeit gegenüber dem Andersartigen und Unverständlichen, das doch derselben Schöpferhand entstammt wie wir. Sie erzeugen Neid und Eifersucht, die nichts anderes als Unmäßigkeit und Habgier sind und zeigen, daß wir mehr wollen, als uns zusteht. Sie sind die Quelle unserer Frustrationen, die der Vernachlässigung lebenswichtiger Bedürfnisse entspringen; sie rufen Depressionen, Schuldgefühle und Verbitterung hervor, die die Folge unseres verstockten Haderns mit dem unbegreiflichen Schicksal sind, und verleiten uns zum Selbstmitleid, mit dem wir der Verantwortung für uns selbst entrinnen wollen. Was kann das Gift dieser negativen Einstellung anderes bewirken als Krankheit?

Wenn wir die höchste Form der Heilung, nämlich unser Seelenheil, anstreben und uns durch das Feuer unseres bewußten Leidens von unserer wie auch immer gearteten Unwahrheit befreien lassen, wird unsere Krankheit heilsam, weil sie unseren geistigen Horizont erweitert, unserem Leben Tiefe gibt und uns die Vergänglichkeit alles Irdischen bewußt macht.

Und wer an dieser Stelle den üblichen Einwand macht, dieser Weg, auf dem es weder Selbstmitleid noch Klagen, weder schnelle Erleichterung noch trügerische Sicherheit, weder Kompromisse noch Ausnahmen gibt, sei sehr schwer, der sei daran erinnert, daß es unendlich schwerer und schmerzhafter ist, im Hader mit dem Schicksal, in Hoffnungslosigkeit oder Furcht, Traurigkeit oder Verbitterung, mit anderen Worten: in dauernder Krankheit zu leben. Es gibt viele Ziele, aber für jeden von uns nur einen Weg.

Das Leben – ein Mysterium

Sehr geehrte Frau...,
Sie schreiben: *»Ich finde es außerordentlich bedauerlich, daß Sie sich in Ihrem Artikel ›Heilung‹ in dieser Kurzform zu Aussagen von einer scheinbaren Eindeutigkeit verleiten ließen, wie sie Ihnen der Fachmann nie abnehmen kann und der Laie entweder so nicht glaubt oder für bare Münze nimmt (weil er es nicht besser weiß) und dann nur verängstigt werden kann.«*
Ihr Bedauern zeigt, daß der Artikel Sie, in welcher Weise auch immer, berührt oder bewegt hat. Das ist für mich erfreulich, denn es geht mir darum, festgefahrene Denkgewohnheiten zu erschüttern und das allgemeine, lebensfremde Verständnis von Krankheit und Heilung in Frage zu stellen, das den uralten Teufelskreis aus Krankheit und krankmachender »Heilung« aufrechterhält. Dabei ist mir natürlich klar, daß auch ich die Welt nicht verändern kann und diese Zusammenhänge zum Schicksal der Menschheit gehören. Aber es gibt doch immer wieder Menschen, die aus dem kollektiven Denkschema ausscheren, die nachzudenken und zu suchen beginnen. Für sie ist dieser Artikel geschrieben. Der von Ihnen zitierte Fachmann darf sie meinetwegen im Vollgefühl seiner Kompetenz und seines allumfassenden Fachwissens ablehnen, ebenso der Laie, der nur das glaubt, was in sein plattes Weltbild paßt (allerdings geht es hier nicht um Glauben, sondern um Überprüfen). Und selbst die Dummen oder Denkfaulen, die alles, was man ihnen erzählt, als bare Münze nehmen, sind nicht meine »Ansprechpartner«, sondern jene, die Sie so diskret am Ende dieser Aufzählung erwähnt haben und zu denen ja auch Sie – glücklicherweise – zu gehören scheinen: die, die sich dadurch verängstigen, verunsichern, bewegen lassen. Sie allein sind, wenn sie nicht gleich vor ihrer Angst davonlaufen, sondern ihr auf den Grund gehen, offen für das Mysterium Leben, das in der Krankheit eine besonders intensive Form annimmt. Dabei ist, wem die »Kurz-

form« meiner Aussagen bedauerlich erscheint, freigestellt, sie für sich selbst in eine ausführliche, jedes Detail berührende Form zu übersetzen. Ja, es ist geradezu seine Aufgabe, deren Bewältigung ihn mehr bereichern wird, als wenn er alles schön vorgekaut und in jeder Hinsicht erläutert vorgesetzt bekäme.

»Sie stellen simplifizierend die tiefen und ungeheuer komplexen Zusammenhänge zwischen organischen Erkrankungen und unserer gesamten inneren Haltung, unserem Verhalten, unserer Gerichtetheit so dar, als wäre es gesichertes Wissen, daß jeder Krankheit, deren Symptome auf schulmedizinische oder sogar naturheilkundliche Therapie hin verschwunden wären, mit Notwendigkeit eine fatalere Krankheit, womöglich mit letalem Ausgang, auf dem Fuße folgte!« heißt es weiterhin in Ihrem Brief. Doch ich kann Ihnen hier nur noch einmal bestätigen, daß es sich dabei tatsächlich um für mich gesichertes, aus langjähriger Erfahrung gewachsenes Wissen handelt. Für mich besteht kein Zweifel, daß diese Zusammenhänge der Wirklichkeit entsprechen, wobei ich natürlich weiß, daß diese viele Ebenen hat und jedem unter einem anderen Gesichtspunkt erscheint. Es steht daher jedem frei, dieses Wissen nach sorgfältiger Prüfung anzunehmen oder abzulehnen.

Mir scheint aber, daß Sie unter gesichertem Wissen so etwas wie eine objektive, jederzeit reproduzierbare und anwendbare Norm verstehen, die für alle Gültigkeit hat. So etwas mag es vielleicht in der unbelebten Technik (und auch dort nur mit Vorbehalten) geben, dem Menschen dagegen, dessen eigentliches Wesen außerhalb jeder Schulweisheit liegt, kann man damit nicht gerecht werden. Alles, was für ihn Bedeutung hat, ist Ausdruck seiner subjektiven, ganz persönlichen, von niemandem nachvollziehbaren und daher »ungesicherten« Realität, aus der sich sein ganz persönlicher Lebensweg ergibt. Normalerweise aber beginnt er erst wieder zu fühlen, zu fragen, zu suchen, zu leben, wenn sein scheinbar sicheres Weltbild ins Wanken kommt.

In diesem Sinne bin ich übrigens jederzeit bereit, das, was mir heute als gesichert erscheint, in Frage zu stellen. Ich mußte schon so manche Aussage revidieren, wenn sich mein geistiger Horizont erweiterte. Allerdings bedeutete dies nicht, daß sich damit die früheren Erkenntnisse als grundsätzlich falsch erwiesen, sondern relativiert und in andere Beziehungen gesetzt wurden. Dieser ständige Wandel, dieses Erweitern des Horizontes ist ja ein Merkmal unseres Lebens.

Dennoch ist es, wie gesagt, für mich und unter den in meinem Artikel dargelegten Umständen derzeit ein gesichertes und jahrelang nachgeprüftes Wissen, daß jede Unterdrückung eines krankhaften Symptoms grundsätzlich und unausweichlich eine Verschlechterung der Situation, eine schwerere Krankheit oder sogar den Tod nach sich zieht. Wo bliebe die so oft beschworene Wahrheit, wenn wir dafür, daß wir einen natürlichen Heilimpuls (etwas anderes ist das krankhafte Symptom ja nicht) unterdrükken, auch noch mit Heilung belohnt würden? Nein, die Wahrheit ist mehr als das, was wir uns in unserem Wunsch nach Bequemlichkeit und wohlfeiler Vergebung zusammenphantasieren. Sie ist das unabänderliche Naturgesetz, die Lebenswirklichkeit, das Übermenschliche, das Göttliche. Und eben deshalb, weil sie unerbittlich und »gnadenlos« waltet, führt sie uns mit absoluter Sicherheit unserem »Heil« (was auch immer das sein mag) entgegen. Daß Sie dieses Wissen in allopathisch bzw. materialistisch eingestellten Fach- und Laienkreisen nicht finden, ist nicht verwunderlich, denn dann sähe vieles anders aus. Dann wären tatsächlich, wie Sie schreiben, *»auch die borniertesten Mediziner schon zum Umdenken gezwungen worden, und die psychosomatische Forschung täte sich nicht mehr so schwer«* – denn sie würden von einem lebens- und menschengerechteren Standpunkt aus agieren.

Die angeführten Fälle sind übrigens alle aus dem Leben gegriffen, und es ließen sich tatsächlich Millionen ähnlicher hinzufügen. Allerdings müssen Sie, um die fatalen Folgen unterdrükkender Therapien erkennen zu können, den betreffenden Menschen in seiner Ganzheit und über längere Zeit beobachten und dabei auch seine Seele, seine Biographie, sein Lebensgefühl, sein soziales Wirken und sogar sein Sterben berücksichtigen. Sonst ziehen Sie die gleichen kurzsichtigen Schlüsse wie die offizielle Medizin, die sich nur für den schnellen und begrenzten Effekt interessiert und dadurch blind für die verheerenden Langzeitfolgen ihrer Eingriffe wird.

Sie brauchen gar nicht lange zu suchen, sondern können damit gleich bei sich selbst beginnen, denn jeder von uns hat in irgendeiner Form unter den Folgen von medizinischer, psychologischer oder menschlicher Unterdrückung und Verdrängung zu leiden, sei es, daß sie ihm zugefügt wurde, sei es, daß er sie sich selbst antut. Man muß nur immer wieder die Frage nach dem »Warum« stellen und zu Selbstehrlichkeit bereit sein.

Daß, wie Sie beanstanden, diese Darstellungen die Krankheitsproblematik simplifizieren, kann ich nicht nachvollziehen. Ich meine im Gegenteil, daß sie gerade auf ihre ungeheure Komplexität hinweisen. Wie wenig vereinfachend diese Gedankengänge sind, können Sie aus Ihrer eigenen, emotionserfüllten Reaktion ersehen. Alles wird dadurch verwickelter, unübersehbarer und verängstigender, denn jetzt ist auf einmal die Grippe nicht der Ausdruck einer Virusinfektion, der Lungenkrebs nicht die Folge des Zigarettenrauchens und ein Schicksalsschlag kein unverschuldetes Unglück. Man kann sich daraus auch nicht mehr mit einem wirksamen Pülverchen herausstehlen, sondern gerät mitten in den problematischen und unverständlichen Bereich seiner seelischen Struktur und muß beginnen, nach der eigenen Wahrheit zu suchen.

Natürlich könnte man sich hier auch mit den diversen untergeordneten, direkteren Zusammenhängen begnügen und zum Beispiel seine Krankheit einem Erreger oder einen Unfall der vereisten Straße in die Schuhe schieben. Dennoch lassen sich alle diese Unterzusammenhänge bei genügender Konsequenz auf Gefühls-, Geistes- oder Bewußtseinsdefekte zurückführen, die, obwohl von indirekter Wirkung, viel größere Bedeutung haben, weil sie das Wesen des Menschen betreffen. Letztlich beruht unser Leiden, soweit es für uns begreiflich ist, auf unserem Konflikt mit der göttlichen Vorsehung, dem Schicksal oder der Lebenswirklichkeit.

Ich pflichte Ihrer Bemerkung bei: »*Meinen Sie nicht auch, daß man der Wahrheit mit solchen Simplifizierungen einen schlechten Dienst tut?*«, möchte diese Frage aber an Sie zurückgeben mit der Bitte um Überprüfung, ob Sie der Simplifizierung, von der Sie sprechen, nicht vielleicht selbst zum Opfer gefallen sind. Vielleicht ist Ihnen auch deshalb eine der wesentlichen Aussagen des Artikels entgangen. Denn wenn Sie schreiben: »*... daß jeder Krankheit, deren Symptome auf schulmedizinische oder sogar naturheilkundliche Therapie hin verschwunden wäre ...*«, kann ich nur darauf hinweisen, daß ich keineswegs behaupte, auf jedes verschwundene Symptom folge mit Notwendigkeit eine fatalere Krankheit, sondern ausdrücklich von den durch Unterdrückung verschwundenen Symptomen spreche. Das ist ein wesentlicher Unterschied, und die Warnung vor Unterdrückung und Verdrängung, Manipulation und medizinischen Tricks, egal in welcher Hinsicht, ist der rote Faden, der sich durch den ganzen Artikel zieht. Es heißt hier wörtlich:»... ruft eine Krankheit hervor. Wird diese aber unterdrückt oder wieder nach innen verdrängt, so verstärken sich die krankhaften Erscheinungen immer mehr...«.

Bei wirklicher Heilung, das heißt Aufhebung der eigentlichen, inneren Ursache, verschwindet das Symptom ebenfalls, aber das bedeutet dann, obwohl der oberflächliche Beobachter dies nicht erkennen kann, etwas völlig anderes. Bei Heilung ist das Symptom, die Heilreaktion aufgrund innerer Sanierung unnötig geworden, bei Unterdrückung dagegen wurde es nur oberflächlich unerkennbar und unfühlbar gemacht, ohne daß seine eigentliche Ursache beseitigt wurde; deshalb taucht es, meist in veränderter und schwererer Form, nach einiger Zeit wieder auf. Dieses Prinzip gilt übrigens für alle Bereiche unseres Lebens, nicht nur für die Krankheiten.

Daher kann eine Medizin, soweit sie allopathisch, das heißt nach dem Verdrängungs- und Unterdrückungskonzept behandelt, aus Prinzip dem Menschen nur Schaden zufügen, und dies in einem Ausmaß, von dem sich kaum jemand einen Begriff machen kann. Ich verstehe Ihr Entsetzen nur zu gut. Es überfällt mich selbst immer wieder, wenn ich die bedauernswerten Opfer solcher Behandlung sehe.

Ein klassisches Beispiel hierfür ist die Behandlung mit Cortison, die dem Körper nur die Fähigkeit zur Erzeugung eines Entzündungs-(das heißt Heil-)symptoms nimmt, nicht aber die Ursache hierfür beseitigt. Die Folgen einer solch drastisch naturwidrigen Therapie, zu der man vielleicht in seltenen Notfällen greifen kann, sind zwar auch in allopathischen Kreisen bekannt, dennoch gehört sie weiterhin zusammen mit den anderen diversen Anti-Stoffen,»Hemmern« und»Blockern« zur täglichen Routine der offiziellen Medizin.

Oder nehmen wir die moderne Krebstherapie. Da sie nur die

extremen Endfolgen, nämlich die Geschwulst (die übrigens auch eine Heilreaktion ist), aus der Welt zu schaffen und das Leben des betreffenden Kranken fast um jeden Preis zu verlängern sucht, beschert sie ihm die unsäglichen und zu Recht gefürchteten Leiden, anstatt ihn, wenn er nicht zu heilen und seine letzte Stunde gekommen ist, an jener natürlichen Begleitkrankheit sterben zu lassen, die ihm die gnädige Natur schickt.

Man darf nie vergessen, daß der Mensch in seinem eigentlichen Wesen transzendenter Natur ist und der Sinn seiner Existenz sich nicht in Beschwerdefreiheit, langem Leben, Erfolg oder Vergnügen erschöpft. *Alles in dieser Welt trägt eine Bestimmung in sich, die höher ist als es selbst.* Das gilt selbstverständlich auch für Krankheit und Leid. Sie haben recht, daß diese Problematik in ihren verschiedenen konkreten Aspekten in meinen Schriften bisher keineswegs erschöpfend behandelt worden ist. Aber abgesehen davon, daß noch vieles in dieser Richtung folgen wird, sind nicht alle Fragen beantwortbar, und die Verunsicherung, in die derjenige gerät, der sich hiermit einläßt, ist nicht das Schlechteste daran. Denn sie erinnert ihn, wenn auch schmerzlich, an die Unsicherheit und Unabsicherbarkeit des Lebens überhaupt, ohne die es nur ein Planspiel menschlicher Intelligenz und kein göttliches Mysterium wäre.

Dieses zu entziffern, war allerdings seit jeher der Wunsch jener Menschen, die dem Leben, aus Angst vor seiner unendlichen Tiefe, sozusagen einen tragfähigen Boden geben und es damit flach machen wollen. Sie versuchen, das geheimnisvolle Phänomen Krankheit auf ein paar, jedermann verständliche Fakten zu reduzieren und verschließen sich gegenüber den großen Zusammenhängen, in die sie eingewoben sind.

Da wir aber nicht aus dem Weltgesetz ausscheren können und gewissermaßen zum »Heil« verurteilt sind, provoziert jedes Abirren, jede Behinderung und Verzögerung unseres inneren Entwicklungsprozesses eine verstärkte Heilreaktion – das Krankheitssymptom –, um uns zurückzuführen. Es versteht sich von allein, daß wir dieses Mysterium weder mit Worten beschreiben noch wirklich begreifen können; und doch müssen wir uns im Rahmen unserer ständig wachsenden Bewußtheit, jeder auf seine Weise, damit auseinandersetzen und so weit, wie jeweils möglich, in den Bereich unserer geheimnisvollen seelisch-geistigen Wesensstruktur und ihrer Störungen vortasten. Dies bedeutet die tiefgreifendste Heilung.

Bei solchen Gedanken fragen Sie mit Recht: *»Wie sieht dann Ihrer Meinung nach die Tätigkeit eines Mediziners aus?«* Der Ausdruck »Mediziner« entspricht dem Wunsch des modernen Menschen nach einem Spezialisten, der seine körperlichen oder emotionalen Unannehmlichkeiten fachmännisch und prompt behebt. Dieser Mediziner aber, der seine Arbeit wie ein Industrieroboter nach einer vorgegebenen Norm und ohne echte persönliche Ergriffenheit verrichtet, ist selbst eine wandelnde Krankheit; daher will ich mich nicht weiter über ihn äußern. Auf ihn trifft tatsächlich Ihr Ausruf zu: *»Dann darf er doch – um Gottes willen – keiner Krankheit ›zu Leibe‹ rücken*...«, wobei ich lieber sagen würde, er dürfe keinem kranken Menschen zu Leibe rücken, denn er hat ja nur gelernt, »die Krankheit« zu unterdrücken, Laborbefunde zu normalisieren, Symptome unsichtbar zu machen oder wegzuschneiden, und es ist sehr fraglich, ob er überhaupt, um nochmals Ihre Worte zu gebrauchen, *»dem Psychotherapeuten assistierend, dem Patienten beim Auffinden von Fehlhaltungen beistehen«* könnte. Falls Sie aber, wie zu vermuten, unter einem Arzt doch mehr als unter einem »Mediziner« verstehen können, nämlich eine Art Heilkünstler, der sein ganzes Menschsein, sein Fühlen, Suchen und Erkennen mit in die Therapie einbringt, dann beantwortet sich Ihre Frage von selbst. Dann ist klar, daß seine Behandlung immer auch die Seele mit erfaßt und er also gleichzeitig Körper- und Seelentherapeut ist. Die Trennung von Körper und Seele ist ebenso unsinnig wie die Aufteilung der Medizin in verschiedene Fachgebiete, denn der Mensch besteht aus allem zugleich, und seine Krankheit betrifft ihn stets in seiner Ganzheit.

Wenn ich Sie richtig verstehe, meinen Sie, ich plädiere dafür, daß der Arzt nichts unternehmen solle, da er ja doch nur Schaden anrichten könne. Soweit Sie damit die allopathische, unterdrückende Therapie meinen, muß ich Ihnen im Prinzip (natürlich mit Ausnahmen) leider zustimmen. Im Zweifelsfalle ist es nach meiner Erfahrung für den Kranken immer noch besser, gar nichts zu unternehmen und sich der Weisheit der Natur oder der göttlichen Vorsehung anzuvertrauen, als sich sein Leiden schnell mal eben wegzaubern zu lassen. Denn das sogenannte dicke Ende läßt nie auf sich warten.

Diese Aussage bedeutet aber nicht, daß ich meine, ein Arzt stehe der Krankheit grundsätzlich hilflos gegenüber. Denn es gibt ja noch andere Therapiewege. Auf sie habe ich auch in diesem Artikel hingewiesen. Hier heißt es:»... daß wir uns nur einer Medizin anvertrauen, die das Heil des Menschen nicht seiner ›Heilung‹ opfert und die, statt Symptome zu manipulieren, zu verdrängen oder zu bekämpfen, Bedingungen schafft, unter denen die natürliche Heilkraft ungestört ihr Werk vollbringen kann.« Es geht also darum, den Organismus in die Lage zu versetzen, die Heilung mit den ihm dafür zur Verfügung stehenden Reparatursystemen zu vollziehen und der Seele bei der Suche nach ihrem Heil, dem inneren Frieden, zu helfen. Diese Form der Heilung kann weder mit blockierenden Medikamenten noch raffinierten Operationen, aber auch nicht durch psychotherapeutisches Manipulieren erreicht werden. Sondern dafür ist eine ganzheitliche Behandlung erforderlich, die den Menschen als seelisch-körperliche Einheit erfaßt, sich den Gesetzen der in ihm wirkenden Natur unterstellt und vor allem in einer Krankheit keine sinnlose Entgleisung, sondern eine Äußerung der uns innewohnenden Heilkraft sieht und auch den Tod hiervon nicht ausklammert.

Daraus ergibt sich auch die Antwort auf Ihre Frage: *»Und wie ist es, wenn das krankmachende Umfeld schicksalsbedingt und nicht auswechselbar ist?«* Ein solcher therapeutischer Ansatz akzeptiert nicht nur die Macht des Schicksals, sondern billigt ihm ausdrücklich einen höheren Sinn zu. Da aber dieser auch darin besteht, uns bewußt und menschlich »heiler« zu machen, versucht er, dem Kranken bei der Erkennung und Lösung seines Konfliktes mit schicksalsbedingten, krankmachenden Lebensumständen behilflich zu sein.

Wenn ein Mensch zur Bereitschaft zurückfindet, seiner Krankheit und seinem Schicksal grundsätzlich einen Sinn zuzugestehen, befindet er sich bereits mitten im Heilungsprozeß. Dann wird er sich unter Einsatz seiner ganzen Kraft und Wahrhaftigkeit um körperliche *und* seelische Gesundung bemühen, diese aber nicht mit Tricks oder Verdrängungen zu erreichen versuchen. Jeder von uns hat bestimmte Möglichkeiten; sie zu realisieren ist sein Auftrag. Gleichzeitig ist es unsere Pflicht, die uns von der Vorsehung gesetzten Grenzen zu akzeptieren. Wo diese liegen, können wir allerdings erst dann erkennen, wenn wir sie erreicht haben. Dann heißt es, abzulassen und zu vertrauen. Wohin uns diese Suche führt, können wir nie wissen, und so müssen wir für alles offen bleiben.

In diesem Sinn ist auch das von Ihnen beanstandete Kapitel »Wir müssen wieder fühlen lernen« in meinem Buch »Heilung kommt von innen« zu verstehen. Es ist der Wunsch nach der Wahrheit – mag sie aussehen, wie sie will –, der uns leiten muß. Unsere Gefühle sind dabei unsere Führer, denn sie sind Mitteilungen aus jener Dimension, die unserem programmierbaren und beschränkten Verstand verschlossen sind. Man braucht ihnen nur mit offenem Herzen zu folgen, braucht sie nur mit Selbstehrlichkeit zu fühlen, sich ihrer bewußt zu werden und sie zu verstehen zu suchen, um auf den rechten Weg zu gelangen.

Dabei müssen wir aber bereit sein, auch jene Grenzen zu überschreiten, die uns unsere anerzogene Moral setzt. Wenn sich der »treue« Ehepartner die Liebesbeziehung zu seiner Jugendfreundin versagt, so vergeht er sich, wenn sie ihm ein Herzensbedürfnis ist, gegen seine innere Wahrheit, was ihn übrigens auch zwingt, seiner Ehefrau etwas vorzuheucheln, und kann niemals erfahren, was dies wirklich bedeutet. Sie schreiben: *»Als ob ein aus Liebe geleisteter Verzicht uns krank machen müßte...«* Ja, wenn es wirklich Liebe wäre, gäbe es das ganze Problem nicht. Liebe hat nichts mit Verzicht zu tun, sondern ist ein durch und durch positiver Impuls. Sie käme bei der Suche nach der Wahrheit schnell heraus; und dann wäre alles in Ordnung. So aber handelt es sich meist um Klischees, Schuldgefühle, Lebensängste, Besitzgier oder pervertierten Haß. Das Wort Liebe ist nur allzu oft der Deckmantel für die gemeinsten, selbstsüchtigen Zwecke, und hinter der »Treue« so manchen Ehepartners verbergen sich nur Feigheit, Lüge und Zwang.

Ich stimme Ihnen zu, wenn Sie schreiben: *»... und ob nicht vielmehr heute das im Namen der Selbstverwirklichung praktizierte Ausleben sämtlicher Bedürfnisse viel eher zu den krankmachenden Fehlhaltungen zählen könnte...«*, möchte Sie aber darauf aufmerksam machen, daß das bewußte Durchleben von Gefühlen und Bedürfnissen etwas ganz anderes ist. Man meint tatsächlich heute oft, wenn man zum Beispiel seine Aggressionen ausgelebt habe, sei man von ihnen befreit und geläutert. Das ist natürlich Unsinn, denn das unreflektierte Ausleben bedeutet nur Entladung, der nach kurzer Zeit wieder die Aufladung folgt. Bewußtes Durchleben und die Suche nach Selbsterkenntnis dagegen verändern den Menschen und entziehen seinem krankhaften Verhalten den Boden.

Es gilt immer wieder, nach der persönlichen, eigenen Wahrheit zu suchen, und zwar in sich selbst, in seinen Gefühlen, Gedanken, Haltungen und Taten. Dann kann es sogar der Ausdruck von Liebe sein, wenn ein Ehepartner den anderen von sich und aus einer verlogenen, krankmachenden Verstrickung befreit. Dazu kann man allerdings, wie überhaupt bei allen wichtigen Schritten, niemandem raten, weil man nicht seine seelische Wirklichkeit nachvollziehen kann.

Deshalb muß auch immer wieder betont werden, daß es kein Zeichen besonderer Wahrhaftigkeit ist, alles, was einem durchs Hirn geistert, hemmungs- und rücksichtslos daherzuplappern und auszuleben. Die Wahrheit hat unendlich viele Schichten und sieht für jeden anders aus. Zudem läßt das Krankhafte und Unwahre in uns nichts unversucht, um sich selbst zu erhalten; dazu verengt es unseren Blick, läßt uns lügen, abstreiten, verfolgen oder »edel« handeln und veranlaßt uns vor allem, immer einen Schuldigen für unsere eigene Misere zu suchen. Damit aber läßt sich kein persönliches Problem lösen. So bleibt uns, wenn wir wirklich nach Besserung, Gesundheit oder Heilung streben, nur immer wieder die Suche nach dem eigenen Fehler, der eigenen Lüge, Verdrängung oder Unterdrückung, die allerdings nicht nur, wie oft mißverstanden, rein psychische Momente erfaßt, sondern sich auf alle Ebenen und Umstände unseres alltäglichen Lebens erstreckt.

Bewußt leiden

Sehr geehrter Herr...,
die Fragen, die Sie aufwerfen, sind sehr schwierig – nicht nur, weil sie sich auf grundsätzliche Probleme des Krankseins beziehen, sondern auch, weil es darauf tausend Antworten gibt, die zwar alle richtig sind, aber doch immer nur individuell gelten. Jeder von uns meint und sucht, entsprechend seiner psychischen Struktur, etwas anderes und nur für ihn Gültiges. Da zudem kaum jemand bereit ist, sich selbst (und schon gar nicht einem anderen) seine eigentlichen, urpersönlichen Probleme einzugestehen, können unsere Fragen und Antworten sie höchstens am Rand berühren.

Sie schreiben: *»Mit großem Interesse habe ich Ihren Artikel ›Heilung‹ gelesen. Allerdings muß ich gestehen, daß er mich auch etwas verwirrt und erschreckt hat.«* Wir sind immer verwirrt, wenn uns etwas, obwohl es in den Klischees unseres rationalen Denkens keinen Platz hat, innerlich anspricht. Dies zeigt, daß eine Erkenntnis aus unserem Unterbewußten aufsteigen und bewußt werden will, und sollte immer ein Anlaß sein, das Bild, das wir von uns und der Welt haben, zu überprüfen und zu korrigieren. Denn nur, wenn unser Denken mit unserem Fühlen übereinstimmt, finden wir unseren inneren Frieden.

Allerdings neigen wir in solchen Augenblicken der Verwirrung dazu, jemandem die Frage zu stellen: Was soll ich tun? – in der Hoffnung, er könne uns durch einen guten Rat die schwere Arbeit, es selbst herauszufinden, abnehmen. Das mag in bezug auf Äußerlichkeiten bis zu einem gewissen Grad möglich sein, die Antwort auf die entscheidenden, lebensbestimmenden Fragen jedoch können wir nur in uns selbst finden. Niemand kann sich ja in einen anderen versetzen und alle seine Gedanken und Gefühle nachvollziehen. Wir können aber die Ratschläge, die wir bekommen, als Denkanstoß betrachten und aus der Unmöglichkeit, sie wirklich zu befolgen, klarer unsere ganz persönlichen Bedürfnisse und Tendenzen erkennen. Jeder von uns hat seinen eigenen Lebensweg, und nur unsere innere Stimme kann ihn uns weisen. Durch sie teilt sich uns jene Kraft mit, die uns geschaffen hat und die wir »Gott« nennen. Wenn wir nicht auf sie hören, gehen wir in die Irre und verzweifeln an der Mühsal und Unverständlichkeit unseres Lebens.

»Sie schreiben vom bewußten Leiden, um eine Chance zu erlangen. Wie aber kann ein kranker Mensch, der von Schmerzen geplagt ist und eventuell sogar Todesängste aussteht, bewußt leiden?« fragen Sie mit Recht, denn dieser Begriff wird oft mißverstanden. Bewußt zu leiden bedeutet nicht, wie die Masochisten und falschen Asketen meinen, sich vorsätzlich Schmerzen zuzufügen oder sich künstlich in sein Leid hineinzusteigern, sondern es ist nichts anderes, als bewußt zu werden – sich also für das, was man fühlt, wahrnimmt und erkennt (eben auch im Leid), zu öffnen, ihm einen Sinn zuzugestehen und es zum Bestandteil seines Selbstverständnisses zu machen. Es ist die alte und ewige Suche des Menschen nach der Wahrheit und stellte einen Prozeß dar, der uns ständig verändert und näher an das Zentrum unseres Seins führt.

Wer bewußt leidet, fällt seinem Leiden nicht zum Opfer; statt haltlos in ihm zu versinken, beobachtet er sich dabei so ehrlich wie möglich. Er sagt gewissermaßen zu sich selbst: Ich leide zwar und habe Schmerzen, doch ich weiß, daß es für irgend etwas gut ist und mich weiterführt; also will ich versuchen, es zu verstehen. Die Tatsache, daß ich mich in meinem Schmerz selbst beobachten kann, beweist mir, daß ich eigentlich darüberstehe.

Dies läßt sich zwar leicht sagen und niederschreiben; es im Leben zu praktizieren, ist dagegen eine schwere Kunst, die man ständig und rechtzeitig bei den kleinen Unannehmlichkeiten des Alltags üben muß, damit man sie auch in den großen Bewährungsproben beherrscht. Eine Krankheit ist hierzu besonders geeignet, weil sie uns aus unserer täglichen, gedankenlosen Routine wirft und unseren Blick wieder auf die Hintergründe unseres Lebens lenkt. Wir müssen uns darum bemühen, auch unseren Schmerz und unser Leid als seine vollwertigen Bestandteile zu akzeptieren. Auch sie sind, genau wie die Freude, Botschaften aus einer anderen Dimension, die uns davor bewahren, in der Sinnlosigkeit unseres oberflächlichen Lebens verlorenzugehen. Wenn Sie einen körperlichen oder seelischen Schmerz so bewußt wie möglich und ohne inneres Sträuben durchfühlen und durchleben, verliert er seine Schrecken und wird nicht nur erträglicher, sondern macht Sie manchmal sogar in Ihrem Innersten auf eine geheimnisvolle Weise stark und lebendig.

»Selbstverständlich ist mir klar, daß eine Krankheit der äußere Ausbruch einer falschen Denk- und Lebensweise ist« schreiben Sie. Ich glaube, daß Sie sich mit dieser Aussage in einem Irrtum befinden, denn wenn sie Ihnen wirklich und in ihrer ganzen Tragweite klar wäre, hätte sich für Sie schon alles geändert. So aber geht es Ihnen wie uns allen: Wir haben eine gewisse Ahnung von etwas und meinen, weil wir es aus- oder nachsprechen können, hätten wir es schon verstanden. Verstehen hat aber erst in zweiter Linie etwas mit Verstand zu tun: Zunächst müssen wir es in Freude und Leid durchfühlt, durchlebt und in uns selbst gefunden haben. Dazu brauchen wir oft unser ganzes Leben, da wir von den unendlich vielen Aspekten, die alles in der Welt hat, immer nur jene erkennen können, die unserem derzeitigen Bewußtseinsstand entsprechen. Was uns heute als unbedingt wahr erscheint, ist oft schon morgen überholt. Es ist wie bei einem Kaleidoskop: Jedes intensive Erlebnis, jede innere Bewegung läßt eines unserer Bilder zerfallen und ersetzt es durch ein neues, ebenso wahres.

Ich würde daher Ihre Aussage etwas vorsichtiger formulieren: Ich habe beobachtet, daß es zwischen meinem äußeren und meinem inneren Leben Zusammenhänge gibt, in denen eine gewisse Gesetzmäßigkeit liegt. Daraus schließe ich, daß jenem körperlichen Zustand, den ich als Krankheit bezeichne, ein ähnlicher in meinem Inneren entspricht. Ich verstehe nur äußerst wenig von dieser Welt, aber ich habe das Gefühl, daß in allem, was existiert, ein Sinn liegt. Daher will ich mich davor hüten, etwas, das Einfluß auf mein Leben hat, als grundsätzlich falsch zu bezeichnen. Ich kann jetzt nur feststellen, daß mir das, was ich erlebe, unangenehm und sinnlos erscheint und mich leiden läßt. Ich muß also etwas an diesem Zustand ändern, so daß ich wieder Freude empfinden kann, und da ich oft genug erlebt habe, daß mich die äußeren Lebensumstände nur dann erfreuen konnten, wenn ich auch innerlich dazu bereit war, will ich nach einer anderen, positiveren Einstellung suchen.

Sie sind offensichtlich an jenem Punkt angekommen, an dem man, um weiterleben zu können, eine neue Perspektive braucht, und Sie suchen sie, wie viele Menschen, bei der sogenannten Esoterik. Vielleicht sind Sie körperlich krank oder haben Ihren seelischen Frieden verloren – jedenfalls scheint Ihnen klar geworden zu sein, daß unser materialistischer und oberflächlicher Zeitgeist Ihnen nicht weiterhelfen kann. *»Ich versuche seit einigen Monaten, mich tiefer mit Esoterik zu beschäftigen. Ich habe unter anderem auch einige Bücher von Dr. Murphy gelesen«*, heißt es in Ihrem Brief. Doch er zeigt, daß Sie auch dort nicht gefunden haben, was Sie suchen, und das ist nicht weiter verwunderlich, denn Sie scheinen, wie die Juristen sagen, »einen untauglichen Versuch am untauglichen Objekt« gemacht zu haben. Einerseits wollen Sie anscheinend, dem Trend unserer Zeit folgend, das esoterische Wissen für einen bestimmten Zweck benützen, nämlich um »glücklich und gesund« zu werden, obwohl dieses Wissen (wie die Kunst) nur um seiner selbst willen und aus dem unbedingten Wunsch nach Wahrheit und Erkenntnis gesucht werden darf und gefunden werden kann. Und andererseits hat das, was heutzutage in unzähligen »esoterischen« Büchern plattgetreten und von geltungssüchtigen oder naiven Möchtegern-Gurus in Schnellkursen angeboten wird, mit Esoterik meist so wenig zu tun wie eine Photographie mit der Wirklichkeit. Mit dem gleichen primitiven Vorteilsdenken, mit dem der Mensch immer wieder seine Religionen verdorben hat, will man auch hier das Außergewöhnliche in den Dienst kleiner, profaner Annehmlichkeiten stellen. Dazu versucht man, das Bewußtsein und das Unterbewußtsein nutzbringend zu manipulieren, die Zukunft »wahr«zusagen oder aus angeblichen früheren Leben ein Alibi für seine heutige Misere zu konstruieren. Dieser Trend ist nur zu verständlich, denn so kann man sich von seiner mühseligen Lebenswirklichkeit ablenken und, wie vom Wein berauscht, seine Zeit im seligen Dämmerzustand der Illusionen und Einbildungen verbringen.

Wirkliche Esoterik dagegen ist etwas ganz anderes. Sie befähigt den Menschen, sich seinem Leben zu stellen und daraus etwas Erbauliches, Wert- und Sinnvolles zu machen, weil sie ihn lehrt, im Alltäglichen das Erhabene, in der Mühsal die Erlösung, im Menschlichen das Göttliche und im Dunkel das Licht zu finden. Alles trägt ein esoterisches Element in sich, sei es nun Ihre Arbeit oder Ihr Lieblingsbuch, eine Wanderung oder eine Begegnung, ein Musikstück oder ein gutes Essen, die Bibel oder Ihr Spiegelbild. Sie erkennen es an der Befriedigung, die Sie darin finden; es ist jenes »gewisse Etwas« – ein reines Gefühl vielleicht oder ein erhebender Gedanke –, das Sie beglückt und bereichert. So ist Esoterik, genau wie Religion, die Suche nach jener wunderbaren und unaussprechlichen Wahrheit, die allem, was ist, einen Sinn gibt. Mit unserem Verstand aber können wir ihn nicht erfassen, genausowenig wie wir wissen, was unsere eigentliche Bestimmung ist. Es gibt eine unüberschreitbare Grenze, an der unser Menschsein endet und jenseits derer das Unbegreifliche beginnt. Dies bis in unser tiefstes Fühlen hinein zu erkennen, ist eines unserer höchsten Ziele.

Zu wissen, daß es etwas gibt, was wir trotz allen psychologischen und philosophischen Analysen, »esoterischen« Praktiken oder magischen Beschwörungen niemals wissen und begreifen können, ist tausendmal wichtiger für uns als alles je in der Menschheit angehäufte Wissen. Denn erst in dem Augenblick, in dem uns unsere Endlichkeit und menschliche Begrenztheit bewußt wird, können wir in einen Kontakt zum Ewigen und Göttlichen treten. Sobald wir es aber in den Käfig unserer engen Vorstellungen zu sperren oder vor den Karren unserer kleinlichen Wünsche zu spannen versuchen, verfliegt es wie ein Spuk bei Tage.

Obwohl die Grenze zwischen uns und der Ewigkeit absolut und unüberschreitbar ist, so ist sie doch zugleich auch relativ, weil sie sich im Laufe unserer Bewußtwerdung ständig verschiebt. Denn hier, am Berührungspunkt von Diesseits und Jenseits, Vergänglichkeit und Ewigkeit findet unser eigentliches Leben statt, wird aus dem Unbewußten Bewußtheit, nimmt das Formlose Gestalt an, wächst unser Körper, indem er assimiliert und aufbaut, und unser Geist, indem er denkt und nach Bewußtsein sucht. Obwohl es sich so schwer mit Worten beschreiben läßt, ist es doch ein alltäglicher und natürlicher Vorgang.

Solange wir suchen, finden wir, auch wenn es manchmal scheint, als gingen wir dabei in die Irre. *Doch indem man das, was man sucht, verfehlt, findet man das, was man eigentlich suchen sollte.*

Wenn Sie noch bewußter auf Ihre innere Stimme hören, die sich Ihnen in Gefühlen, Eingebungen, Ahnungen und Erkenntnissen mitteilt – oder einfach auf Ihr »Herz« – und versuchen, unter Verzicht auf vorgefaßte Meinungen, Vorurteile, Ideale, Wünsche und Vorstellungen offen für alles zu sein, was Sie erleben, erfahren und erleiden, dann wächst in Ihnen ein Verständnis für Ihr Leben, dann durchströmt Sie die Gewißheit, daß alles, was Ihnen widerfährt, richtig und voller Sinn ist.

Immer, wenn unsere Pläne mißlingen, wenn uns etwas Unerwartetes zustößt, wenn wir von einer Krankheit oder einem Unglück (oder auch dem Glück!) überfallen werden, oder anders gesagt, wenn sich unser Leben anders entwickelt, als wir es erwartet oder erhofft hatten, geraten wir an die Grenze unseres Verständnisses, unserer Kraft und unserer Möglichkeiten. Dann ist der Augenblick gekommen, in dem wir den sicheren Boden menschlichen Könnens, Wissens und Wollens verlassen, uns voll Vertrauen in die Hand der göttlichen Vorsehung geben und uns für das unbegreifliche Wunder unseres Schicksales bereit machen müssen.

Doch das Leben besteht nicht nur aus philosophischen Erörterungen, sondern muß auch praktisch bewältigt werden. So fragen Sie:»*Aber wie finde ich Ihrer Meinung nach den richtigen Weg zur Heilung, wenn nicht durch die Medizin?*« und fügen zweifelnd hinzu:»*Selbsterkenntnis ist bestimmt der richtige Weg, aber es gibt genug Menschen, die ihr Leben lang vergeblich versuchen, Selbsterkenntnis zu erlangen.*« Ich meine auch, daß Sie, wenn Sie die Wiederherstellung Ihrer normalen Körperverfassung wünschen, wahrscheinlich eine Medizin brauchen. Man kann zwar in seltenen Fällen allein durch geistige Kraft ein körperliches Übel wieder rückgängig machen, so wie es Menschen gibt, die auf diese Weise Löffel verbiegen können. Wir normalen Menschen jedoch brauchen dafür unsere Hände und für die Heilung unseres Körpers die passende Medizin. Um diese aber finden zu können, benötigen wir Selbsterkenntnis. Wir müssen uns darüber klar werden, was mit uns los ist – körperlich wie seelisch. Alles muß beobachtet und bedacht werden – nicht nur die Gefühle und Gedanken, Ängste und Wünsche, sondern auch die körperliche Verfassung, Schmerzen und Verunstaltungen, Reaktionen und krankhaften Veränderungen.

Nach diesem Prinzip wird zum Beispiel in der homöopathischen Medizin das richtige Medikament ermittelt, und man staunt immer wieder, was dabei alles zusammenkommt.

Aus Ihren Zeilen entsteht allerdings der Eindruck, als verstünden Sie unter Selbsterkenntnis so etwas wie die Lösung einer schweren Aufgabe, ohne die der Mensch den Weg zur Heilung nicht finden kann. Das ist einer jener Irrtümer, die dann aufzutreten pflegen, wenn alltägliche, natürliche Lebensvorgänge in abstrakten Begriffen eingefangen werden. Nein, hier handelt es sich nicht um nebulöse Theorie oder spirituelle Prüfung, sondern um eine ganz normale Verhaltensweise, die jeder von uns täglich praktiziert. Die Frage ist nur, wie bewußt und konsequent wir sie betreiben wollen und können, denn je mehr wir über uns wissen wollen, desto schmerzlicher wird es für uns. Dann müssen wir uns mit jenen entscheidenden Problemen und Wunden auseinandersetzen, die wir im hintersten Winkel unserer Seele verborgen und verkapselt haben, damit sie uns nicht in unseren oberflächlichen Vergnügungen und unserem geschäftigen Leben stören.

Nehmen wir zum Beispiel Ihre Kopfschmerzen, Ihren Husten oder Ihre Magenbeschwerden. Wenn Sie eine wirkliche Besserung oder gar Heilung anstreben, dürfen Sie sich nicht mit der Feststellung, daß Ihnen der Kopf oder der Magen wehtut oder die Bronchien nicht in Ordnung sind, zufriedengeben und daraufhin irgendein Mittel schlucken, das diese Symptome einfach unterdrückt oder beseitigt. Sie sollten vielmehr versuchen, Ihre Beschwerden so genau wie möglich zu erfassen − etwa so: Schmerzt der Kopf links oder rechts, an der Stirn oder an den Schläfen, sticht oder klopft es, sind die Augen beteiligt oder besteht Übelkeit? Oder: tritt der Husten im Liegen oder im Sitzen auf, ist er trocken oder haben Sie Auswurf, und wie sieht dieser aus? Oder: schmerzt der Magen morgens oder abends, gleich nach dem Essen oder erst zwei Stunden später, ist der Schmerz brennend oder krampfartig, müssen Sie sich dabei übergeben oder haben Sie Durchfall? Und wodurch werden alle diese Beschwerden gelindert oder verstärkt? Vor allem aber: Was ist ihre Ursache?

Ein krankhaftes Symptom zeigt ja, abgesehen davon, daß der Körper sich damit heilen will, daß wir aus unserer natürlichen körperlich-seelischen Harmonie geworfen wurden. Nur wenn wir die Ursache hierfür beseitigen, können wir gesund werden. Sie besteht aber nicht nur in objektiven Umständen wie schlechtem Essen, Wettereinfluß oder Verletzungen, sondern vor allem im Subjektiven, in unserer inneren Haltung. So haben Sie Ihren Kopfschmerz vielleicht deshalb, weil Sie gestern aus Unsicherheit und mangelndem Selbstvertrauen in einer Gesellschaft zu viel Alkohol getrunken haben; Ihr Husten ist vielleicht die Folge Ihrer unkontrollierten Raucherei, die Sie benötigen, um den Frust Ihres sinnlosen Lebens überspielen zu können, und Ihre Magenschmerzen könnten als Folge Ihrer Unart, sich ständig über irgend etwas zu ärgern, aufgetreten sein. Damit sind Sie schon mitten in der Selbsterkenntnis, und eine Medizin, die solche krankmachenden Umstände berücksichtigt, wird Ihnen natürlich besser helfen als eine, die nur an der äußeren Oberfläche herumkuriert.

Da die Suche nach Selbsterkenntnis eigentlich die Suche nach der Wahrheit darstellt und diese letztlich unergründbar ist und tausend Gesichter hat, nimmt sie, solange wir leben, kein Ende. Sie könnten also noch weitergehen, obwohl Sie mit den bisherigen Erkenntnissen vielleicht schon eine gute homöopathische Medizin gefunden haben. Wenn Sie auch noch die Grundlagen Ihrer ganzen Lebenseinstellung, Ihrer Moral und Ideale in Frage zu stellen beginnen, entdecken Sie wahrscheinlich, daß der größte Teil Ihrer persönlichen Philosophie gar nicht eigener Erkenntnis entsprungen ist, sondern im Widerspruch zu Ihrem tatsächlichen Leben steht; daß das Bild, das Sie von sich selbst haben, überwiegend den Äußerungen, Meinungen und Reaktionen Ihrer Umwelt entstammt; daß Sie in ständiger Angst vor der Ablehnung durch Ihre Mitmenschen, vor statistisch »bewiesenen« Gefahren und all dem leben, womit man Sie, als Sie noch Kind waren, eingeschüchtert und kleingehalten hat; daß Sie vergessen haben, daß Ihr Leben seine eigenen Gesetze hat und Sie ein einmaliges Individuum sind, dessen Anlagen, Motive und inneren Bedürfnisse von keinem anderen Menschen auf der Welt nachvollzogen oder richtig beurteilt werden können.

Mit der Frage: Wer bin ich, was brauche ich, was kann ich und wozu bin ich auf der Welt? beginnt eine Entwicklung, in deren Verlauf Sie wieder zu sich selbst finden. Dann leben Sie so, wie es Ihrer eigentlichen Natur entspricht, üben den Beruf aus, zu dem Sie berufen sind, schließen Freundschaft nur mit jenen Menschen, die Ihre Freunde sind, und verwechseln Liebe nicht mit Leidenschaft. Kurz, Sie beginnen, Ihrem Herzen zu folgen. Wie weit Sie auf dieser Reise zur Selbsterkenntnis kommen, kann niemand voraussagen. Wir müssen immer so weit gehen, wie wir können. Und eines Tages gelangen wir dabei in jene Bereiche, in denen die Äußerlichkeiten des Lebens keine große Rolle mehr spielen und anderes – nämlich »Gott« – wichtig wird.

»Wie soll ich Ihrer Meinung nach meine Einstellung ändern, um Erkrankungen von mir abzuwenden?« schließt Ihr Brief. Beobachten Sie so genau wie möglich, was Sie krank und unglücklich macht. Lassen Sie nichts dabei aus. Am besten wäre es, wenn Sie es in einem Tagebuch aufschrieben, damit Sie darüber nachdenken können. Fragen Sie sich, warum es Sie leiden läßt und vor allem, warum Sie es noch nicht aufgeben können. Versuchen Sie, sich von *allen Ideal- oder Moralvorstellungen, Wünschen und Erwartungen, die Sie mit der Wirklichkeit Ihres Lebens entzweien,* freizumachen und statt dessen auf Ihre innere Stimme, die Sie irgendwohin führen will, zu hören. Bemühen Sie sich darum, Ihr Leben so zu sehen und zu akzeptieren, wie es tatsächlich ist. Erst wenn Sie nicht mehr unter Frustration, Enttäuschung, Groll, Verbitterung oder unerfüllten Wünschen leiden, können Sie klar sehen. Versuchen Sie, Ihre innere Situation mit der äußeren in Übereinstimmung zu bringen – nicht indem Sie Ihre Gefühle vergewaltigen, sondern indem Sie Ihr äußeres Leben Schritt für Schritt Ihren inneren Bedürfnissen anpassen. Hüten Sie sich dabei vor Hauruck-Aktionen, denn alle (und gerade die wichtigen) Entscheidungen fallen ganz von allein. Sie reifen, wie die süßen Früchte, in der Stille, und eines Tages, im Bruchteil einer Sekunde, schaltet sich etwas in Ihnen um. Dann wissen Sie, wie es weitergeht, und haben auch die Kraft dafür. Arbeiten Sie auf das hin, wonach Ihr Inneres sich sehnt, dann wird auch Ihr äußeres Leben Sie nicht krank machen.

Die größere Wirklichkeit

Sehr geehrte Frau ...,

in Ihrem Brief heißt es: »*Aber jetzt ... kommt mein massiver Einwand gegen die Eindeutigkeit mancher Ihrer Aussagen. Ich finde das übrigens häufig: Wir sind einerseits bereit, unter dem Diktat zwingender subjektiver Erfahrungen den Boden des derzeit noch weitgehend allein akzeptierten naturwissenschaftlichen Weltbildes mit seinen beruhigend beweisbaren Behauptungen zu verlassen, weil wir erfaßt zu haben glauben, daß deren Aussagen allenfalls in einem flachen, banalen, vordergründigen Bereich uneingeschränkt gültig sind, beispielsweise in bezug auf die große Wahrscheinlichkeit, daß mir ein Kuchen wieder gelingen wird, wenn ich mich genau an mein Rezept halte, oder auch, daß eine Entzündung bei Cortisongabe abklingt, oder daß mein Kind vom Wickeltisch stürzen wird, wenn ich es nicht festhalte. Wir sind jedoch nicht bereit, daraus die meines Erachtens unabweisliche Konsequenz zu ziehen, uns nun immer wieder bewußt zu machen, daß es so etwas wie definitive Aussagen kaum mehr geben kann. Bei den gefühlten Zugängen zur ›größeren Wirklichkeit‹, bei der Intuition oder beim Traum, beim Vor-, Halb- und Unbewußten und bei gegenseitigen Beeinflussungen auf allen diesen letztgenannten drei Ebenen kommt der viel geschmähten Subjektivität so große Bedeutung zu, daß Generalisierungen mir nicht mehr zulässig scheinen.*«

Im Prinzip bin auch ich dieser Meinung. Der Schwerpunkt meiner Arbeit liegt ja gerade darin, meine Leser auf die »größere Wirklichkeit« aufmerksam zu machen, vor allem, wenn sie sich in Krankheit oder Not befinden. Für mich ist das ein Zeichen dafür, daß in ihrem Erleben und Erkennen das Gleichgewicht zwischen »Kopf« und »Herz« verlorengegangen ist. Da heute das Rationale und Materialistische überbetont wird, ist es wichtig, dieser »anderen« Wirklichkeit wieder den Raum in unserem Bewußtsein zu verschaffen, der ihr zusteht.

Allerdings muß man hierbei bedenken, daß es auch Menschen gibt, deren Krankheit in einem Verlust an Rationalität besteht. In ihnen herrschen dann auflösende, chaotische Tendenzen vor, die ein »normales« Leben erschweren oder sogar unmöglich machen. Sie sind im Gegensatz zum »verkopften« Verstandesmenschen »kopflos«. Hysterie ist eine Vorstufe hiervon. Bei diesen Menschen müßte die banale, praktische und materielle Seite unserer Welt mehr Gewicht bekommen. Sie müßten, statt sich in Visionen und Schwärmereien zu ergehen und sich vom Strudel ihrer Emotionen und Ahnungen ins Form- und Regellose ziehen zu lassen, ihrem Leben wieder ein festes und verläßliches Gerüst aus jederzeit beweis- und reproduzierbaren Fakten und definitiven Aussagen geben. In bezug auf diese Menschen scheint mir Ihre Feststellung, daß Generalisierungen nicht mehr zulässig seien, nicht zu gelten (sie ist übrigens selbst eine). Unser Leben ist ja eine Gratwanderung zwischen Verstand und Gefühl, Materiellem und Geistigem, Tatsachen und Ahnungen, Erde und Himmel – oder besser gesagt: es entsteht aus dem Zusammenwirken dieser beiden Dimensionen. Jede hat ihre Berechtigung und ihren Sinn.

Für die meisten von uns, die wir in eine überwiegend materialistische und objektive Welt geraten und an ihr krank oder leidend geworden sind, ist die Erfahrung des Subjektiven, die Entdeckung, daß hinter dem Sicht- und Beweisbaren noch eine ganz andere, unbegreifliche und, wenn Sie so wollen, »wirklichere« Dimension existiert, ein erhebendes und beglückendes Erlebnis. Es bedeutet, daß unsere Seele einmal den Käfig des Begrenzten und Unbedingten verlassen und in eine schrankenlose Weite hinausfliegen durfte. Und die plötzliche Befriedigung dieser übergroßen Sehnsucht, die so lange in unserem Herzen bestand, trägt uns wie im Rausch hinaus und davon, wobei wir Gefahr laufen, alles, woraus bisher unsere verläßliche Welt bestand, über Bord zu werfen. Wie gesagt, in meinen Schriften betone ich überwiegend den irrationalen Aspekt, weil mich die praktische Erfahrung dazu treibt. Gleichzeitig aber versuche ich, auch der »harten« Realität ihre Existenzberechtigung zu lassen.

Wahrscheinlich haben Sie recht, wenn Sie schreiben: *»Ich meine, beobachten zu können, daß gerade Männer, die sich auf diese uns normalerweise nicht zugewandte Seite der Wirklichkeit*

*bewußt einlassen, sich schwer damit tun, gleichzeitig die alten
Neigungen zu definitiven Aussagen und Behauptungen mit An-
spruch auf unbedingte Gültigkeit aufzugeben«*, denn das männliche Element, das Yang der Chinesen, entspricht der Form, der
Unbedingtheit und Durchsetzung, wogegen das weibliche Hin-
gebung, Bedingtheit und Formlosigkeit repräsentiert. Der
Mann hat in dieser Welt zum Teil andere Aufgaben als die Frau,
obwohl jeder Mensch weibliche und männliche Elemente in sich
trägt. Ich halte daher diese Bemerkung – unter Berücksichtigung der Tatsache, daß auch definitive Aussagen ihre Existenzberechtigung haben – mehr für eine Charakterisierung des
Männlichen als eine Kritik am Verhalten der Männer, wobei ich
zugeben muß, daß es vielen Männern guttäte, wenn sie die
Grenzen ihres Denkens offener halten und mehr Gefühl und
Intuition hineinlassen würden.

Sie fahren fort: *»Es ist auch unerhört und manchmal wahrlich
zum Verzweifeln, wenn man in den zahlreichen Begegnungen mit
ebenfalls ehrlich ringenden Menschen, die aber den Boden der
sogenannten gesicherten Tatsachen nicht verlassen wollen, immer
wieder zugeben muß, daß es sich bei dem von mir mit Überzeugung
Vorgetragenen um ›nichts als‹ jene innere Gewißheit handelt, die
zwar ihre Geschichte in mir hat und für mich absolut unabweisbar
geworden ist, aber eben nicht übertragbar. Diese Schwierigkeit
verleitet uns oft dazu, nun unsererseits der Versuchung zur Dog-
menbildung zu erliegen und für sicher auszugeben, was allenfalls
für uns selbst ›sicher‹ sein kann.«* Ich sehe noch ein anderes
Motiv dahinter: Es ist nicht nur die Scheu davor, zuzugeben,
daß man hier nur für sich, von einer subjektiven Wirklichkeit
spricht und deshalb von den anderen nicht ernst genommen zu
werden, sondern auch die Erkenntnis, daß man sich ihnen nur
dann verständlich machen kann, wenn man in ihrer Sprache
spricht. Es ist, als wolle man sich mit einem Chinesen unterhalten: Das geht bis zu einem gewissen Grade auch ohne verbalen
Ausdruck, wenn der Angesprochene sensibel genug ist. Normalerweise aber wird er nur auf jene Worte und Begriffe reagieren,
die in seinem Wortschatz enthalten sind. So ist der »normale«
Mensch, der in festen Vorstellungen, Vorschriften und Dogmen
zu denken pflegt, höchst irritiert, wenn man ihm mit einer »höheren« unbewiesenen Wirklichkeit, von der er weder in der

Schule noch aus *Bild* oder *Spiegel* etwas erfahren hat, ins Haus fällt – wenn er uns nicht gleich für verrückt erklärt. Dies ist auch das ewige Problem der Poeten, die von einer Wirklichkeit erzählen, die es im Weltbild des Materialisten nicht gibt.

Spricht man aber mit einem Menschen in seiner Sprache, im Rahmen seiner Denkgewohnheiten, so besteht die Möglichkeit, daß er wenigstens einmal hinhört. Manchmal kann man dann, ohne daß er es bemerkt, ein Samenkorn in ihn legen, aus dem eines Tages das Pflänzchen einer anderen Weltsicht aufsprießt und zum Baum eines neuen Lebens wird. Wollte man ihm aber diesen Baum ausgewachsen und in seiner ganzen Größe anbieten, so würde er ihn erschreckt zurückweisen. Entscheidend ist dabei natürlich, ob dieses kleine Samenkorn eine entsprechende Potenz in sich trägt.

Es ist dabei zwar denkbar, daß, wie Sie schreiben, »*Menschen mit dem Druck ihrer sicher profunden Einsichten und Erfahrungen anderen unter Umständen gerade dadurch den Weg zu wirklich eigenen Erfahrungen verstellen.*« Aufgrund eigener Beobachtungen allerdings meine ich, daß dies kaum zu befürchten ist, denn einerseits findet man, wenn man dafür reif geworden ist, aus seinem inneren Suchen heraus immer und gegen jeden äußeren Einfluß zu authentischen Erfahrungen, und andererseits liegt ja in allem, auch im absoluten Dogma, die Wahrheit. Sie ist nur relativ, und ein Mensch, der bereits ein gewisses Gefühl für die Relativität aller Dinge entwickelt hat – das können auch ganz einfach denkende Menschen sein –, wird dies auch so verstehen. Wer sich aber in jenem Bewußtseinsstadium befindet, in dem man nach Dogmen und Vorschriften sucht, der wird diese in allem, selbst einem Rilkeschen Gedicht, entdecken.

Auf diese Diskrepanz zwischen objektiven Tatbeständen und unserer subjektiven Welt spielen Sie selbst an, indem Sie als Entgegnung auf meine »These«, daß jede Unterdrückung von Krankheitssymptomen eine schwerere Erkrankung nach sich ziehe, einwenden: »*Wäre es nicht denkbar, daß bei dem raschen Unterdrücken von Krankheitssymptomen – etwa einer schweren Angina – es für das weitere seelische wie körperliche Heil des Erkrankten einen fundamentalen Unterschied macht, ob er das Penicillin nahm, um seinen gebuchten Urlaub nicht zu versäumen, oder ob ich seinerzeit als Mutter von fünf Winzlingen einfach nicht ausfallen konnte und darum widerstrebend in die drakonische Therapie einwilligte?«*

Abgesehen von der Tatsache, daß wir für alles, was wir tun, eine Rechtfertigung haben (sonst könnten wir nicht einmal einen Finger bewegen), pflichte ich Ihnen bei, daß dies ein fundamentaler Unterschied ist. Dieser bezieht sich aber meiner Meinung nach nicht auf die unmittelbaren Folgen einer solchen Handlung – denn egal, wie edel Ihre Motivation sein mag, wenn Sie zum Beispiel jemanden umbringen, ist er für immer tot –, sondern vielmehr darin, daß diese von verschiedenen Bewußtseinsebenen aus aufgegriffen und verarbeitet werden. Während beispielsweise der eine Mensch danach in einem dumpfen und chronischen Leiden versinkt, nimmt der andere die Folgen seines »Fehltritts« zum Anlaß, seine Einstellungen zu überdenken und eine andere Lebensrichtung einzuschlagen. In diesem Fall hätte sich letztlich der Fehltritt segensreich ausgewirkt und über einen schmerzlichen Lernprozeß das ins Bewußtsein gerufen, was ihn – hätte der Betreffende es sich schon vorher erarbeitet – verhindert hätte. Ich weiß nicht, wie groß Ihre Erkenntnis in bezug auf die Möglichkeiten homöopathischer Therapie inzwischen sind, kann Ihnen aber versichern, daß auch die geschilderte Notlage kein Grund für den Einsatz von Antibiotika gewesen wäre.

Grundsätzlich halte ich jedoch die nachträgliche Beurteilung dessen, was Lebensrealität geworden ist, für unsinnig, weil wir immer nur aus unserer momentanen Bewußtseinslage heraus handeln und urteilen können. Daß man hinterher stets klüger ist als vorher, weiß jeder. Das bedeutet aber nicht, daß man vorher zu dumm war, sondern ist eine positive Aussage, die darauf hinweist, daß der Mensch ein permanent wachsendes und aus seinen Erfahrungen lernendes Wesen ist und daß unser heutiger Horizont stets weiter ist als der von gestern. Deshalb ist, da unser Leben immer im subjektiven Augenblick stattfindet, alles in dem Moment, in dem wir es tun, richtig – was gleichzeitig bedeutet, daß es zu einem späteren Zeitpunkt (wenn wir uns weiterentwickelt und also nicht mehr dieselben sind) wahrscheinlich falsch wäre.

Leider muß ich wieder eine Behauptung aufstellen: Ihre damalige »drakonische« Therapie ist – objektiv und »absolut« gesehen – für Ihr späteres Leben sicher nicht ohne nachteilige

Folgen geblieben (wenn Ihnen diese vielleicht auch nicht klar sind). Hierin besteht meines Erachtens kein Unterschied gegenüber jemandem, dessen Motiv weniger selbstlos war. (Allerdings reagiert, um es genau zu sagen, der Organismus eines idealistisch eingestellten Menschen anders als der eines primitiv-materialistischen.) Subjektiv und relativ betrachtet aber besteht gar kein Zweifel, daß Sie damals richtig gehandelt haben, weil es Ihrer Bewußtseinslage entsprach und weil dies ein notwendiger Stein im Mosaik Ihres Lebens war. Ohne ihn wären Sie nicht die, die Sie heute sind.

Meine Artikel sind übrigens nicht dazu geschrieben, um zu verurteilen und Schuldgefühle zu erzeugen, sondern sollen dem Leser mit Hilfe von handfesten und anschaulichen Beispielen die Augen für eine andere Sichtweise öffnen, aufgrund derer er sich in Zukunft vielleicht Leid ersparen kann. Allerdings könnte unter bestimmten Aspekten sogar der Wunsch, Krankheit und Leid zu vermeiden, fragwürdig oder verwerflich erscheinen, weil ja auch aus ihnen, und meist in stärkerem Maße als aus allem anderen, die Grundstruktur unseres Lebens gewebt ist. Damit ist dann jedoch zugleich die Grundsatzfrage aufgeworfen, ob uns der Versuch erlaubt ist, in den Ablauf unseres Lebens einzugreifen, und inwieweit dies überhaupt möglich ist. Ihre Frage: *»Wie ist es schließlich mit unserem Eingebundensein in die Gesellschaft? Sicher steht doch einem verinnerlichten Verständnis von Krankheit nicht im Wege zu vermuten, daß die massenhaft schiefe Einstellung zu Natur und Konsum, die uns die Ökologiekrise beschert hat, durchaus auch Krankheiten bewirken kann, die das Individuum nicht verursacht hat, aber erleiden muß, selbst wenn es an den Mißbräuchen keinen aktiven Anteil hat. Da gibt es sogar Vorstellungen von ›stellvertretendem Leiden‹.«* berührt diesen Gedanken.

In der Tat müssen wir, da wir nichts gegen diese unpersönlichen, krankmachenden Einflüsse unternehmen können (wir können es schon bei den »persönlich verschuldeten« nur in sehr begrenztem Umfang), diese geduldig über uns ergehen lassen – was nicht bedeutet, daß wir daraus nicht persönlichen Gewinn ziehen können. Hier zeigt sich wieder die mehrdimensionale Natur des Menschen, der Subjekt und Objekt, Einzelwesen und Gesellschaftsmitglied, aktiv gestaltend und passiv erduldend zugleich ist. Und Sie haben mit Ihrem Hinweis recht, daß wir zugleich mit den Möglichkeiten, ein Problem oder eine Krankheit zu vermeiden, immer auch an die mögliche Unmöglichkeit hierzu denken sollten.

Letzten Endes kann man diese Problematik ohnehin nur aus einer höheren Perspektive betrachten, das heißt unter Berücksichtigung der Tatsache, daß wir in dieses Leben gesetzt sind, um ein bestimmtes Schicksal zu durchleben. Was das in Wahrheit bedeutet, können wir genausowenig begreifen wie den Sinn großer kollektiver Katastrophen, in die wir nolens – und unbewußt volens – hineingezogen werden. Was uns aber zur Gewißheit werden kann, ist, daß ein Sinn darin liegt – ich identifiziere ihn mit dem »Heil« –, in dessen Licht alles, was geschieht, gut, richtig oder wahr ist.

Sie merken dazu an: *»Wir alle, die wir uns mit einer nur materialistischen Definition von Wirklichkeit nicht mehr zufriedengeben können, sind gleichzeitig in Gefahr, unsere wirklichen, originalen Erfahrungen mit denjenigen weltanschaulichen Lehren zu vermischen, denen wir zuneigen: Bei mir ist das die tiefe Überzeugung davon, daß die letzte Wirklichkeit personalen Charakter hat und ihrem Wesen nach Liebe, und zwar verzeihende Liebe ist (nicht ›billige‹ Vergebung – das ist ein in vielen Köpfen geisterndes Mißverständnis). Sie dagegen kommen entschieden von einem durch den ›gnadenlosen‹ Karmagedanken geprägten weltanschaulichen Ansatz her.«*

Den Hinweis vorausschickend, daß die Wahrheit immer absolut und persönlich zugleich ist, meine ich, daß unsere Ansichten hier nicht sehr differieren. Gerade jenes soeben zitierte »Heil« ist meiner Meinung nach nichts anderes als das, was Sie »verzeihende Liebe« nennen. Die große »göttliche Liebe«, die uns dieses Leben leben läßt, hat nie den Sinn, uns zu bestrafen oder zu quälen, sondern uns zu befreien und uns zu sich selbst zurückzuführen. Bedeutet das etwas anderes als Ihre »verzeihende Liebe«?

Und der gnadenlose Karmagedanke, den Sie aus meinen Äußerungen entnehmen, widerspricht dem keineswegs. »Gnadenlos« bedeutet in diesem Sinne, daß dieses geheimnisvolle Wesen, das uns in unser Leben gesetzt hat, nicht mit unseren kleinlichen Vorstellungen erfaßt werden kann, daß es also außerhalb des menschlichen Begriffsvermögens liegt und sich in einer für uns unbegreiflichen Weise in unserem Leben manifestiert. Ich vermeide es, wenn möglich, Begriffe wie Verzeihung, Schuld, Strafe oder Gnade in einer Weise zu benützen, die es dem Leser ermöglicht, sie sogleich in sein schulmeisterhaftes, von Vorteilsdenken geprägtes Weltbild einzubauen. Es erscheint mir wichtig, ihm eine Ahnung davon zu geben, daß er bei der Bewältigung seines Lebens nie vergessen darf, das übermenschliche, also auch überpersönliche und vielleicht in dieser Hinsicht »gnadenlose« Element zu berücksichtigen.

In diesem Sinne würde ich auch Ihrer Bemerkung zustimmen: *»In einer solchen Sicht hätte auch der Gedanke Platz, daß jemand, der sich vielleicht jahrelang unreflektiert einem materialistisch eingestellten Schulmediziner anvertraute und dem nun plötzlich ›die Augen aufgehen‹, keine Angst zu haben braucht, daß unrevidierbar Fürchterliches an ihm geschehen sein muß, denn eine solche Furcht läßt ein oft bezeugtes Mysterium außer acht: daß nämlich ›denen, die Gott lieben, alle Dinge zum Besten gereichen‹ – in einem allerletzten Sinn natürlich –, und daran kann meinem Glauben nach auch eine verhängnisvolle Medizin nichts ändern.«* Allerdings berührt sie zwei verschiedene Ebenen. Ich meine, daß eine materialistisch eingestellte Medizin auf jeden Fall Schaden verursachen wird – allerdings nur auf der Ebene unseres materiellen Seins –, genau wie Sie einen Baum, dem Sie eine Kerbe hauen, unrevidierbar schädigen. Doch eine solche Feststellung hat nur bedingte Bedeutung, weil sie sich lediglich auf unsere »irdischen« Komponenten bezieht, die ohnehin zur Auflösung bestimmt sind. Vor allem hat sie nicht den Sinn, jemanden, der sich aus bestem Wissen oder Nichtwissen darauf eingelassen hat, die Hoffnung zu nehmen, sondern ihn anhand unleugbarer, am eigenen Leib erkennbarer Tatsachen zum Nachdenken anzuregen. Dies ist der eine Gesichtspunkt – der andere aber betrifft unsere »überirdische« Seite. Hier stimme ich Ihnen nicht nur zu, daß denen, die Gott lieben, alle Dinge zum Besten gereichen, sondern gehe noch darüber hinaus, indem ich meine, daß *alles* letztlich nicht nur den »Gottgefälligen« (denn wer und was ist das schon?), sondern *allen* Menschen zum Besten – eben zum »Heil« – gereicht, auch wenn mancher dabei einen leidvollen Weg gehen muß.

Wenn Sie schreiben: »*Ebenso kann ich mir denken, daß außen ansetzende Therapien nicht immer und unter allen Umständen* ›*nur*‹ *Symptome beseitigen, sondern der vom Symptom Befreite auch in die Tiefe hinein weiter gesunden kann*«, bin ich im Prinzip Ihrer Meinung. Allerdings scheint mir dabei ein Mißverständnis vorzuliegen: Eine außen (nicht am eigentlichen Kern) ansetzende Behandlung ist nicht das gleiche wie die von mir angesprochene unterdrückende Therapie. Dieser liegt die Absicht zugrunde, das Problem schnell und ohne persönliche Stellungnahme unter den Teppich zu kehren, dagegen entspringt jene unserem Unvermögen, näher an die eigentliche Ursache heranzukommen. Wir können ja immer nur behelfsweise und peripher eingreifen, denn das Absolute ist für uns unerreichbar. Und so genügt es, wenn wir unserem »besten Wissen und Gewissen« folgen. Das bedeutet dann nicht nur, daß wir so richtig wie möglich zu handeln, sondern zugleich so viel wie möglich zu erkennen versuchen. Das ist eminent wichtig. Nur, wenn wir immer wieder, über die Grenze unseres Weltbildes und Selbstverständnisses hinaus, geistiges Neuland suchen, statt im Gleichschritt unserer Vorstellungen und Meinungen ewig im Kreise herumzutappen, können wir die beglückende Erfahrung machen, daß es hinter unserer profanen Wirklichkeit noch eine »höhere« gibt.

Übrigens ist es unmöglich, mit Sicherheit zu sagen, welche therapeutische Maßnahme die Besserung bei einer Krankheit bewirkt hat. Meist projizieren wir nur unsere eigenen Wunschvorstellungen und suchen eine Bestätigung für unsere Thesen. Sie schildern die Krankheit Ihrer Freundin: »*Ich habe das im Fall einer sehr schweren, dauerhaften Wochenbettdepression einer Freundin erlebt, die anfangs starke Antidepressiva nahm, dadurch aber überhaupt erst in die Lage versetzt wurde, ihre innere Problematik in Angriff zu nehmen, was Jahre brauchte und immer wieder kurzfristig von Medikamenten unterstützt wurde, dann aber zu beglückenden Ergebnissen einer Persönlichkeitsentfaltung führte*« und meinen, es sei das Antidepressivum, das ihr geholfen habe. Genauso wird es der behandelnde Psychiater sehen; das soll auch nicht bestritten werden. Dennoch könnte man zum Beispiel auch die Meinung vertreten, daß Ihre Freundin *trotz* und nicht aufgrund der allopathischen Therapie wieder gesund wurde, einfach weil ihr Gesundungswille sehr stark war. Man könnte sogar die (nicht ganz aus der Luft gegriffene) Behauptung aufstellen, daß eine homöopathische Therapie ihr viel besser und schneller geholfen hätte. Man kann aber auch sagen, daß es ihr eben bestimmt war, diesen Weg zu gehen, der letztlich zu ihrem Besten war (zum Beispiel in Form der Persönlichkeitsentfaltung). Wer kennt die Wahrheit?

Wichtig wäre in einem solchen Fall die Frage nach der Ursache der Depression, die sich sicher nicht nur aus der aktuellen Situation – auch wenn diese der Auslöser war – beantworten läßt. Wenn man hier genau sucht, findet man nur allzuoft in der Vorgeschichte eine blockierende Therapie, die den Körper in seiner Selbstheilkraft nachhaltig geschädigt hat, oder eine »allopathische« Lebenseinstellung, die den betreffenden Menschen zu einer fortwährenden Verdrängung seines inneren Wissens und seiner Wahrheit veranlaßte.

So kommt es immer wieder vor, daß eine Frau im Wochenbett in eine Existenzkrise gerät, weil sie in einer schlechten Ehe ein Kind bekommt. Einerseits sieht sie sich dadurch noch mehr an den ungeliebten Mann gefesselt, andererseits erkennt sie instinktiv, welch große Verantwortung dem Kinde gegenüber ihr diese Situation aufbürdet. Die eigentliche Ursache für die daraus resultierende Depression liegt nicht in der Geburt des Kindes, sondern in der permanenten Unwahrhaftigkeit, mit der sie – wider besseres Wissen und gegen ihr »Herz« – die Ehe geschlossen und aufrechterhalten hat. Die Heilung könnte nur in einer Änderung ihrer Lebenshaltung bestehen – sei es, daß sie sich endlich zur Wahrheit bekennt und die Ehe (die eigentlich nie bestanden hat) aufgibt, sei es, daß sie sie mit einer anderen Einstellung fortführt. Diese dürfte allerdings niemals in Verzicht, sondern müßte in einer anderen, lebensbejahenderen Sichtweise, größtmöglicher Ehrlichkeit sich selbst und vielleicht mehr Toleranz dem Ehemann gegenüber bestehen.

Krankheitserreger

(Dieses Kapitel erschien als Artikel in der Zeitschrift *esotera*.)

Alexander der Große hat uns gezeigt, wie man sich eines lästigen Problems entledigt: Weil er den gordischen Knoten nicht lösen konnte, schlug er ihn einfach mit seinem Schwert entzwei. Vielleicht ahnte er auch, daß er, wenn er sich daran versucht hätte, ihn anders zu lösen, sich seiner Grenzen bewußt und zu demütig (oder weise) geworden wäre, um sich die Welt untertan machen zu wollen.
Der heutige Mensch wandelt auf seinen Spuren. Er will die Welt beherrschen, will sein Schicksal bestimmen, seinen Willen durchsetzen, sein Leben absichern und das Geheimnis seiner Existenz, mit dessen Unlösbarkeit er sich immer wieder konfrontiert sieht, mit dem Schwerte seiner Wissenschaft beseitigen. Dazu ignoriert er alles, was er sich nicht in einfachen Zusammenhängen erklären oder beweisen kann, und reduziert die Phänomene seines Lebens auf ein System so primitiver Ursachen und Wirkungen, daß er ihnen geistig gewachsen ist. Das versetzt ihn in die Lage, in dieser materiellen Welt beachtliche Leistungen zu vollbringen und sich Bequemlichkeit zu verschaffen, behindert ihn aber gleichzeitig in der Erfüllung seiner eigentlichen Bestimmung, nämlich menschlich zu wachsen, bewußt zu werden und seine transzendente, »göttliche« Seite zu entwickeln.
Dieser Verrat an sich selbst führt ihn unweigerlich in die Krankheit. Aber statt sich dann endlich zu besinnen und nach den wahren Gründen seines Unglücks und seiner eigenen Rolle dabei zu fragen, macht er es sich wieder leicht. Wenn jemand krank wird, so meint er, ist er das (natürlich unschuldige) Opfer feindlicher Krankheitserreger geworden. Scharlach oder Tuberkulose, Hautpilz oder AIDS, Grippe oder Kinderlähmung – was sollte denn anderes dahinterstecken als irgendwelche Viren, Bazillen oder Pilze? Und da diese Zusammenhänge so klar sind,

kann auch Heilung nicht schwierig sein: Man braucht dem Kranken nur ein Mittel zu geben, das die bösen Erreger vergiftet; dann muß er ja wieder gesund werden. So ungefähr sieht es der in naivem, materialistischem Denken befangene moderne Mensch, und nach diesem Konzept versucht auch die offizielle, allopathische Medizin, Krankheiten zu heilen. Dabei haben sie sich so sehr an die Vorstellung von Bakterien, Viren oder Pilzen, die es zu bekämpfen gilt, gewöhnt, daß sie den entscheidenden Fehler an ihrem Feindbild nicht mehr erkennen können: Die sogenannten Erreger tragen ihren Namen zu Unrecht, denn sie können von sich aus gar keine Krankheit erregen.

Dies beweist die Tatsache, daß ungezählte Menschen, obwohl sie mit einem bestimmten »Erreger« angesteckt werden oder ihn sogar lange Zeit in sich tragen, keineswegs die betreffende Krankheit bekommen. Wäre er, wie immer behauptet, wirklich die Ursache, so müßte er sie immer hervorrufen können. Dann müßten zum Beispiel bei einer Grippeepidemie alle Gefährdeten erkranken und nach einem Besuch im Schwimmbad alle, und nicht nur jeder zweite oder dritte, Hautpilz bekommen; dann dürften die großen Seuchen keinen verschonen, und Professor Max von Pettenkofer hätte nicht gesund bleiben dürfen, als er seinerzeit, um die Bazillentheorie zu widerlegen, zwei mit Typhusbazillen gefüllte Reagenzgläser austrank.

Man erklärt sich dies nun durch die Annahme, der Körper könne unter günstigen Bedingungen die »Erreger« mit Hilfe einer speziellen Abwehrkraft überwinden. Damit behalten sie zwar die Rolle des gefährlichen Feindes, und das Weltbild des normalen Menschen, der das Schlechte immer außerhalb von sich – in der feindlichen Umwelt, gefährlichen Mikroben oder widrigen Umständen – sucht und sich nur als unschuldiges Opfer sieht, bleibt heil. In Wirklichkeit ist aber auch diese Erklärung viel zu primitiv, um einem so ernsten und grundsätzlichen Ereignis wie einer Krankheit gerecht zu werden. Denn sie läßt außer acht, daß *alles in unserer Welt eine Bestimmung in sich trägt, die höher ist als es selbst.*

Unser ganzes Suchen und Fühlen, Denken und Handeln, Erleben und Leiden dient einer Bestimmung, die unsere irdische Existenz und unser menschliches Begriffsvermögen weit über-

109

steigt. So trägt auch jede unserer Krankheiten diesen Sinn in sich, obwohl wir sie unter vordergründigen Gesichtspunkten als Unglück oder Niederlage im Kampf gegen feindliche Erreger zu betrachten pflegen. Sie macht uns durch das Leiden, das sie uns bereitet, bewußter und offener für unser geheimnisvolles Ziel, das wir auch »Gott« oder »Heil« nennen; sie ist ein Warnruf aus der Tiefe unserer Seele, der uns zur Änderung krankmachender Einstellungen bewegen will, und sie stellt zugleich den Versuch unseres Organismus dar, das krankhafte Potential zu neutralisieren und uns am Leben zu erhalten.

Dazu bedient er sich aller ihm zur Verfügung stehenden Hilfsmittel, vor allem aber der jeweils vorhandenen Bakterien, Viren, Pilze oder Mikroben, mit deren Hilfe er die zur Heilung erforderlichen Umstände wie Fieber, Durchfall, Eiter oder Gewebeinschmelzung hervorruft. Unter diesem Aspekt bekommen die »Erreger« eine andere und höhere Bedeutung, als man ihnen üblicherweise zugesteht. Sie sind nicht mehr autonome Feinde, die uns nach Belieben überfallen und krank machen können, sondern werden zu Dienern und Werkzeugen der in uns wirkenden Heilkraft.

Zwar scheint es oft, als fielen sie aus heiterem Himmel und trotz bester Gesundheit über uns her. Bei genauer Betrachtung aber stellt sich immer heraus, daß sie gar nicht die Ursache, sondern nur Folgeerscheinungen unserer eigentlichen, schon lange vorher bestehenden Krankheiten sind: der inneren Disharmonie, seelischen Konflikte oder unbewältigten Lebensprobleme, die uns wiederum instinktlos handeln, ein ungesundes Leben führen oder zermürbende menschliche Beziehungen aufrechterhalten lassen. Die hieraus mit der Zeit und unter Mithilfe der »Erreger« entstehenden Krankheitssymptome aber sind nur späte Versuche des Organismus, das krankhafte innere Potential über den Körper abzuleiten und unschädlich zu machen.

Die Klarheit solcher Zusammenhänge darf uns allerdings nicht vergessen lassen, daß sie, als das Werk unseres beschränkten Verstandes, nur Bruchstücke der großen Wahrheit darstellen können. Es ist uns verwehrt, das Geheimnis unseres Lebens und Sterbens, Gesundseins und Krankseins wirklich und umfassend zu verstehen. Deshalb wird es uns auch nie gelingen, alle Krankheiten zu verhüten. Wenn wir sie aber bewußt durchleben und bereit sind, sie als Spiegel unserer Seele zu betrachten, öffnen sie uns die Augen für uns selbst und bereichern uns in einer vorher ungeahnten Weise.

Wer sich jedoch nur als Maschine aus Fleisch versteht, die nach dem Tode wieder in ihre Bestandteile zerfällt, und in seinem Leben nicht nach dem über es hinausführenden Sinn sucht, der kann auch in einer Krankheit nur einen unglücklichen Zufall oder eine sinnlose Entgleisung sehen, für die es eine Ursache zu suchen gilt, die so einfach ist, daß sie schnell wieder beseitigt werden kann. Er geht rückwärts statt vorwärts, versucht, den früheren und gewohnten Zustand wiederherzustellen und kommt nicht auf die Idee, daß das, was er da erlebt, ihn wachsen lassen statt zerstören will. Und natürlich wird er den Gedanken, daß die Ursache seiner Krankheit in seinem eigenen Inneren liegen und er also selbst ihr »Erreger« sein könnte, weit von sich weisen.

Wenn er der Frage nach seinem Sinn – nach dem Woher, Wohin und Warum nachginge, würde er schließlich das Zentrum seines Selbstverständnisses berühren und erkennen, daß es hauptsächlich seine negativen Einstellungen und Emotionen sind, die, indem sie seinen inneren Frieden zerstören, die Voraussetzungen für seine Krankheiten schaffen. Sie rauben ihm seine Lebensfreude, lassen ihn instinktlos und selbstzerstörerisch handeln und beeinträchtigen die gesunden Funktionen seines Körpers. Wer hat nicht schon vor Wut Magenschmerzen oder vor Angst Kreislaufbeschwerden bekommen, wer ist nicht aus Enttäuschung, Traurigkeit, Unachtsamkeit oder Unmäßigkeit krank geworden? Welcher Krebskranke trägt nicht einen unlösbaren Konflikt in seiner Seele?

Letztlich steht hinter all unseren Krankheiten unsere dummtrotzige Ablehnung der gottgegebenen Lebenswirklichkeit und unser selbstherrlicher Hader mit der unbegreiflichen Vorsehung, unsere Achtlosigkeit gegenüber unseren Gefühlen, Erfahrungen, Eingebungen und Beobachtungen, gegenüber den Zeichen, mit denen uns das Leben den richtigen Weg weisen will.

Man kann den normalen Menschen mit der Bevölkerung einer stark befestigten Stadt vergleichen, die über dem Streben nach Macht und Ansehen ihre innere Ordnung und moralische Integrität vernachlässigt hat und deren gesellschaftliche und wirtschaftliche Strukturen dadurch so entartet sind, daß sie, statt lebenswichtiger, wertvoller Güter, ein Übermaß an nichtsnutzigem, lebensfeindlichem Unrat erzeugt. An ihm wäre sie längst erstickt, wenn sie nicht in aller Eile kleine Abwasserkanäle in die Mauer geschlagen hätte, um ihn nach außen abzuleiten. Solange diese Kanalisation für den anfallenden Unrat genügt, ist die Stadtbevölkerung, wenn auch mit verminderter Qualität, lebensfähig.

Ganz ähnlich produzieren wir, die wir privates oder öffentliches Ansehen, überreichlichen Besitz oder ablenkende Vergnügungen für wichtiger halten als seelischen Frieden und körperliche Gesundheit und unsere höheren Werte für niedrige Vorteile verraten, eine wahre Flut von innerem Unrat. Er hat viele Namen: Unzufriedenheit, Depression, Groll, Sinnlosigkeit, Verbitterung, Haß, Neid, Eifersucht, Machtgier, Habsucht, Heuchelei, Lüge, Selbstmitleid, Schulddenken, Stolz, Rachsucht, Intoleranz, Beleidigtsein oder Gemeinheit und läßt uns nicht nur ein in jeder Hinsicht ruinöses Leben führen, sondern macht auch unseren Körper krank.

Dieser aber versucht, die ständig anfallenden geistigen und materiellen Krankheitsgifte mit Hilfe vitaler Prozesse zu überwinden: mit Schmerzen, Entzündungen, Fieber, Absonderungen, Eiter, Durchfall, Schweiß, Auswurf, Ekzemen, Ablagerungen, Steinen, Tumoren und nicht zuletzt seelischen Reaktionen jeder Art. Sie alle sind gewissermaßen seine Abwasserkanäle; in ihnen versucht er, das krankhafte Potential zu neutralisieren, zu verbrennen, auszuscheiden oder zu verwandeln, um nicht nur zu überleben, sondern auch die Voraussetzungen für unser seelisch-geistiges Wachstum (um das es letztlich geht) zu schaffen.

Außen an der Stadtmauer, dort, wo sich die Abwasserkanäle befinden, haben sich viele seltsame Lebewesen eingefunden, die den Unrat vertilgen und so verhindern, daß er die Abflüsse verstopft und sich in den Himmel türmt. Manchmal aber, wenn mehr Abfall produziert wird als nach außen abgeführt werden kann, wandern sie durch die Kanäle in die Stadt und machen sich dort über die riesigen Müllhalden her. Die Kanalwächter lassen sie weise gewähren, auch wenn ihre Festgelage oft schrecklich aussehen und von Freudenfeuern begleitet werden, denn sie wissen, daß das Überleben der Stadt von ihnen abhängt und sie zudem, wenn es keine Nahrung mehr gibt, wieder zu verschwinden pflegen.

Daß hier von den vielzitierten »Erregern«, den Bakterien, Viren, Pilzen usw. die Rede ist, wird man leicht erraten; daß sie aber solch wichtige Funktionen im natürlichen Heilprozeß haben sollen, wird mancher aufgeklärte Zeitgenosse mit Protest zur Kenntnis nehmen. Und doch ist es so. Unser Organismus erlaubt ihnen, falls erforderlich, jene Reaktionen und Krankheitsbilder hervorzurufen, auf die sie spezialisiert sind und von denen er sich die größte Unterstützung in seinem Heilbemühen verspricht.

Es leuchtet daher ein, daß man dem Kranken, indem man (wie es das Konzept der offiziellen Medizin ist) diese Heilreaktionen einfach unterdrückt oder unbewußt macht, einen schlechten Dienst erweist. Denn eine solche Therapie entspricht, um bei unserem Bild zu bleiben, nicht nur einer groß angelegten Vernichtungsaktion gegen die nützlichen Unratvertilger, sondern auch einer Schließung der öffentlichen Kanalisation. Vorübergehend tritt daraufhin natürlich, ähnlich wie beim allopathisch behandelten Kranken, öffentliche Ruhe ein, denn nun bleibt der Unrat unsichtbar. Über kurz oder lang aber erstickt die Bevölkerung in ihren eigenen Häusern.

Es ist eine alte Erfahrung, daß sich bei jeder »erfolgreichen« Unterdrückungstherapie das nach außen drängende krankhafte Potential im Organismus staut und ihn, solange er noch lebt, zwingt, einen anderen Weg zur Heilung zu suchen – so wie das Abwasser zur Haustür hinausläuft, wenn die Drainage im Keller verstopft ist. Ein Ersatzweg aber kann immer nur schlechter als der ursprüngliche sein. So steigt mit jeder derartigen Maßnahme der Unrat höher und höher, und der Organismus fällt schließlich seinem eigenen Gift zum Opfer. Wer wundert sich da noch, wenn unter einer solchen Therapie so manche Mandelentzündung als Leukämie, manches Ekzem als Asthma, mancher Schnupfen als Hirnhautentzündung und mancher Ausfluß als Gebärmutterkrebs endet?

Wenn die Abfallproduktion zu groß wird oder zu viele Kanäle verstopft sind, steht die Existenz der ganzen Stadt auf dem Spiel. In einem letzten verzweifelten Rettungsversuch schleusen dann die Kanalwächter riesige Scharen der nützlichen Helfer ein, um mit ihrer Hilfe doch noch das Schlimmste zu verhindern. Diese Situation entspricht der hochakuten, lebensgefährlichen Krankheit, in der das Krankheitspotential so gewaltig angestiegen ist, daß die normalen Heilreaktionen nicht mehr ausreichen. Gelingt die Rettungsaktion, so verschwinden die Helfer wieder, andernfalls breiten sie sich ungehindert in der ganzen Stadt aus, während die durch ihren eigenen Unrat vergifteten Bewohner zugrunde gehen: Der Körper stirbt. Die gesundgebliebene Elite aber wandert aus, um an anderer Stelle neu zu beginnen: Es ist die unsterbliche Seele des Menschen, die den Körper verläßt.

In diesem Augenblick jedoch, in dem der Tod am Krankenbett erscheint, weiß der normale Oberflächenmensch nichts Besseres, als nach einer Medizin zu rufen, die sein Sterben mit modernster Technik und um jeden Preis hinauszögert. Denn ihm, dessen Lebenssinn sich in Äußerlichkeiten erschöpft, muß der Gedanke, daß der Tod etwas Richtiges, eine Gnade, eine Wandlung oder ein weiterer Schritt zum »Heil« sein kann, abwegig erscheinen – macht er doch alles, wofür er gekämpft und gelitten hat, mit einem Schlage zunichte!

Man kann ihn nur bedauern, wenn er, statt nach seinem inneren Frieden zu suchen und sich in Ruhe und Würde auf seine letzte Stunde vorzubereiten, immer wieder versucht, seinem Schicksal zu trotzen und dem Tod ein Schnippchen zu schlagen. In Wirklichkeit schließt er dabei den bekannten Pakt mit dem Teufel, den er vielfach bezahlen muß. Eine Heilreaktion läßt sich auf Dauer nicht blockieren und ein Sterbeimpuls nicht einfach durch ein paar medizinische Tricks aus der Welt schaffen. Wenn er unterdrückt und verdrängt wird, wandelt er sich zu einer noch schwereren Krankheit, zur Krebsmetastase, zum unerträglichen Schmerz, zur tiefen Depression, vernichtenden Angst oder hoffnungslosen Sinnlosigkeit.

Zwar hätte derjenige, der die gewonnene Frist als Chance und Verpflichtung betrachten würde, sich zu besinnen und das aufzugeben, was ihn krank gemacht hat, tatsächlich etwas gewonnen. Doch wer ist schon bereit, wenn er »gerade noch einmal davongekommen ist«, nun endlich in sich zu gehen, seine Lebenseinstellung zu ändern und ein »anderer Mensch« zu werden?

Soll man also einen todkranken Menschen sterben lassen,

obwohl die Möglichkeit bestünde, dies zu verhindern? Natürlich würde niemand diese Frage mit »Ja« beantworten – aber nur, weil sie wahrheitswidrig gestellt ist. Sie müßte so lauten: Darf man einen Menschen, wenn ihm sein gnädiges Schicksal, um ihn von seiner aussichtslosen Krankheit zu erlösen, ein Koma, eine Sepsis, eine Blutung oder ein Herzversagen schickt, mit Hilfe brutaler Operationen, technischer Tricks oder gewaltsam wirkender Substanzen um seinen natürlichen, unter diesen Umständen bestmöglichen Tod betrügen?

Denn wie der Schnupfen die Nase, die Vereiterung das Blut, der Durchfall den Darm und das Aussprechen einer Wahrheit die Seele reinigt, wie der Tumor das Krebsgift neutralisiert und das Ekzem Stoffwechselgifte abreagiert, der Gallen- oder Nierenstein eine Abfalldeponie unverwertbarer Stoffe darstellt, das Fieber die Viren verbrennt und die Hämorrhoidenblutung das Darmblut entgiftet, wie die Depression ein sinnloses Leben blockiert und die Verrücktheit den Menschen aus seiner kranken Normalität erlöst, so ist auch *der Tod immer eine Heilreaktion.* Auch er ist Teil unserer Bestimmung, ist uns von der Vorsehung geschickt, damit er uns von unserem kranken oder erfüllten Leben befreie, uns wandle und weiterführe.

Wie dies allerdings geschieht und was es bedeutet, ist ein Geheimnis, das wir weder ergründen können noch sollen. Unsere Aufgabe ist es vielmehr, gerade angesichts der Unbegreiflichkeit von Leben und Tod Vertrauen in unser Schicksal zu suchen und zu erkennen, daß alles, was uns geschieht, zu unserem Besten ist und daß wir, wenn uns etwas genommen wird, dafür immer etwas Besseres bekommen.

Solange wir uns aber nicht von unseren kleinlichen und unerfüllbaren Erwartungen trennen, solange wir in unserem Herzen Trauer, Verbitterung, Groll oder Selbstmitleid züchten und unsere eigene Feindseligkeit der Umwelt in die Schuhe schieben, erscheint uns eine solche Aussage absurd. Dann können wir nur jammern und klagen, zerstören und verfluchen. Dann erscheint uns alles, was unseren Wünschen und Vorstellungen zuwiderläuft, als Unglück, und jeder, der uns nicht zu Gefallen ist, als Feind. Dann ist eine Krankheit ein sinnloses Ärgernis, eine Mikrobe ein Krankheitserreger und der Tod die größte aller Katastrophen. Was liegt unter diesen Umständen näher, als alles

Unangenehme beiseite zu schieben, Krankheitssymptome »auf Teufel komm raus« zu unterdrücken und den Tod um jeden Preis hinauszuzögern? Welch höllische Perspektive!

Wenn wir aber den inneren Blick erheben und nach der positiven Seite der Dinge suchen, erkennen wir, daß aus jenem Feuer, in dem soeben noch unsere geliebten Wünsche und Vorstellungen verbrannten, sich wie der Phönix aus der Asche etwas viel Herrlicheres erhebt: das Wissen, daß es für uns etwas Höheres und Größeres gibt als das, was wir soeben verloren haben, und daß alles, was uns geschieht, selbst Krankheit und Tod, zu unserem Besten ist.

Lassen wir den Verstandesmenschen ruhig von unbewiesener Schwärmerei reden, solange er unter seiner verneinenden Einstellung leiden will – wir aber wollen versuchen, die Freude und Dankbarkeit, die wir nach einer bestandenen Schicksalsprüfung oder der Genesung von einer schweren Krankheit empfunden haben, in uns lebendig zu halten, damit wir auch in der nächsten Krise bestehen und uns vor leichtfertigem Betrug hüten.

Und da der Unrat ja hinaus muß, selbst wenn die Stadtmauern dabei beschädigt und die Straßen überflutet werden, verordnen wir unserem Körper jetzt endlich eine Therapie, die seinem natürlichen Heilbestreben entgegenkommt, statt es zu behindern. Sie sorgt dafür, daß seine innere Kanalisation wieder in Gang kommt und die vielfältigen, im Gewebe abgelagerten Schlacken und Gifte ausgeschieden werden. Mag es dabei auch hoch hergehen, mag Fieber, Eiter, Schweiß, Durchfall oder Ausfluß auftreten, mögen die Pilze und Bakterien in großen Scharen nachweisbar sein – wir wissen, daß sie unsere Helfer sind und nach getaner Arbeit wieder verschwinden werden.

Mit einer solchen (zum Beispiel der homöopathischen) Therapie unterdrücken oder manipulieren wir nicht, sondern ermöglichen dem Organismus, die Heilung, die ja stets *sein* Werk ist, zu vollziehen. Dabei dürfen wir nicht vergessen, daß darüber, ob ein Mensch gesund wird, weder der Arzt noch die Medizin, sondern eine höhere Instanz entscheidet und daß, wenn sie ihn sterben läßt, dies der beste und nächste Schritt auf seinem Weg zum unbegreiflichen »Heil« ist.

Das Wichtigste an jeder Behandlung aber ist die innere Reform, denn die Ursache des ganzen Übels, die Überproduktion

116

von seelischem Unrat, muß beseitigt werden. Also ändern wir nicht nur unsere oberflächliche Lebensweise, unsere krankmachende Ernährung, unsere ruinösen Arbeitsbedingungen oder frustrierenden menschlichen Beziehungen, sondern geben vor allem unsere wirklichkeitsfremden Erwartungen und unser Hadern mit dem Schicksal auf, bemühen uns, die Unwahrheit unserer negativen Gedanken und Emotionen zu erkennen und versuchen, auch einmal körperliche oder seelische Schmerzen in einer sinnerfüllenden Weise zu ertragen.

Vielleicht sehen wir dann sogar, daß es nur ein einziges, wirksames Mittel gegen feindliche Menschen, widrige Umstände oder gefährliche Erreger gibt: in ihnen sich selbst zu erkennen. Wenn das Negative, Feindselige oder Unwahre aus unserem Inneren verschwunden ist, kann es auch in unserem äußeren Leben nicht mehr Gestalt annehmen.

Eselsbrücken

Sehr geehrter Herr...,
jeder von uns durchläuft in seinem Leben eine Phase, in der er
sich mit Erstaunen und Befriedigung seiner persönlichen Kraft
bewußt wird und gewissermaßen als Mittelpunkt der Welt empfindet. Diese Gewahrwerdung unserer selbst ist ein wichtiges
Durchgangsstadium in unserer menschlichen Entwicklung, da
sie uns ermöglicht, Individualität zu entwickeln und einen Platz
in Welt und Gesellschaft zu behaupten. Sie hat aber noch eine
weitere und größere Bedeutung: Sie macht uns reif für die Erkenntnis, daß es einen Willen gibt, der über dem unseren steht,
denn sie verleitet uns, im Rausch der Selbstherrlichkeit mehr
von unserem Schicksal zu fordern, als uns bestimmt ist. Während wir dann erleben, wie unsere Pläne scheitern, unsere Werke
zusammenbrechen und sich unser Weltbild als falsch erweist,
keimt in uns die Ahnung auf, daß es noch eine höhere, überpersönliche Macht geben muß, die unser Geschick bestimmt.
Ihre so überzeugte Feststellung: *»Die Aussage, daß nach der
Krankheit wieder etwas Besseres kommt, wirkt wie eine Esels-
brücke, die ich den Mitmenschen erhalte, um sie nicht vor die Null-
Lösung zu stellen, nämlich daß es nichts gibt, wohin ich mich
weiterentwickeln muß (weil ich schon perfekt entwickelt bin); –
wenn ich krank bin, ist hier und heute ›krank‹ angesagt«*, scheint
mir Ausdruck dieser soeben beschriebenen Bewußtseinsphase zu
sein, in der man noch von Kraft und Selbstüberzeugung strotzt
und meint, gegen Welt und Schicksal aus eigenem Vermögen
bestehen zu können. Unter diesen Umständen braucht man natürlich keine Perspektiven, die über das Persönliche hinausrei-
chen, und da man alles oder zumindest das Wesentliche durchdacht und erkannt zu haben meint, neigt man dazu, jene Wege,
die eine Verbindung zu den Hintergründen unseres Seins schaffen, als Brücke für arme, schwache Esel zu bezeichnen.
Wie gesagt, es handelt sich dabei um eine wichtige Etappe in

unserer Menschwerdung. Von jemandem, der sie so intensiv und überzeugt durchläuft, wie Sie dies zu tun scheinen, kann man annehmen, daß auch sein weiteres Leben von der unbedingten Suche nach Klarheit und Wahrheit geprägt sein wird. Mir ist sehr wohl bewußt, daß sich auch mein Erkenntnisstand noch um manch wichtige Perspektive erweitern wird. Ich halte mich keineswegs für perfekt entwickelt, sondern meine im Gegenteil, daß unser Leben gerade dadurch Sinn und Wert bekommt, daß wir bis zum letzten Atemzug suchen, reifen und immer bewußter werden können. Wir befinden uns auf dem Weg in eine Dimension (der Volksmund nennt sie »Himmel«), deren Größe und Bedeutung weit über alle unsere Begriffe hinausreicht.

Mit den Worten: »*Wenn ich krank bin, ist hier und jetzt ›krank‹ angesagt*«, wollen Sie wahrscheinlich daran erinnern, daß ein kranker oder unglücklicher Mensch sich seiner Situation mit aller ihm zur Verfügung stehenden Bewußtheit und Ehrlichkeit zuwenden muß. Ich kann Ihnen da nur zustimmen, denn wie alle Probleme, pflegen uns auch unsere Krankheiten, wenn wir sie nicht ernst nehmen und als Ausdruck unserer inneren Verfassung sehen, aus der unzugänglichen Tiefe unseres Unterbewußten heraus zu überwältigen und beherrschen.

Wir empfinden sie als etwas Fremdes und Feindliches; in Wirklichkeit jedoch hat unsere dem »Heil« entgegenstrebende Seele sie inszeniert, um uns daran zu hindern, jenen verhängnisvollen Kurs, auf dem wir uns gerade befinden, weiterzuverfolgen. Erst wenn wir ihre Botschaft verstanden und eine persönliche Konsequenz daraus gezogen haben, können sie uns wieder freigeben.

Der »normale« Mensch jedoch ist darauf eingestellt, sein Problem, seine Krankheit, sein Leiden unbesehen und fast um jeden Preis aus seinem Gesichtskreis zu entfernen. Dazu bedient er sich nicht nur der verschiedenartigsten Ablenkungen und Drogen, sondern auch der modernen Medizin, deren Konzept in Unterdrückung, Betäubung, Verdrängung und Entfernen besteht. Leider bilden in dieser Beziehung auch viele moderne psychotherapeutische Verfahren keine Ausnahme. Sie zeigen zwar dem leidenden Menschen, wie er sich der in ihm wütenden Konflikte, Aggressionen und Ängste entledigen kann, lehren ihn, quälende Emotionen in körperlichen Reaktionen auszuleben, in Schreien, Weinen, Schlagen, Theaterspielen, Berühren, Umarmen oder sexuellen Übungen, und verschaffen ihm Erleichterung, indem sie den angestauten Vitalkräften zu Abfluß und Ausdruck verhelfen. Doch da sie es meist bei solch oberflächlicher Hilfe und Erleichterung bewenden lassen und dem Leidenden nicht die Augen für den Sinn seines Leidens öffnen, vergeuden sie den Schmerzensdruck, der ihn weiterführen und befreien sollte.

Weder erkennt er dabei, daß er sich sein Leiden selbst erzeugt, indem er seine Gefühle und Instinkte mißachtet, unrealistische Wünsche und falsche Vorstellungen pflegt, sich haltlos seinen bösartigen Emotionen überläßt, haßt oder »liebt«, giert oder neidet, sich rächt oder heuchelt, sich selbst beschuldigt oder bemitleidet, überheblich oder kleinlich ist, noch – und das wäre das Wichtigste – findet er das Urvertrauen in sein Schicksal und die Beziehung zu »Gott« wieder, deren Verlust einer der Hauptgründe unserer Krankheiten ist. Dies wäre nur dann möglich, wenn sein verschüttetes Wissen um den in ihm wirkenden und seine Existenz bestimmenden überpersönlichen, übermenschlichen Sinn wieder freigelegt und er ein Gefühl dafür bekommen würde, daß jene göttliche Kraft, die ihn erschaffen hat, *in ihm und durch ihn* ihren unbegreiflichen Plan verwirklicht.

Dann würde er den aussichtslosen Kampf gegen seine Lebenswirklichkeit aufgeben und sich statt dessen bemühen, seine Bestimmung bewußt zu vollziehen: in unermüdlichem Kampf für etwas Wertvolles oder in beschaulichem Dahinleben, in der Rolle eines Heiligen oder eines »Verbrechers«, im Herrschen oder im Dienen, in äußerem Glanz oder in der Entbehrung – entsprechend dem, was ihm in diesem Leben aufgetragen worden ist. Auf jeden Fall fände er dann zu seiner inneren Einheit und Zufriedenheit zurück.

Der Sinn unserer Probleme oder Krankheiten hat viele Aspekte und Ebenen. Er wandelt sich mit jeder neuen Erkenntnis und Lebenssituation. Vor allem aber erscheint er uns oft widersprüchlich: So zeigen sie uns einerseits unsere Fehler und zwingen uns, diese aktiv und selbstverantwortlich zu überwinden, machen uns andererseits aber gleichzeitig bewußt, wie ohnmächtig und verständnislos wir unserem Geschick ausgeliefert sind, und wie wichtig es deshalb für uns ist, Vertrauen zu ihm zu finden. Diese Situation können wir mit dem logischen Verstand nicht erfassen, sondern lediglich in Symbolen, Bildern und Irrationalismen andeuten – auch wenn diese manchem als Krücken für bedauernswerte Krüppel erscheinen.

Sie schreiben: »*Die Annahme, daß mir das Schicksal eine Prüfung zu meinem Besten auferlegt hat, erscheint mir wie eine Behelfskrücke von jemandem, der mildtätig mit dem Patienten umspringt und ihm den Glauben beläßt: Es hat alles schon seinen Sinn, wir erkennen ihn nur leider noch nicht*«, und Sie meinen, auf solche Krücken verzichten zu können. Doch auch Sie drücken mit diesen Worten die Suche nach einem Sinn aus und den Wunsch, daß es ihn geben möge. Auch die Negation von etwas ist letztlich die Anerkennung seiner Existenz, denn sie zeigt, daß man es zur Kenntnis genommen und sich ernsthaft damit auseinandergesetzt hat. Wenn Sie sich momentan an die Überzeugung halten, schon perfekt entwickelt zu sein und in den Ereignissen Ihres Lebens, vor allem aber in Krankheit und Tod, nur nackte und eindeutige Tatsachen sehen können, so ist auch dies nur eine Variante eben dieses Sinnes und hat wahrscheinlich ihrerseits den Sinn, Sie für eine höhere Erkenntnis vorzubereiten.

Solange Sie damit leben können und Ihren inneren Frieden haben, ist diese Haltung zweifellos richtig, doch sie wird sich vielleicht eines Tages, wenn die Zeit für den entsprechenden Bewußtseinsschritt gekommen ist, ändern. Dann wird sich unter dem Einfluß eines scheinbar nebensächlichen Ereignisses oder einer schweren Katastrophe – das wird von der Stärke Ihres inneren Widerstandes abhängen – Ihre Perspektive verändern, und Sie werden erkennen, wieviel Weisheit man benötigt, um jene Brücke, die Ihnen jetzt nur für Esel erbaut scheint, überschreiten zu können.

Selbstverantwortung

Vielleicht fragst du, liebe Leserin oder lieber Leser, warum man alles so kompliziert machen und hinter jedem einfachen Lebensvorgang einen psychischen Grund oder einen persönlichen Fehler suchen solle, vor allem, da die Ursachen unserer Leiden und Krankheiten doch recht gut erkannt und benannt sind: Grippe wird von Viren, Tuberkulose von Bakterien hervorgerufen, Malaria von infizierten Mücken übertragen und Knochenbrüche durch äußere Gewalteinwirkung verursacht, ein unverschuldeter Unfall ist die Folge fremden Versagens, und die radioaktive Verseuchung geht auf das Konto nachlässiger Kraftwerkbetreiber. Was soll man in Anbetracht dieser nüchternen, objektiven und allgemein anerkannten Tatsachen noch weitersuchen? Sie sind ja die Wahrheit.

Und doch haben sie, auf den lebendigen, subjektiven Menschen bezogen, nur wenig Gültigkeit. Er braucht eine andere Form der Wahrheit: eine persönliche, ihn bewegende und bereichernde. Er braucht, um leben und wachsen zu können, Erkenntnisse, die ihn in seinem Innersten, in seinem Selbstverständnis und seiner Lebenssicht anrühren, die ihm helfen, sich selbst zu verstehen. All das, was wir außerhalb von uns, in unserer Umwelt und unseren Mitmenschen sehen, hat nur dann eine Bedeutung für uns, wenn wir es am eigenen Leib erfahren, mit dem eigenen Fühlen durchlebt und eine Beziehung dazu aufgenommen haben. Aus objektiven Tatsachen kannst du weder Lebensfreude noch Weisheit gewinnen. Sie sind im Verhältnis zur lebendigen, subjektiven Welt des Menschen so unwahr wie eine Schallplatte zu einem Konzert.

Sobald wir uns unserer Gefühle, Eingebungen und Ideen bewußt werden, erkennen wir, daß die Wirklichkeit, in der wir leben, nicht aus nüchternen Fakten und simplen Zusammenhängen besteht, sondern ein vielschichtiges, sich unablässig wandelndes und aus tausend unerforschbaren Quellen gespeistes

122

Wunderwerk ist. Wir können davon nur einen kleinen Bruchteil erkennen; aber zumindest um diesen müssen wir uns bemühen, denn unser Geist und unsere Seele leben davon.

Warum hast du diese Malaria bekommen? Weil du von infizierten Mücken gestochen wurdest, sagst du. Das stimmt natürlich. Du kannst es dabei belassen und die Erreger, das verseuchte Land, die Medizin, die noch immer kein wirksames Mittel dagegen gefunden hat, oder gar dein Schicksal, das dir so übel mitgespielt hat, verwünschen. Doch was nützt dir das? Also geh lieber ein Stückchen weiter: Warum konntest du überhaupt von Malariamücken gestochen werden? Warum bist du zu ihnen gereist, warum hast du dich wissentlich in diese Gefahr begeben, obwohl du nicht bereit bist, die Konsequenzen daraus zu tragen? Die Antwort auf diese Frage könnte dich bis in den Bereich deiner ganzen Lebensmotivation führen und dich zum Beispiel erkennen lassen, daß dies nicht das erste Mal war, daß du dich leichtfertig, gedankenlos, übermütig oder frustriert in unnötige Gefahr begeben hast. Vielleicht wirst du dann in Zukunft, statt vor deinen Problemen bis ans Ende der Welt zu fliehen (und das auch noch Urlaub zu nennen), lieber erst einmal deinen inneren Frieden suchen und deine Gesundheit, von der du doch behauptest, sie sei dir das Wichtigste im Leben, nicht mehr leichtfertig aufs Spiel setzen.

Oder die Grippe, an der angeblich nur dieses geheimnisvolle Virus schuld sein soll, von dem du noch nie etwas gesehen hast! Könnte es nicht sein, daß du dich, als du krank wurdest, in einer schlechten Verfassung befandest – körperlich oder seelisch –, so daß das Virus ideale Bedingungen fand? Und warum? Was hat dich geschwächt und geschädigt? Ein böser Mensch, ein unerfüllter Wunsch, eine übergroße körperliche Anstrengung? Warum hast du als selbständiges und denkendes Wesen dich so geärgert, dich so gehen lassen, daß du dadurch geschwächt werden konntest? Wäre nicht alles anders gekommen, wenn du nicht so verbissen und kleinlich gewesen wärest, wenn du dein Problem mit anderen Augen hättest sehen können? Wer ist also der Schuldige – das Virus, das nur seine Pflicht getan hat, oder du, der es dazu eingeladen hat?

Oder der Verkehrsunfall, in den du angeblich unverschuldet hineingezogen wurdest: Wärst du an jenem Tag instinktsicherer

123

gewesen, umsichtiger, ausgeglichener, sensibler, wäre er wahrscheinlich nicht passiert. Dann hättest du, wie schon so oft, blitzschnell und sicher auf die Gefahr reagiert. Kann der andere etwas dafür? Sicher, er hat dich in diese Lage gebracht, die von dir eine gesunde Reaktion verlangte. Du aber hast in ihr versagt – auch wenn das Gesetzbuch dir Recht gibt. Wärest du nicht so gedankenverloren und unachtsam bei Grün über die Straße gegangen, hättest du dich nicht so unüberlegt auf deine Vorfahrt verlassen, wärst du darauf gefaßt gewesen, daß dir in jeder Kurve jemand begegnen kann, dann wärst du nicht verunglückt. Das Leben hält sich nicht an unsere Regeln, es verlangt unsere uneingeschränkte Aufmerksamkeit. Und wenn du dir darüber hinaus auf die Frage, warum du eigentlich in dieser unfallträchtigen Stimmung warst, eine ehrliche Antwort gibst, dann taucht auf einmal deine eigentliche Lebensproblematik – vielleicht deine Ehe, dein Beruf, deine menschlichen Beziehungen, deine Oberflächlichkeit, dein Schicksalshader – vor dir auf und macht dir klar, daß dieser Unfall nur ein Denkzettel dafür war.

Oder die radioaktive Verseuchung: Tragen wirklich die bösen Kraftwerkbetreiber die alleinige Schuld, oder sind es nicht wir selbst, die wir es so weit haben kommen lassen, daß es Kraftwerke gibt – aus Profitgier, Vergnügungssucht, Interesselosigkeit, Vorteilsdenken? Wohnst du nicht, der du dich über das ferne Tschernobyl beschwerst, vielleicht auch in unmittelbarer Nähe eines solchen Werkes, das, wie du weißt, ebenfalls und trotz allen Sicherheitsmaßnahmen jederzeit in die Luft fliegen kann? Willst du dich, wenn das Unglück passiert, ebenfalls wieder darüber beschweren, daß jemand mit der gleichen Gedankenlosigkeit, mit der auch du täglich Fehler machst, am falschen Rad gedreht hat? Es wird dir nicht viel nützen, das weißt du. Bei anderen die Schuld zu suchen, ist etwas für Dummköpfe, bei sich selbst aber wird es zur großen und lohnenden Leistung. Erst wenn du, wie es heißt, dir an die eigene Nase faßt und das, was du von den anderen verlangst, nämlich das Umdenken, selbst erledigst, kann sich etwas ändern. Vielleicht ziehst du dann an einen anderen Ort oder in ein anderes Land, vielleicht beginnst du dagegen zu kämpfen, oder vielleicht findest du dich damit ab. In diesem Fall würdest du jedenfalls, wenn es zum nächsten Zwischenfall kommt, dich nicht darüber

124

beschweren oder seelisch darunter leiden, sondern es bereitwillig als dein Schicksal hinnehmen.

Denn Leiden beruht nicht auf objektiven Umständen, sondern entsteht daraus, daß man mit seiner Lebenswirklichkeit nicht fertig wird, daß man weder das Unangenehme beseitigt, noch daraus einen seelenbereichernden Gewinn zieht, sondern sich mit Jammern und Selbstmitleid begnügt. Leiden ist ein Phänomen, das unser ganzes Selbstverständnis betrifft. Es kann deshalb nicht durch die Beseitigung äußerer Umstände beendet (höchstens vorübergehend vertuscht) werden, sondern nur durch eine Korrektur im eigenen Inneren, in dem die Leidensbereitschaft herrscht. Schmerz und Schwierigkeiten bedeuten nicht automatisch Leid. Sie können im Gegenteil Anlaß und Kristallisationspunkt für bereichernde Erkenntnisse und innere Befreiung sein. Sie können uns stark und frei und unser Leben im höchsten Sinne gesund – das heißt zu einem erhebenden seelischen Wachstumsprozeß – machen.

Wenn du nach der Wahrheit suchst und dich nicht mit unpersönlichen Antworten und Fakten zufriedengibst, wirst du auf dich selbst zurückgeführt, in das Zentrum deiner selbst, an den Ursprung deines Fühlens, Denkens und Handelns. Dadurch bekommen die farblosen und nackten Tatsachen ein lebendiges Gesicht und sprechen dich persönlich an. Jedesmal, wenn du dir eine ehrliche Antwort gibst, fällt ein Stück von deinem Leid ab. Es hat ja nicht den Sinn, dich zu quälen, denn es steht im Dienste des Lebens. Es soll dich aufwecken und dir zeigen, daß du vom Weg der Freude abgewichen bist, ohne die kein lebendiges Wesen existieren kann.

Du erlebst immer nur, was du – wenn auch vielleicht unbewußt – erleben, und siehst nur, was du sehen willst. Deine Umwelt ist der Wald, der dir das Echo auf deinen Ruf zurückgibt. Jedes Leid soll dir etwas über dich selbst zeigen. Wenn du es dazu benutzt, dich selbst und deine leiderregenden Haltungen zu erkennen, statt sie den anderen vorzuwerfen, wird es zu deinem größten Helfer und Heiler. Das Virus zeigt dir, daß du dich durch unvernünftiges Verhalten selbst geschädigt und geschwächt hast, die Katastrophe macht dich darauf aufmerksam, daß eine Lebensänderung von Grund auf nötig ist (wenn du sie nicht selbst vornimmst, tut sie es für dich), deine äußerlich zu erkennende Krankheit beweist dir, daß du innerlich krank bist. Und es wird sich erst dann im Äußeren etwas daran ändern, wenn du in deinem Inneren ein anderer geworden bist.

»Aber die unschuldigen Kinder«, wendest du jetzt vielleicht ein, »sie können doch nichts für ihr Unglück oder ihre Krankheit. Widerlegt ihr Leid nicht die These von der Selbstverantwortung des Menschen?« In Wirklichkeit meinst du damit dich selbst, denn auch du wirst ja immer wieder »ohne eigenes Verschulden« vom Unglück heimgesucht.

Diese Frage läßt sich nur beantworten, wenn man folgendes beachtet: Leid ist immer die Folge eines Verstoßes gegen die *Wahrheit*. Diese ist Ausdruck des unbegreiflichen, göttlichen Schöpfungsgedankens und hat unzählige Erscheinungsformen. Wir können sie ganz allgemein auch mit dem Wort »richtig« umschreiben. Das Richtige entspricht jenem inneren Gesetz, das allem – dem größten und bedeutendsten Vorgang wie dem kleinsten, nebensächlichsten Ding – seinen Sinn gibt und seine Bestimmung ausmacht. Immer wenn hiergegen verstoßen wird, also etwas Falsches geschieht, werden Kräfte aktiv, die den Fehler ausgleichen und den großen Trend des Weltgeschehens wiederherstellen. Dieser Korrekturmechanismus, der in der gesamten Schöpfung automatisch und unbewußt abläuft und ein Teil der Naturgesetze ist, nimmt beim Menschen noch eine zusätzliche und besondere Form an: Es ist das Leid. Dieses soll ihm, um ihn zu einer Änderung seiner Lebenshaltung zu bewegen, bewußt machen, daß er falsch gefühlt, gedacht oder gehandelt hat und also schuldig geworden ist. Daher kann man das Leid auch als Ausdruck einer Schuld bezeichnen – allerdings nicht im Sinne einer moralischen Wertung.

Um dies richtig verstehen zu können, muß man auch bedenken, daß Schuld im hier gemeinten Sinne nicht nur aus persönlichem und vorsätzlichem Handeln entsteht, sondern auch aus kollektiven und unbewußten Vorgängen und Reaktionen. Das Weltgesetz ist unbestechlich und kennt nicht »Gnade vor Recht«. So müssen wir immer leiden, wenn wir Fehler machen – unabhängig davon, ob wir sie in persönlicher Verantwortung begehen oder als passiver Teil einer Gemeinschaft ohne unseren bewußten Willen in sie hineingezogen werden. Dies gilt auch für das Kind, das damit zwar persönlich und subjektiv unschuldig, in seiner Eigenschaft als Mitglied einer Familie oder eines Volkes aber an deren »Schuld« beteiligt sein kann. Wer leidet, ist aktiv oder passiv am Verstoß gegen ein Lebensgesetz beteiligt. Er kann nicht unschuldig im Sinne des Weltgesetzes, er kann höchstens unbewußt sein. Diese Unbewußtheit meinen wir, wenn wir von den »unschuldigen« Kindern sprechen.

Da aber menschliches Leiden Bewußtheit voraussetzt, leidet das Kind nur in dem Umfang, in dem es bereits bewußt ist, und nicht in der Form, die wir als bewußte Erwachsene kennen. Das Kind verfügt noch über eine relativ große, unbewußte Schicksalsergebenheit, die es vor dem Leiden beschützt und ihm gleichzeitig ermöglicht, sich ohne Widerstand dem überpersönlichen Korrekturmechanismus, der es – zum Beispiel in Form einer Krankheit – erfaßt, hinzugeben. Erst später, mit zunehmender Bewußtheit, macht es in persönlichem Leiden die kollektive »Schuld« (die »Erbsünde«) und auch seine eigenen Fehler wieder gut.

Solange das Kind unbewußt und daher zur Selbstverantwortung unfähig ist, sind es seine Eltern, die an seiner Stelle leiden müssen, denn sie sind es, die es in dieses Leben gerufen, ihm ihre eigenen Fehler und Leiden mitgegeben haben oder falsch an ihm handeln. In ihrem Kind nimmt nicht nur das Gute und Richtige, sondern auch das Falsche, Unwahre, Krankhafte der Eltern Gestalt an und versucht diese, indem es sie darunter leiden läßt, zur Umkehr und Einsicht zu bewegen.

Leiden setzt aber nicht nur Bewußtheit voraus, sondern macht auch bewußt. So wird das Kind, indem es in einem ihm angemessenen und »verdienten« Ausmaß leidet, zugleich immer bewußter und erkennt seine Stellung und Bestimmung in diesem Leben. Mit fortschreitendem Alter wächst das durch seine kollektive, aber auch zunehmend persönliche »Schuld« bedingte Leiden und motiviert den Menschen, das Falsche aus seinem Leben zu tilgen und seinen Beitrag zur Verwirklichung der Wahrheit in der Welt zu leisten.

Natürlich sind auch diese Erkenntnisse noch nicht die letzte Wahrheit, aber immerhin haben sie weitreichende, verpflichtende Folgen für uns. Sie zeigen nicht nur die enorme Verantwortung, die Menschen auf sich nehmen, wenn sie ein Kind ins Leben rufen, sondern machen auch klar, daß diese schon lange vor der Zeugung beginnt. Sie bedeutet nicht nur, daß künftige Eltern ihren Körper und ihre Seele in einen möglichst gesunden Zustand bringen, sondern sich auch ehrlich fragen müssen, ob ihre Erbmasse, ihre körperliche, seelische und geistige Verfassung und sogar ihre Lebensbedingungen gut genug sind, daß sie sie an Kinder weitergeben und in der Welt vervielfachen dürfen.

Kinder, die nicht der wirklichen Zuneigung zwischen zwei gesunden Menschen und ihrer reinen, wahrhaftigen Freude am Leben entsprungen sind, müssen eine große Leidenslast tragen und bereiten auch ihren Eltern viel Kummer. Das kann man überall beobachten. Depressionen und Frustrationen, Ängste und innere Leere, Besitzgier und Eitelkeit, Heuchelei und Schwäche, aus denen heraus viele Kinder gezeugt werden, sind genauso schlechte Paten wie eine krankhafte körperliche Verfassung. Im Zeitpunkt der Zeugung gibst du alles, was du bist – im Guten wie im Schlechten – in irgendeiner Form weiter. Wie wenig dies beachtet wird, zeigt die zunehmende Zahl der vererbten Krankheiten, der Genschädigungen durch Alkohol, Drogen, Medikamente, Zivilisationsgifte und Radioaktivität sowie der gesellschaftlich und kulturell bedingten Persönlichkeitsdeformierungen.

So triffst du immer wieder auf dich selbst – auch wenn es um das Wohl deiner Kinder geht – und wirst daran erinnert, daß es deine Pflicht ist, Leid zu vermeiden oder zu überwinden, indem du deine Seele vor negativen Einstellungen und Emotionen und deinen Körper vor schädigenden Einflüssen bewahrst.

Allerdings stellt sich in Anbetracht der Schwierigkeit dieser Aufgabe und unserer Unfähigkeit, sie vollkommen zu lösen, die Frage, ob es uns überhaupt gegeben ist, unser Leben nach eigenem Gutdünken zu gestalten und in glückliche Bahnen zu lenken. Denn allzuoft beobachtet man, wie Menschen allen Ermahnungen und guten Ratschlägen zum Trotz unaufhaltsam in ihr Unglück rennen. Niemand kann sie retten, und oft erscheint es sogar, als wüßten sie, was sie erwartet. Sie erinnern an die Helden der griechischen Sage, die, obwohl ihnen das Orakel ein furchtbares Schicksal vorausgesagt hatte, nicht in der Lage waren, ihm zu entgehen, sondern es in allen seinen Einzelheiten erfüllten.

Die Frage nach dem freien Willen hat die Menschheit immer wieder beschäftigt, und sie würde nicht aufgeworfen, wären wir nicht mit zwei sich anscheinend widersprechenden Tatsachen konfrontiert: einerseits unserer Ohnmacht gegenüber den Schicksalskräften, unserer Unfähigkeit, unser Leben sicher zu steuern, und andererseits der Erfahrung, daß es uns doch oft gelingt, mit Willen und Umsicht ein Ziel, das wir uns gesetzt haben, zu erreichen – hier übermächtiges, unabänderliches Schicksal und dort freier, menschlicher Wille und Verantwortung.

Ich bin der Meinung, daß alles unabänderlich festgelegt ist, daß wir dies aber in seiner ganzen Bedeutung nicht begreifen können. Es handelt sich hier nicht um eine Art riesigen Terminkalender, in dem unser Leben vorgeplant ist, sondern um ein irrationales Phänomen. Wir befinden uns in der paradoxen Situation, daß wir, obwohl in einem überpersönlichen Sinne alles vorbestimmt ist, doch so leben und handeln müssen, als liege unser Schicksal in unserer Hand. Hierin besteht unsere Freiheit und Selbstverantwortung.

In uns vereinigen sich zwei grundsätzlich verschiedene Elemente: das Göttliche, Ewige, und das Menschliche, Vergängliche. Wir leben in dem dauernden Widerspruch, daß wir, während wir mit ganzem Einsatz um etwas kämpfen, gleichzeitig bereit sein müssen, jederzeit darauf zu verzichten; daß wir uns einerseits einer Moral verpflichtet fühlen, die wir andererseits unter höherem Aspekt nicht ernst nehmen können. Die Freiheit unseres Willens ist zugleich unsere Unfreiheit, denn wir können ihn ja nur für das einsetzen, wofür uns jene Macht, die ihn uns verliehen hat, bestimmt hat. So besteht das Geheimnis jeder Lebenskunst darin, nur das zu wollen, was man erreichen kann, und das zu meiden, was einem versagt ist.

Wir gleichen Schauspielern, die eine vorgegebene Rolle, von der sie jedoch nur eine vage Ahnung haben, unter Einsatz ihres ganzen Könnens und Wissens so perfekt wie möglich spielen müssen. Wenn es uns nicht gelingt, die jeweils richtigen Worte und Gesten zu »spielen«, geht es uns schlecht, denn dann geraten wir in einen Konflikt mit unserer vorbestimmten Rolle, erleben Unfälle, Krankheiten oder Katastrophen und schlagen uns gewissermaßen den Kopf an den von uns nicht erkannten Thea-

129

terkulissen wund, und dann ist es auch der hierdurch hervorgerufene Schmerz, der uns auf unseren Platz zurückführt.

Unser freier Wille hat auf der Ebene unserer menschlichen Existenz eine überragende Bedeutung. Er ist maßgeblich am Prozeß unserer Bewußtwerdung beteiligt, die den Sinn hat, uns das Wirken einer übermenschlichen oder göttlichen Ordnung in uns (oder besser noch: unsere Identität mit ihr) erkennen zu lassen. Es ist die Möglichkeit zu fragen: »Will ich oder will ich nicht?«, die uns aus der übrigen Schöpfung heraushebt – und in der bewußten Entscheidung für das, was wir für gut halten, nimmt das Gute, das gleichbedeutend mit dem »Göttlichen« ist, in uns Gestalt an. Hätten wir nicht die (theoretische) Möglichkeit, uns gegen das Richtige zu entscheiden, so würde uns seine Existenz nicht bewußt. So aber *dürfen* wir das, was die ganze Natur unbewußt tun *muß* (nämlich dem Richtigen entgegenstreben), aus unserem freien Willen vollziehen und uns damit auf die Ebene des schöpferischen, göttlichen Geistes erheben.

Menekel

Was die weltweite Bedrohung durch Umweltzerstörung, Superrüstung und atomare Strahlung nicht erreicht hat, nämlich den Menschen aufzurütteln und zum Umdenken zu bewegen, schien eine kurze Zeit lang einem kleinen unbekannten Virus zu gelingen: dem Erreger von AIDS. Diese Krankheit hat uns in ungewöhnlicher Eindringlichkeit daran erinnert, wie unsicher unser Leben und wie nah uns stets der Tod ist. Die, wenn auch angsterfüllte, Faszination, die AIDS für heutige Menschen besitzt, zeigt, wie sehr es ihn danach drängt, sich wieder seiner Sterblichkeit (und dadurch seiner Unsterblichkeit) bewußt zu werden.

Und doch ist auch dieser Impuls, der aus dem verschütteten Wissen unserer Seelen aufgestiegen ist, an der Oberflächlichkeit unserer Weltsicht gescheitert. Statt zu erkennen, daß es sich hier um ein Menetekel handelt, das jeden von uns vor weiterer Selbstzerstörung warnt, machen wir daraus ein Jahrhundertgeschäft für Präservativhersteller, Pharmakonzerne und Sensationsmedien. Kaum einer fragt sich:»Was habe ich persönlich damit zu tun? Wieso kann ausgerechnet ich AIDS bekommen?« oder»Gibt es etwas, was mich innerlich so stark und gelassen macht, daß ich selbst angesichts dieser tödlichen Gefahr ein wert- und sinnvolles Leben führen kann?«, sondern es bleibt bei der stereotpyen Frage:»Wer ist daran schuld, und wie kann ich ihn vernichten?«

Daher sucht und findet man natürlich Erreger und Umstände, gegen die man mit großem Aufwand zu Felde zieht. Die Voraussetzungen dafür, daß sie überhaupt eintreten und wirksam werden können, läßt man dagegen unbeachtet, denn um sie aus der Welt zu schaffen, müßten wir an uns selbst arbeiten und unsere negative und destruktive Lebenshaltung überwinden. So gleichen wir jemandem, der sein Haus in einem Augenblick geistiger Unklarheit an einen gefährlichen Lawinenhang gebaut hat. Statt sich angesichts der immer wieder niedergehenden Lawinen einzugestehen, daß er den falschen Platz gewählt hat und einen anderen Wohnsitz suchen muß, ist er unablässig damit beschäftigt, Schutzvorrichtungen zu bauen und Schäden auszubessern. Der Berg sagt ihm: Hier sollst du nicht wohnen! und die Krankheit sagt uns: So sollst du nicht leben! Wir aber ignorieren ihre Mahnung und denken nicht daran, unser freudloses Leben zu ändern und die Sünden gegen uns selbst aufzugeben. So geraten wir immer wieder in die Lawine der Zerstörung, die uns nicht nur in Form schwerer Krankheiten zugrunde richtet, sondern uns auch dazu treibt, die ganze Welt zu vernichten.

Das folgende Kapitel ist keine Absage an eine angemessene medizinische Therapie, sondern will darauf aufmerksam machen, daß diese, solange sie den Menschen nicht auch in seinem Innersten anspricht und in seiner unbewußten Suche nach seinem Seelenheil unterstützt, nichts anderes ist als notdürftigster Lawinenschutz. Jeder von uns muß überprüfen, ob er das Haus seines Lebens an der richtigen Stelle erbaut hat, denn wie raffiniert wir uns auch immer abzusichern suchen, die göttlichen Gesetze der Natur, die nicht nur in den Bergen, sondern auch in uns herrschen, lassen sich nicht auf Dauer vergewaltigen. Eines Tages löst sich die Lawine, wird das Haus begraben, werden wir von einer Krankheit oder einem Schicksalsschlag überwältigt.

Das entscheidende Prinzip der Medizin heißt: »Ein gesunder Mensch wird nicht krank.« Es klingt banal und offenbart doch auf verblüffende Weise, wie falsch und primitiv unsere Vorstellungen von Krankheit und Leid sind, da wir meinen, diese kämen aus heiterem Himmel über uns, ohne daß wir etwas dafür können. Wir ignorieren die Tatsache, daß alles, was sich im Sichtbaren manifestiert, bereits im Unsichtbaren bestanden haben muß, daß also zum Beispiel auch die körperliche AIDS-Krankheit nur die Sichtbarwerdung eines »seelischen AIDS-Zustandes« ist.

Das Leben ist ein dynamischer Wachstumsprozeß. Dabei stellt die Fähigkeit, Freude und Sinn im Leben zu finden, die angeborenen Anlagen harmonisch zu entwickeln und eine Beziehung zum Transzendenten aufzunehmen, gewissermaßen unser inneres und eigentliches »Immunsystem« dar; sie ermöglicht uns, die äußeren Lebensumstände in den Dienst unserer Selbstverwirklichung zu stellen.

Im »seelischen AIDS-Zustand« aber hat der Mensch diese Fähigkeit weitgehend verloren. Wenn er nichts Sinn- oder Wertvolles in seinem Leben finden kann, wenn er von einer gehaßten Pflicht oder betäubenden Unterhaltung in die andere taumelt, wenn er das Schöne und Gute, das ihn umgibt, nicht mehr sehen und fühlen kann und nur noch auf seinen oberflächlichsten Schichten dahinvegetiert, dann stagniert sein inneres, menschliches Wachstum, dann bricht sein »seelisches Immunsystem« zusammen. Wen wundert es, daß unter solchen Umständen auch seine körperlichen Abwehrsysteme versagen, daß er die gesunden und lebensschützenden Instinkte und den inneren Halt verliert oder in seinen intimen, menschlichen Kontakten in die Irre geht? Krebs oder Autounfall, Mord oder Selbstmord, AIDS oder Krieg – letztlich sind sie nichts anderes als der Ausdruck der inneren Resignation, der Unfähigkeit zu einem erfreulichen und sinnvollen Leben. Zugleich jedoch stellen sie ein uns unbewußtes Aufbäumen unseres Wunsches nach Selbstverwirklichung und Erlösung dar, da sie uns von unserem hoffnungslosen und ruinösen Leben befreien und uns in jener Dimension, die unsere eigentliche Heimat ist, eine neue Chance geben.

Ein anderer Aspekt von AIDS

(Dieses Kapitel erschien als Artikel in der Zeitschrift *esotera*)

Immer schon glaubte sich der Mensch in seiner Existenz bedroht und verbrauchte den größten Teil seiner körperlichen und seelischen Kraft im Kampf um sein Überleben. Doch obwohl er manch große Gefahr gebannt hat, lebt er auch heute nicht in Frieden und Sicherheit. Denn ähnlich der vielköpfigen Schlange Hydra in der griechischen Sage, der für jeden abgeschlagenen Kopf zwei neue wuchsen, pflegt der vielnamige Feind des Menschen, wenn man ihn nur äußerlich vertreibt, lediglich seine Gestalt zu ändern und anderswo mit um so größerer Kraft wieder aufzutauchen. So ist für uns an die Stelle der Naturgewalt die Radioaktivität mit ihrer ungeheuren Zerstörungskraft getreten, und so wurden die klassischen Seuchen von einem die ganze Menschheit bedrohenden Phänomen mit einem Kunstnamen abgelöst.

Herakles konnte das Ungeheuer erst besiegen, als er jeden der abgeschlagenen Köpfe gründlich ausbrannte. Genauso haben auch wir erst dann eine Chance, unsere Hydra, deren neuester Kopf »AIDS« genannt wird, zu überwinden, wenn wir, statt nur an ihren körperlichen Symptomen und Begleiterscheinungen herumzukurieren, das Übel an seiner Wurzel – unserer Lebenseinstellung – austilgen würden. Dort nämlich hat sich, bedingt durch Sinnlosigkeit und unlösbare Konflikte, eine ungeheure Zerstörungssucht breitgemacht, die den heutigen Menschen nicht nur dazu treibt, immer gigantischere Systeme zur Vernichtung der gesamten übrigen Welt zu ersinnen, sondern auch sich selbst ein möglichst schauerliches Ende herbeizuwünschen. Zwar ist ihm dies so wenig bewußt, daß er seine Kriegsmaschinerie für Selbstverteidigung und AIDS für den derzeit größten Feind der Menschheit hält, doch die Schlagzeilen in den Zeitungen zeigen seine Sehnsucht danach, durch Leiden geläutert und durch den Tod aus der Verzweiflung über das Nichts, in das er geraten ist, befreit zu werden.

Der »aufgeklärte« Zeitgenosse wird mit solchen Betrachtungen allerdings nicht viel anfangen können, denn er ist gewöhnt, seine Probleme dadurch zu lösen, daß er sich von ihnen distanziert, andere beschuldigt und äußere Begleitumstände mit Gewalt zu ändern versucht. Für ihn ist eine Krankheit so etwas wie ein technisches Problem, dessen Lösung lediglich genügend Geld und Wissenschaft erfordert. Und wenn sogar ihr Erreger nachgewiesen ist, so gibt es, wie er meint, nur einen Weg zur Heilung: diesen zu vernichten. Daß er auf diese Weise manch spektakulären Effekt erzielen und seinen Untergang immer wieder hinausschieben kann, ist unbestritten. »Heil« aber wird er dabei nicht. Denn eine Krankheit besteht nicht nur aus den rational erfaßbaren Symptomen, denen man mit »Feuer und Schwert« zu Leibe rücken kann, sondern ist vor allem ein unfaßbares, metaphysisches Ereignis, dem wir mit »Herz und Seele« begegnen müssen.

Wenn wir sie, indem wir nur auf ihre objektiven, allgemeinen Begleitumstände achten, ihrer subjektiven, nur für uns geltenden Merkmale berauben, erkennen wir nicht mehr, daß sie ein warnendes Symbol für unseren inneren Zustand ist und daß all die grauenvollen Gefühle und Vorstellungen, die wir damit verbinden, uns etwas über uns selbst zeigen. Sie sind Bestandteil und Ausdruck unserer inneren Welt. Solange wir diese nicht zu ändern bereit sind, sondern das Böse und Korrupte immer nur außerhalb von uns suchen, wird unsere innere Hydra für jeden abgeschlagenen Kopf sogleich zwei neue aus unserem Inneren herausstrecken, und die gewaltigen Anstrengungen der Menschheit, ihren derzeitigen Prügelknaben, ein unvorstellbar winziges Virus, totzuschlagen, werden nur dazu führen, daß sie sich anschließend einen anderen suchen muß. Denn sie selbst bessert sich ja nicht dabei.

Wenn wir im Sichtbaren krank werden, so sind wir es bereits im Unsichtbaren, und wenn in unserem Bewußtsein kein Platz für das Wunderbare und Überpersönliche ist, so wird unser Leben zu einem kleinlichen, angsterfüllten Dahinvegetieren, das von jeder beliebigen Mikrobe ausgelöscht werden kann.

Diese Gedanken nun aber für eine grundsätzliche Absage an den nüchternen Verstand und eine vernünftige Therapie zu halten, wäre ein Mißverständnis. Es geht für uns, die wir dem Geist unserer technischen Zeit zum Opfer zu fallen drohen, vielmehr darum, zu einem harmonischen Verhältnis zwischen dem Rationalen und dem Irrationalen, zwischen Verstand und Seele zurückzufinden. Technik und Naturwissenschaft sind Repräsentanten der einen Seite unserer Welt. Die andere aber besteht aus dem, was sich nicht in allgemeingültigen und logischen Kategorien, sondern nur vom einzelnen Menschen beim Blick nach innen, also intuitiv, erfassen läßt und seine persönliche, seelische Realität darstellt.

Je mehr wir uns dem Unerklärbaren verschließen oder es zu erklären versuchen, desto unklarer wird alles für uns, und je vehementer wir uns gegen die Wirklichkeit unseres Lebens sträuben, desto größer und brutaler wird die Gewalt, mit der sie in unser Bewußtsein drängt. Erst wenn wir uns ihrem Werben öffnen und auf das hören, was sie uns, jenseits von Verstand und Logik, mitzuteilen hat, können Klarheit und Friede in uns einkehren.

Es ist eine Ironie unserer Zeit, daß ausgerechnet der nüchterne Verstandesmensch sein Leben auf einer Illusion begründet: der Meinung, er könne sich gegen sein Schicksal absichern. Wie naiv diese Hoffnung ist, erfährt er jedesmal, wenn er trotz perfekter Vorsorge und modernster Medizin krank wird. Dann muß er erkennen, daß er zu selbstentfremdet, materialistisch und instinktlos lebt und daß seine Schmerzen und Leiden nur seinen Mangel an Lebensbejahung und Demut gegenüber der Vorsehung ausgleichen. Die Krankheiten, die ihn immer wieder überfallen, sind not-

wendige Phänomene: Sie geben seinem Seelenleben das verlorene Gleichgewicht zurück, indem sie seiner Selbstherrlichkeit und Anmaßung die Erkenntnis seiner Ohnmacht entgegensetzen.

Im Grunde genommen ist jeder von uns – mehr oder weniger unbewußt – ununterbrochen auf der Suche nach der großen, alles umfassenden Wahrheit. Weil wir instinktiv wissen, daß unser Weltbild unwahr, weil unvollständig, ist, hat alles, was aus ihm herausfällt – vor allem die unbeherrschbaren und unverständlichen Krankheiten und Katastrophen – einen besonderen Reiz für uns. Während wir laut nach Hilfe rufen, fühlen wir insgeheim und mit seltsamer Befriedigung in dem schrecklich-wohligen Gruseln, das uns bei der Vorstellung von Krebs, AIDS oder der Atombombe überkommt, das Wirken einer übermächtigen Kraft und unsere Geborgenheit in ihr.

Herakles erkannte, daß es nicht genügt, einer Hydra einfach die Köpfe abzuschlagen. Daß aber die Menschheit einsehen wird, daß Heilung mehr verlangt als Pillen und Operationen, ist unwahrscheinlich. Nur dem einzelnen stehen alle Wege offen. Ihm sind die folgenden Zeilen gewidmet.

»Wenn es dem Esel zu wohl wird, geht er aufs Eis«, sagt das Sprichwort, wenn sich jemand freiwillig in Gefahr begibt und dabei zu Schaden kommt. »Recht geschieht ihm! Warum war er auch so übermütig«, pflegen wir dann beizupflichten, ohne die feine Ironie darin zu bemerken, die besagt: Man muß schon ein rechter Dummkopf sein, um in eine Lage zu geraten, in der man sich »zu wohl« fühlt, denn jedes »Zuviel« bedeutet, ebenso wie jedes »Zuwenig«, daß etwas nicht stimmt; so zeigt auch das Verhalten des bedauernswerten Esels, daß er sich alles andere als wohl fühlt.

Da die Volksweisheit, die bis in die verborgensten Winkel der menschlichen Seele blickt, Wahrheiten von universeller Bedeutung ausspricht, gilt dieses Sprichwort auch für unsere Krankheiten. Dennoch wären wir wahrscheinlich empört, wenn es jemandem einfallen würde, sie mit den Worten: »Wenn ein Dummkopf *zu gesund* ist, wird er krank« zu kommentieren. Denn wir pflegen Hilfe und Mitleid zu erwarten, nicht aber den Hinweis darauf, daß wir unser Mißgeschick unserer eigenen Torheit zu verdanken haben und also dafür irgendwie verantwortlich sind.

Auch der Leser dieser Zeilen wird jetzt wahrscheinlich irritiert fragen, wieso denn alle Kranken »Esel« sein sollen und vielleicht sogar einwenden, daß es doch auch hochintelligente Menschen unter ihnen gibt. Dabei aber wird ihm hoffentlich sogleich klar, daß hier nicht von jener Intelligenz die Rede ist, mit deren Hilfe man zu Ruhm, Erfolg, Macht, Besitz oder Sicherheit kommt, sondern von etwas viel Wichtigerem: jener Klugheit, ja Weisheit, die es uns ermöglicht, ein sinnvolles, erfreuliches und gesundes Leben zu führen. Wir brauchten dazu nur auf unser inneres Wissen, unsere Gefühle, Eingebungen und Erkenntnisse zu achten und uns selbst gegenüber ehrlich zu sein. Doch statt dessen jagen wir flüchtigen Wünschen und törichten Vorstellungen nach, leben Leidenschaften und unwahre Emotionen aus und schwelgen in menschlicher Überheblichkeit. Am schwersten aber wiegt, daß wir immer wieder versuchen, das unbegreifliche und göttliche Geheimnis, das unsere Welt wie ein roter Faden durchzieht, in den Rahmen unseres beschränkten Begriffsvermögens zu pressen.

Während wir meinen, durch Wissenschaft und Aufklärung immer klüger zu werden, werden wir doch in Wirklichkeit immer dümmer und unfähiger zu einem menschenwürdigen Dasein: Wir verlieren den Instinkt für die Notwendigkeiten unseres Körpers, das Gefühl für die Bedürfnisse unserer Seele und die Verbindung zum »Jenseits«, dem unsere Lebenskraft entspringt; wir setzen das Künstliche an die Stelle des Natürlichen, pfuschen in den hochkomplizierten und wunderbaren Zusammenhängen unseres Organismus herum und opfern das »Ist« unserer Lebenswirklichkeit dem »Soll« unserer kleingeistigen Erwartungen.

»Dummheit und Stolz wachsen auf einem Holz«, heißt es, und in der Tat ist es unser Mangel an Demut gegenüber der göttlichen Vorsehung, der uns so unsagbar dumm macht, daß wir nichts Wichtigeres kennen, als unser Leben um jeden Preis zu verlängern, und Krankheiten, Bedrohungen oder Schwierigkeiten so radikal wie möglich aus ihm zu entfernen. Wenn wir uns dann gegen alle nur erdenklichen Risiken abgesichert, unser Leben zu einer oberflächlichen Unterhaltung degradiert und uns vor jeder Schicksalsprüfung gedrückt haben, meinen wir, wir fühlten uns wohl – genauso wie wir uns für gesund halten, wenn wir die Abwehrreaktionen unseres Körpers unterdrückt, die Schmerzen betäubt, die Seele blockiert, künstliche Körperteile eingebaut und jenen Zustand, in dem wir uns tatsächlich und nicht ohne guten Grund befinden, bis zur Unkenntlichkeit verfälscht haben. Welch wahnwitzige Eselei!

Aber nicht nur das – welch grausame Hölle ist ein solch künstlicher und unwahrer Zustand, welche Qualen bereitet ihr Fegefeuer, das in Frustrationen und Depressionen, Sinnlosigkeit und Verzweiflung, Angst und Einsamkeit, Leere und Überdruß besteht!

Ist es unter solchen Umständen verwunderlich, daß unser armes, sich »zu wohl« fühlendes Langohr, einem unwiderstehlichen Drange folgend, so weit aufs Eis rennt, bis es mit Hilfe eines gebrochenen Beines wieder auf den Boden der (allein wahren) Realität findet? Und was bleibt dem »zu gesunden« Menschen (seine »Gesundheit« ist ja nur künstlich und erzwungen), als aus der Tiefe seiner unter diesem Selbstbetrug leidenden Seele heraus eine Krankheit zu erzeugen, die seinem nichtssagenden Leben einen neuen Schwerpunkt gibt, seine Illusionen durch die Wirklichkeit ersetzt und seinem Fühlen, wenn auch durch Schmerzen, wieder Intensität und Echtheit verleiht?

Also bedeutet das Sprichwort: »Wenn ein Mensch so dumm ist, sich in einen Zustand zu manövrieren, in dem er sich nicht mehr wohl fühlt, versucht er, unbewußt wie er ist, sein Wohlbefinden dadurch zurückzugewinnen, daß er eine Situation heraufbeschwört, die ihn durch Leid und Schmerz wachrüttelt und in die Wirklichkeit zurückversetzt. Sie allein kann ihm Wohlbefinden geben, weil in ihr nichts zuviel, sondern alles genau richtig ist.«

Instinktiv weiß er, daß er nur so zum Sinn seines Lebens, dem *WAHREN* und *GÖTTLICHEN*, zurückfinden kann. Zwar haben ihm Logik und Beweis, Wunsch und Vorstellung den Blick dafür getrübt; er verbraucht fast seine gesamte Lebenskraft in dem Versuch, es mit Hilfe von Forschung und Wissenschaft, Erklärung und Manipulation auszulöschen – dennoch bewegt es ihn Tag und Nacht: Es ist das, was seinen Horizont übersteigt und ihm, der es nicht wahrhaben will, so bedrohlich und unheimlich erscheint. Es ist das Unbeschreibliche und Unbegreifliche, das Unvorhersehbare und Unbeherrschbare. Es be-

138

gegnet ihm in seiner unbestimmbaren Zukunft, einem unerwarteten Ereignis, dem Zufall, dem Geheimnis, dem Glück und dem Unglück, dem Leben und dem Tod. Das *GÖTTLICHE* ist die Ursache von allem und läßt sich nicht wirklich aus unserem Leben entfernen. Wenn wir uns seiner nicht mehr in der Lebensfreude und im dankbaren Staunen über die Wunder dieser Schöpfung bewußt werden können, erscheint es uns in jener Gestalt, für die unser abgestumpfter und ewig verneinender Geist noch empfänglich ist: als Krankheit, Katastrophe oder Schicksalsschlag.

Zwar erschrecken und erschüttern uns diese, doch gleichzeitig fühlen wir, daß sich darin etwas Großes, Übermenschliches, dem wir auf Gedeih und Verderb ausgeliefert sind, manifestiert. Dieser Kontakt mit ihm, selbst wenn er auf solch pervertierte Weise erfolgt, bedeutet uns so viel, daß wir ihn suchen, wo immer wir können. So konsumieren wir nicht nur Greuelgeschichten und blutige Sensationen in Fernsehen und Presse, begaffen Unfälle auf der Straße oder genießen im Kino Gewalt und Horror, sondern beschwören dies alles sogar, wenn unser Leben zu steril und »entgöttlicht« geworden ist, auch für uns selbst herauf. Dann gehen wir »aufs Eis«, unternehmen etwas Tollkühnes, ziehen in den Krieg oder legen uns eine Krankheit zu, damit sich alles ändert, damit sich unsere verknechtete Seele wieder erheben kann, damit Schmerzen und Leiden, Angst und Verzweiflung unserer Stimme die Kraft verleihen, »Gott« zurückzurufen.

Mag es auch seltsam klingen – in Wirklichkeit aber ist die Beschäftigung und der Kontakt mit dem Unheimlichen und Grauenvollen, mit Leid und Krankheit, Mord und Totschlag, Unfall und Katastrophe der Gottesdienst des modernen Menschen. Er erfährt darin einen Teil der göttlichen Botschaft: »Du bist nicht Herr dieser Welt, sondern einem Größeren und Mächtigeren untertan. Welchen Namen du ihm auch immer gibst – Gott, Schicksal, Naturgesetz, Zufall, Glück oder Unglück – und wie auch immer du dich dagegen abzusichern versuchst, er ist es, der über dich und dein Leben bestimmt, der dich krank oder gesund werden, dich leben oder sterben läßt.«

Würden wir uns dann nicht immer sogleich voller Trotz abwenden, vernähmen wir noch mehr, nämlich: »Hab Vertrauen in mich. Wer sollte besser wissen, was gut für dich ist, als ich, der ich dich geschaffen habe? Ich bin in dir und du bist ein Teil von mir. Finde zurück zu dir, dann wirst du auch mich finden und wissen, daß alles wohlbestellt ist. Das ist der Friede, den du suchst.« Dann verlören Krankheit und Leid ihren Schrecken und würden für uns zu einem heilbringenden Erlebnis, in dem wir wieder zu uns selbst zurückfänden.

So aber können wir, da wir unsere selbstherrlichen Wünsche und wirklichkeitsfremden Vorstellungen nicht aufgeben wollen, darin immer wieder nur ein Unglück und eine Herausforderung an unser Können sehen. Wir geben der unheimlichen Seuche, die so plötzlich »aus dem Nichts« aufgetaucht ist, schnell einen Namen, damit wir sie wissenschaftlich erklären, kategorisieren, manipulieren und entmystifizieren können. Zwar sagen wir nicht: »Wir müssen endlich herausbekommen, was die Ursache von ›Gott‹ ist und woraus er besteht, damit wir ihn, der mit uns macht, was er will, überwinden können«, sondern: »Wir müssen diese schreckliche Seuche AIDS genau erforschen und den Menschen von ihr befreien.« Im Grunde aber bedeutet es dasselbe, und wenn AIDS eines Tages für uns nur noch eine banale und »heilbare« Krankheit ist und die Attribute des Göttlichen verliert, dann werden wir, wenn wir auch vielleicht am Körper nicht mehr leiden, in der Seele noch ärmer und kränker als zuvor.

Bald darauf aber werden wir eine neue, mysteriöse und »unheilbare« Krankheit erleben – Gott sei Dank! ist man zu sagen versucht. Auch sie wird versuchen, uns wachzurütteln. Vielleicht öffnen wir dann endlich unser Herz für das unbegreifliche Wunder unseres Schicksals und hören auf, mit dem, der es uns gibt, zu hadern. Dann würden wir keinen Grund mehr finden, uns furchtbare Götter namens »AIDS«, »Atom« oder »Krebs« zu erschaffen und zugleich unsere Lebenskraft im verzweifelten Kampf gegen sie zu verschwenden. »Wovor sollte ich mich fürchten?« würden wir fragen, »ist mir doch bewußt, daß in allem, was mir geschieht, ein höherer Sinn waltet und also auch mein Tod, ob man ihn nun Altersschwäche, Schlaganfall, Unfall, Krebs oder AIDS nennen wird, mich dem ›Heil‹, nach dem sich, obwohl ich es nicht begreife, alles in mir sehnt, einen weiteren Schritt näherbringen wird.«

Die Botschaft

Hier und da hört man die Meinung, das Wort AIDS bedeute, weil es an das französische Wort »Aider« – Helfen – erinnere, einen Hilfeschrei der Menschheit und rufe zu einem globalen Feldzug gegen diese Krankheit auf. Diese Auffassung entspringt großer Menschenfreundlichkeit und Hilfsbereitschaft, geht aber, wenn sie sich nur auf Hilfe von außen bezieht, am eigentlichen Sinn von Krankheit und Leid vorbei. Zweifellos benötigen die AIDS-Kranken – und nicht nur sie, sondern alle Kranken – Hilfe. Diese aber müßte, wenn sie nicht nur kurzfristige Erleichterung bewirken, sondern den Menschen aus seinem Leid befreien soll, ganz anders aussehen als das, was man gemeinhin darunter versteht.

Normalerweise wollen wir, wenn wir um Hilfe bitten, etwas Unverdientes, eine Art Geschenk, das uns ein Stärkerer macht. (Es versteht sich von selbst, daß es für ihn ein Gebot der Menschlichkeit ist, sich diesem Hilferuf nicht zu entziehen, wenn dieser ehrlich ist und er tatsächlich helfen kann.) In unserem dringenden Wunsch, aus einer Notlage befreit zu werden, bedenken wir aber nicht, daß jede fremde Hilfe, so angenehm sie zugegebenermaßen ist, eine Gefahr für unsere Lebensfähigkeit und unser inneres Wachstum darstellt. Denn indem sie uns von den schmerzlichen Konsequenzen unseres Fehltrittes freistellt, nimmt sie ihm seinen erziehenden und geistig erweiternden Sinn. Wir meinen, uns sei geholfen, wenn uns jemand die Mühsal, unter der wir zu leiden haben, von den Schultern nimmt. Aber ist es nicht so?: Kaum sind wir von den selbstverschuldeten Schmerzen erlöst, atmen wir auf und machen genauso weiter wie bisher.

Dieser Mentalität entspricht übrigens auch die Vorstellung des Durchschnittschristen von einem Gott, der an seiner Stelle leidet und stirbt. Bequem und verantwortungslos wie wir sind, ziehen wir es vor, einem anderen unser Leiden aufzubürden und

141

kommen nicht auf die Idee, daß Christus ein Vorbild, ein Symbol für uns ist, und daß also auch wir für die »Sünden der Welt« (die in Wirklichkeit unsere eigenen sind) »büßen« und unser »Kreuz« auf uns nehmen müssen. *Dieses bedeutet aber keineswegs jene gräßliche Folter*, die der selbstentfremdete »Christ« darin sieht, *sondern die reinste aller Freuden*. Das »Kreuz auf sich nehmen« heißt, seine Bestimmung zu erfüllen, sich selbst zu verwirklichen, auf die innere Stimme zu hören, die Sehnsucht seines Herzens zu befriedigen. Es wird zur erdrückenden Last, wenn wir uns dagegen sträuben (obwohl wir selbst es uns – natürlich unbewußt – aufladen) oder zur faszinierenden, erhebenden Aufgabe, wenn wir es bereitwillig und mit offenen Sinnen auf uns nehmen. Von uns selbst hängt es ab, ob der Weg unseres Lebens in das große Abenteuer führt, in dem wir Bewährung, Freiheit und Freude finden, oder eine elende Leidensetappe bleibt.

So verstanden, ist das Wort »AIDS« eine *Botschaft an alle Kranken und Leidenden*: Hilf dir endlich selbst, suche deinen inneren Frieden, deine Bestimmung, deine Wahrheit, gib deinem Leben wieder einen Sinn und einen Wert, der über die kleinen und vergänglichen Vergnügungen hinausreicht, der aus dir einen aufrechten, freien und selbstverantwortlichen Menschen macht. Du bist es, der die Initiative dazu ergreifen muß, du allein kannst dich aus der Sinnlosigkeit deines Lebens ziehen, denn nur du kannst wissen, was dir fehlt und was du brauchst. Und wenn du jene Hilfestellungen, die dir die Welt und die Menschen so freundschaftlich anbieten, dazu benützt, an dir zu arbeiten, dann werden sie dir zum Segen und zu wirklicher Hilfe.

Helfen

Sehr geehrter Herr . . .,
»Wie kann man Menschen, die sich der befreienden Auseinandersetzung mit der Wahrheit verschließen, helfen, sich ihr zu öffnen, bevor das Leiden dies gewaltsam tut? Auch im Leiden bleiben viele Menschen verschlossen – wie ist ihnen zu helfen?« fragen Sie und drücken mit dieser Formulierung eine Erfahrung aus, die jeder, der bewußt anderen zu helfen versucht, immer wieder macht.

Es ist eine eigenartige Situation: Jemand scheint Hilfe zu benötigen oder bittet sogar darum. Doch wenn wir ihm dann mit Rat und Tat beistehen, müssen wir feststellen, daß er nicht darauf hört und alle Mühe, die wir uns geben, durch uneinsichtiges Verhalten zunichte macht. Wie von einer magischen Kraft angezogen, rennt er allen Warnungen zum Trotz weiter in sein Verderben und hält unbeirrt an jenen Gewohnheiten fest, die ihn ins Unglück gebracht haben. »Er will gar keine Hilfe« oder »Er verdient es nicht, daß man ihm hilft«, sagen wir dann enttäuscht, weil wir ihn nicht verstehen können. Eine Enttäuschung aber bedeutet immer, daß wir von einer Täuschung befreit wurden. Diese besteht in der Annahme, daß alle Menschen dasselbe wollen wie wir selbst. Tatsächlich aber besitzt jeder von uns eine andere psychische Struktur, andere Bedürfnisse und ein anderes Lebensgefühl. Jedem ist ein eigener Lebensweg vorgeschrieben, jeder muß seine persönlichen Prüfungen durchlaufen.

Zudem kann man auf sehr unterschiedliche Weise helfen: indem man jemanden aus einer unmittelbaren Gefahr rettet; indem man ihm mit Rat und Tat bei einem Vorhaben, das für ihn allein zu schwer wäre, beisteht; indem man, wenn ihm die nötige Einsicht fehlt, über seinen Kopf hinweg Schaden von ihm abwendet. Solange ein Mensch sich noch im unreifen Zustand eines Kindes befindet, ist es die Aufgabe der Reiferen und Erwachseneren, ihm in dieser Weise zu helfen. Irgendwann jedoch muß jeder lernen, eigenständig und ohne fremde Hilfe zu leben, und dann kann eine unbedachte, voreilige Hilfe schaden, weil sie ihn dabei hindert, lebenstüchtig und erfahren zu werden.

So besteht die Verantwortung des Stärkeren gegenüber dem Schwächeren nicht nur darin, ihm in echter Not beizustehen, sondern vor allem, ihn eine schwierige Situation aus eigener Kraft durchleben zu lassen. Wie soll er sonst stark werden? Dies aber will der Starke meist – natürlich unbewußt – verhindern; durch seine bereitwillige Hilfe macht er den Schwachen abhängig und bestätigt sich selbst in seiner Stärke.

Oft hilft man jemandem damit am meisten, daß man ihm nicht zu Hilfe kommt. Dazu ist man allerdings nur dann in der Lage, wenn man auch selbst grundsätzlich bereit ist, auf fremde Hilfe zu verzichten und die Suppe, die man sich eingebrockt hat, auszulöffeln.

Es gilt hier, genau zwischen den beiden Schichten zu unterscheiden, aus denen der Mensch besteht. Während er in der Tiefe seiner Seele nach dem Höheren und Wahren strebt, will er in seiner oberflächlichen Schicht meist nur Trostpflaster und Erleichterungen, um sein korruptes Leben weiterführen zu können, das in der zwanghaften Befriedigung allerlei unwichtiger und unechter Bedürfnisse und der Verdrängung jener Probleme, an denen er stark und bewußt werden könnte, besteht. Oberflächlich ist er dankbar für die »Hilfe«, die ihm noch einmal Betäubung und Fristaufschub bringt, innerlich aber sträubt er sich dagegen, weil sie ihn nur noch tiefer in Selbstentfremdung und Lebensuntüchtigkeit bringt.

So stellt sich nicht nur die Frage, ob man jemandem etwas Gutes tut, wenn man ihm hilft, die Konsequenzen seines ihn ruinierenden Lebens zu vertuschen, sondern vor allem, warum man es tut. Es ist ja eine Tatsache, daß wir es nicht lassen können, immer wieder jemandem aus der Patsche zu »helfen«, obwohl wir wissen, daß er dadurch nur in seiner bisherigen verderblichen Lebensweise bestärkt wird. Bei der Suche nach einer ehrlichen Antwort darauf gelangen wir genau dorthin, wovon Sie sprechen und wozu Sie anderen verhelfen wollen – in die befreiende Auseinandersetzung mit der Wahrheit – und sehen ein, wie weit wir selbst von ihr entfernt sind.

Allein die Wahrheit ist es ja, die unser Leben wertvoll und erfreulich macht. Da sie für uns aber normalerweise nur ein schönes Wort oder ein überpersönliches Ideal ist, erkennen wir nicht, daß sie die Wirklichkeit unseres Lebens darstellt und sich in jeder noch so kleinen Alltäglichkeit manifestiert. Daher fällt uns kaum auf, wie oft wir sie verraten: in jeder Selbstlüge, jeder Verdrängung, jedem Ausweichen; immer wenn wir, um momentaner Erleichterungen willen, unsere Gefühle, Wahrnehmungen und Erkenntnisse ignorieren und unsere innere Stimme überhören.

»Hilf dir selbst, dann hilft dir Gott!« sagt das Sprichwort, und in der Tat zeigt sich immer wieder, daß wir eigentlich niemandem wirklich helfen, indem wir in sein Leben eingreifen oder ihm dabei behilflich sind, den Folgen einer Verfehlung zu entgehen. Der Rauschgiftsüchtige ist dankbar, wenn Sie ihm seine Droge geben. Aber – ist ihm damit geholfen? Für den Arzt ist diese Situation besonders deutlich und be drängend. Die Kranken suchen Hilfe in der Not. Sie meinen, ihre Krankheit sei eine Art Panne, die man wie in der Autowerkstatt einfach reparieren könne, und die moderne, allopathisch ausgerichtete Medizin erweckt ja auch den Anschein, als sei dies möglich, indem sie ihnen die Empfindungsfähigkeit für ihren Zustand nimmt oder jene Erscheinungen, in denen das Krankhafte eine sichtbare Folge angenommen hat, verfälscht oder wegschneidet. In seiner oberflächlichen Schicht ist der Kranke zwar mit dieser »Hilfe« zufrieden, denn so kann er sein unheilvolles Leben ungehindert fortführen. Aus tieferen Schichten aber beschwört er gerade deshalb nach kurzer Zeit eine neue, oft schwerere Krankheit herauf und zeigt dem Arzt, wie nutzlos sein Einsatz war.

Wirklich zu helfen wäre einem Kranken erst dann, wenn er beginnen würde, die Verantwortung für sich zu übernehmen und sich einzugestehen, daß seine Krankheit nicht nur in irgendwelchen Körperveränderungen besteht, sondern seiner eigenen unwahrhaftigen oder lebensverneinenden Einstellung entsprungen ist, die ihn veranlaßt, die großen Werte seines Lebens den kleinen Vorteilen und Bequemlichkeiten zu opfern, sich Lügen oder bösartigen Emotionen hinzugeben und Körper und Seele das vorzuenthalten, was sie brauchen. Wollte er wirkliches Wohlbefinden und Gesundheit, so müßte er grundsätzlich bereit sein, dafür alles, was ihn vergiftet und krank macht, aufzugeben. Wer aber ist dazu bereit?

So schreien wir nach Hilfe, wenn es uns weh tut, wenn wir in Not geraten, wenn wir Probleme haben, wenn unser Besitz, unser Ansehen, unsere Gesundheit oder unser Leben in Gefahr sind, und wollen nur, daß das Rad des Lebens zurückgedreht und wir von den Folgen unseres krankmachenden und unwahrhaftigen Fühlens, Denkens und Handelns befreit werden. Wir schließen die Augen, lenken uns ab, betäuben und belügen uns selbst und unsere Umwelt.

Mit Recht fragen Sie, wie man unter solchen Umständen jemandem helfen könne. Da Sie offensichtlich nicht die kleinen, wohlfeilen Erleichterungen und Flickschustereien meinen, lautet die Antwort: *Es geht nicht.* Man kann niemandem vorsätzlich und eigenmächtig helfen, der nicht selbst bis in die letzte Konsequenz an sich zu arbeiten bereit ist. Jeder muß sich selbst helfen, jeder muß seinen Weg gehen, einsam und aufrecht, und die volle Wahrheit über sich suchen. Wenn Ihnen dies gelingt, helfen Sie gleichzeitig jedem, der wirklich Hilfe sucht, denn dabei werden Sie zum Symbol der Hoffnung, zum segensreichen Werkzeug der Vorsehung, zum Denkanstoß, zum Vorbild oder zur Quelle der Erkenntnis. Trinke daraus, wer will!

Die Tatsache, daß das Helfen heutzutage so stark professionalisiert und organisiert ist, zeigt, wie groß die Hilfsbedürftigkeit, wie gering aber die Bereitschaft zu Selbstverantwortung und eigenem Einsatz ist. Wäre jeder bereit, sich selbst zu helfen, würde jeder an seinen eigenen Schwächen und Fehlern arbeiten, statt sie bei anderen zu verfolgen, dann fiele es ihm nicht ein, seine Mitmenschen zur Hilfe zu verpflichten.

Statt sich um eine gesunde und erfreuliche Lebensführung zu bemühen, verlangt der heutige Mensch in steigendem Maße nach Drogen, Alkohol, Tabak, Fernsehen oder Ablenkung. Er ruiniert seinen Körper, vernachlässigt seine seelischen Bedürfnisse und ersetzt die Suche nach einem Lebenssinn durch immer hohlere, sinnlosere Beschäftigungen. Daß er in seinem Beruf, seiner Ehe, seiner Gesellschaftsposition, seiner Wohnung, seinem Image und seinem grandiosen Selbstbetrug immer kränker wird, weiß und fühlt er. Aber zieht er eine Konsequenz daraus? Nein – er schreit »Hilfe!« und will eine Medizin, die es ihm ermöglicht, sich zu betäuben, und ruft nach Helfern, die ihm die Zeche bezahlen. Und tatsächlich mangelt es in unserer Gesellschaft, die aus Menschen wie ihm besteht, nicht daran.

Zugegeben – es tut gut, sich als Retter in der Not zu fühlen und Dank dafür zu ernten. Es ist angenehm, seine Umwelt so zu verändern, daß sie einen nicht mehr an die eigenen Fehler erinnern kann. Es ist edel, lobenswert und vorteilhaft, anderen zu helfen. Ob er dabei aber der Wahrheit dient, um deretwillen er dieses Leben bekommen hat, muß jeder »Helfer« für sich selbst herausfinden.

Der innere Friede

Warum, liebe Leserin oder lieber Leser, liest du eigentlich ein Buch wie dieses? Suchst du etwas? Laß mich gleich die Antwort geben, denn wahrscheinlich ist es das, was wir alle suchen: der innere Friede. Er ist es ja, der uns verlorengegangen ist, wenn wir leiden.»Friede«, sagst du,»ja, das wäre himmlisch – aber wo gibt es ihn denn?« und denkst dabei vielleicht an das, was man in unserer friedlosen Zeit und zerstrittenen Welt dafür hält. Aber Friede besteht nicht darin, daß zwei feindliche Parteien eine Ruhepause vereinbaren, um sich für den nächsten Angriff zu erholen. Nein, er hat etwas mit Harmonie, mit Aufeinanderzugehen, mit Zusammenpassen zu tun. Wie selten erleben wir das in unserem gehetzten Leben, in dem wir um unser Dasein kämpfen und unsere Rechte verteidigen müssen. Wie selten gibt es Übereinstimmung, Ausgleich und Bereitwilligkeit! Wie recht hast du, wenn du fragst, wie man in dieser Welt so etwas erleben soll, und gleich den»bösen Nachbarn« zitierst, der dich nicht in Frieden leben läßt. Und doch suchst du weiter.

Du kennst den Frieden ja: Wenn ein Vogel sich seinem Lied hingibt, wenn auf der duftenden Wiese die Schmetterlinge tanzen, wenn der Morgen mit seinem zarten Rosa heraufsteigt, wenn der Abend sich in glühendem Rot über Berge und Wälder legt oder den kleinen Baum in deinem Vorgarten vergoldet, wenn dein Herz von Stille und Weite erfüllt ist, wenn sich deine Gedanken in den Himmel erheben und an die Unendlichkeit rühren oder wenn du siehst, daß deine Arbeit wohlgelungen und dein Einsatz nicht umsonst gewesen ist. Die Welt um dich herum tobt und zerreißt sich, doch dich berührt es nicht, wenn Friede in dir herrscht.

Wie oft aber konntest du ihn nicht finden, weil du vergessen hattest, wo du suchen mußt: in dir, nur in dir und nirgendwo sonst. Er bedeutet, daß du mit dir selbst Frieden geschlossen hast, daß du dich mit allem, was du an dir ablehnst und was dich entzweit, ausgesöhnt hast. Friede bedeutet, daß du den nutzlosen Kampf deiner eigenen Widersprüche beendet und ein Niveau des Verstehens gefunden hast, das über den kleinlichen Konflikten dieser Welt liegt.

Solange du dich mit jenen Maßstäben mißt, die deiner zerstrittenen und sich bekämpfenden Umwelt entsprechen, kannst du nur ihren Unfrieden in dich hereintragen. Sie ist das Beispiel dafür, wie es nicht sein darf, wenn du Frieden willst. In ihr regiert das Faustrecht: Auge um Auge, Zahn um Zahn. In ihr wird unterdrückt und zerstört, gesiegt und verloren. Das alles mag unter bestimmten Aspekten richtig sein, mit Frieden jedoch hat es nichts zu tun.

Du kommst aus einer göttlichen Dimension und wirst in sie zurückgehen. Der »himmlische Friede« ruht als eine verschüttete Erinnerung in dir und will wieder freigelegt werden. Täglich kannst du erkennen, daß, solange du an diesem wüsten Treiben um dich herum teilnimmst, auch in dir nur Konflikte und Unfrieden herrschen können: Deine Vorstellungen üben Zwang auf dich aus, deine Ideale stürzen dich in einen Zwiespalt mit der Realität, deine Wünsche machen dich unglücklich, deine Moral läßt dich fanatisch und deine Liebe eifersüchtig werden, deine Hilfsbereitschaft ist verlogen, weil sie deinen scheußlichen Schuldgefühlen entspringt... Soll ich fortfahren?

Und dieses Gegenteil des himmlischen Friedens befindet sich nicht außerhalb von dir, so daß du dich einfach abwenden und es ignorieren könntest, sondern du bist es, der es aus sich selbst heraus entstehen und dafür auch noch eine einleuchtende Erklärung findet. Dagegen ist nichts einzuwenden, aber dann steh auch dazu! Laß dir die Zähne einschlagen, dich berauben und betrügen, wehr dich, so gut du kannst, schlag zurück und erfreue dich am Untergang deines Feindes, schließe Verträge ab, von denen du weißt, daß sie im Zweifelsfalle gebrochen werden, geh vor Gericht und versuche, alles zu deinem Vorteil zu verdrehen. Aber sprich nicht von Frieden und, vor allem, beschwer dich nicht darüber, daß er dir fehlt.

Du könntest ihn jederzeit haben, jetzt, sofort, in diesem Augenblick. Was macht dich gerade unglücklich? Womit bist du unzufrieden? Was hättest du gern, was du nicht hast, oder wie wärst du gern, wie du nicht bist? Sieh doch: Du stehst in einem

148

Kampf mit der Wirklichkeit deines Lebens! Jetzt, in diesem Moment, bietet es dir nun einmal »nur« das, was du hast. Wenn du dich damit zufrieden gibst, kehrt der Friede in dich ein. Du aber willst ihn gar nicht. Du stellst Bedingungen und Forderungen. Du rennst mit dem Kopf gegen die Wand und beschwerst dich dann darüber, daß es weh tut.

Überlege einmal, was die Realität, die dir so wenig paßt, bedeutet. Ist sie ein Zufall, ein Unfug, ein Witz, sinnlos und mißraten? Oder steckt doch etwas Höheres dahinter? Irgendein Geheimnis gibt es da doch, eine Bedeutung, einen Sinn. Keiner von uns kennt ihn, doch das ist nebensächlich, denn wir könnten ihn ohnehin nicht begreifen. Wichtig ist aber, daß wir uns eingestehen, daß es ihn überhaupt gibt. Er hat so viele Gesichter, so viele Erscheinungen, er wandelt sich so häufig wie die Situationen unseres Lebens, hat niedrige und hohe Ebenen, kann sich auf unseren heutigen Arbeitstag beziehen oder auf das, was nach unserem Tode sein wird.

Unsere Weltsicht, unsere Urteile und Gedanken, unsere Weisheit und Genialität sind nur schwache Lämpchen und ungeeignet, all das, was wir wahrnehmen, erleben oder erleiden, zu durchleuchten und verständlich zu machen. Gib deinen kleinlichen Standpunkt, deine klugen und überzeugten Meinungen auf! Nimm das Leben, wie du es bekamst, nimm dich, wie du geschaffen wurdest! Dann hört der Kampf, die Unzufriedenheit, der Zorn oder die Traurigkeit auf, dann paßt auf einmal alles zusammen. Dann gehst du Hand in Hand mit deinem Schicksal, das dich auf diesen seltsamen und unerwarteten Wegen führt; dann hörst du auf, es zu bekämpfen wie einen Feind und stellst dich an seine Seite, um zusammen mit ihm das große Werk deines Lebens zu vollbringen.

Du hast immer die Chance, glücklich zu sein. Gib das auf, was dich unglücklich und unzufrieden macht – den Haß und den Neid, die Eifersucht und die Enttäuschung, die Gier und den Verzicht, die Selbstbeschuldigung und das Selbstmitleid, die Trauer, die Sorge, die Unzufriedenheit,das Klagen und das Jammern. Nicht gleich für alle Zeiten – nein, nur für jetzt und heute. Denn heute willst du ja glücklich sein. Was morgen sein wird, ist in diesem Augenblick für dich eine nichtssagende Fantasie. Es wird sich herausstellen, wenn es soweit ist. Wenn du aber bis dahin einen zufriedenen Augenblick an den anderen gereiht hast, kann dir dein Morgen auch wieder nur den inneren Frieden bescheren.

Selbstanklagen

Sehr geehrte Frau...,
ich habe lange nachgedacht, um herauszufinden, worin Ihr Problem besteht. Eigentlich ist es kaum möglich, einem Menschen gerecht zu werden, wenn man keinen unmittelbaren Kontakt zu ihm hat. Ein Brief kann, wie alle Medien, nur einen kleinen Teil dessen übermitteln, was ein lebendiger Mensch darstellt und meint. Wenn man aus ihm auch einen gewissen Teileindruck bekommt, so füllt man doch, um ein vollständiges Bild zu bekommen, den Rest mit eigenen Vorstellungen und Ansichten aus. Der Betroffene aber, mit dem wir unser Bild zu identifizieren pflegen, wehrt sich, oft zu Recht, dagegen, weil er sich mißverstanden fühlt.

Er kann darin allerdings auch unrecht haben, denn wegen unserer Gewohnheit, unangenehme Selbsterkenntnisse zu verdrängen, ist uns weniger von uns selbst bewußt, als wir tatsächlich wissen. Das ist ein sinnvoller Selbstschutz, wenn eine Erkenntnis uns psychisch überfordern würde. Wenn wir uns aber nur aus Bequemlichkeit vor ihr drücken, werden wir unzufrieden und unglücklich, weil wir fühlen, daß wir eine Chance, stärker und freier zu werden, verschenkt haben. Diese Unzufriedenheit hält uns dann in einer ständigen inneren Unruhe und drängt uns zur Selbstehrlichkeit – entweder in Form einer bewußten Suche oder mit Hilfe von unbewußt heraufbeschworenen Katastrophen.

Als Außenstehender kann man nur schwer beurteilen, ob jemand eine bestimmte »Wahrheit« über sich aus Selbstschutz ignoriert oder aus Bequemlichkeit in die Selbstlüge flieht. So bleibt nur die Möglichkeit, sie ihm freilassend anzubieten und nicht zu vergessen, daß alle Erkenntnisse relativ sind und immer nur unserer eigenen seelischen Wirklichkeit entsprechen.

Unter diesem Vorbehalt will ich versuchen, zu Ihren Aussagen Stellung zu nehmen. Die wichtigsten Mitteilungen pflegen ja zwischen den Zeilen zu stehen, wogegen die benützten Worte häufig gerade das, was man eigentlich mitteilen will, verschleiern. Wenn Sie leibhaftig vor mir säßen, würden mir Ihr Aussehen, Ihr Gehabe, Ihre Bewegungen, Ihre Kleidung, Ihre Stimme, Ihre Augen oder Ihre Ausstrahlung mehr über Sie sagen, als alle wohlgewählten Worte. Meine Antwort ist also an jenes Phantom gerichtet, das aus Ihren Zeilen vor meinem inneren Auge aufgestiegen ist. Da die Problematik, die Sie schildern, jedoch ausgesprochen häufig, ja fast schon allgemein ist, hoffe ich, daß Sie etwas damit anfangen können.

Ein weiteres Problem liegt darin, daß Worte nur eine von vielen Möglichkeiten sind, um einen Menschen anzurühren und ihm etwas zu sagen. Oft geht es besser und direkter durch unser unausgesprochenes »Sein«, das sich unmittelbar verstehen läßt. Jeder von uns ist eine wandelnde Botschaft, eine Wahrheit, ein Buch, ein Bild, eine Idee, ein Kunstwerk – also etwas, das den Menschen in einer tieferen Schicht ergreifen und erfreuen kann. Allerdings gelingt es uns nur selten, zu einem der unzähligen Kunstwerke, die neben uns leben und uns fortwährend seelisch berühren, einen Kontakt herzustellen und damit auch den Zugang zu unserem eigenen Inneren zu öffnen. Oft können wir das besser mit Hilfe eines künstlerischen Werkes.

Daher möchte ich Sie zu irgendeiner künstlerischen Tätigkeit wie Malen, Schreiben, Musizieren, Basteln oder Gestalten anregen. Das würde Sie bereichern und aufleben lassen. Die Kunst entwickelt und erhält uns eine lebenswichtige Fähigkeit: uns auszudrücken, unseren Gefühlen und Wahrnehmungen eine bewußte Form zu geben und damit gleichzeitig unsere Verbindung zum Irrationalen und Transzendenten, dem all unsere Lebenskraft und -freude entspringt, zu vertiefen. Aber vermeiden Sie dabei jeden Ehrgeiz, denn wir müssen alles, vor allem die Kunst, um seiner selbst und unseres inneren Glückes willen ausüben, das wie ein geheimes Instrument in uns liegt und nur unter unserer eigenen liebevollen Berührung erklingen kann.

Sie schreiben: *»Ich bin unzufrieden, obwohl ich mich so sehr um Zufriedenheit und inneren Frieden bemühe. Als ich jung war, konnte ich mich noch an der Gegenwart erfreuen, und vor allen Dingen sah ich voller Zuversicht und Neugier in die Zukunft. Diese Fähigkeit habe ich ganz verloren.«* Bei diesen Worten fragt man sich unwillkürlich: Wie konnte es soweit kommen? Ihre Erklärung lautet: »*Bis vor zwei Jahren war ich berufstätig und wurde vorzeitig pensioniert. Diese jahrzehntelange Doppelbelastung (Beruf, Haushalt, Kind) hat mich wanrscheinlich an den Rand des Zusammenbruchs gebracht, denn ich war schon immer schwächlich, aber zäh, und neigte zum Perfektionismus. Dadurch entstand Verbitterung: weil ich überlastet war und weil ich meine Pflichten, wenn überhaupt, nur noch mit zusammengebissenen Zähnen erfüllen konnte. Dann kamen Versagens- und andere Ängste. Seitdem ist die Existenzangst, unter der mein Mann schon immer gelitten hat, auch auf mich übergegangen.*«

Angst entsteht immer, wenn wir uns innerlich gegen etwas sträuben, von dem wir annehmen, daß es uns unangenehm sein werde. Da wir aber die Zukunft niemals sicher voraussehen können und also nicht wissen, ob das Gefürchtete tatsächlich eintreten oder wirklich so fürchterlich sein wird, bedeutet sie eine doppelte Unwahrheit. Wenn sie so tief in unserem Denken verwurzelt ist, daß wir sie mit vernünftigen Worten und Gedanken nicht mehr überwinden können, bleibt uns nur die Möglichkeit, uns dem Befürchteten unmittelbar auszusetzen. Indem wir dann die Angst in der Wirklichkeit durchleben, haben wir die Chance zu erkennen, welch Hirngespinst sie ist, und werden frei von ihr.

Man kann Angst auch als Folge einer Gefühlsstarre bezeichnen, einer Unfähigkeit, auf die Realität des Lebens spontan und angemessen zu reagieren, wie man zum Beispiel einer plötzlichen Gefahr, ohne zu überlegen oder Angst zu entwickeln, blitzschnell ausweicht. Wer es verlernt hat, seine Gefühle unmittelbar wahrzunehmen, und sie statt dessen immer erst durch den Filter seiner Vorstellungen, Ideale, Wünsche oder seiner Moral schickt, beschwört automatisch die Angst vor Verlust, Verfehlung oder Verurteilung herauf. Sie kann sich erst dann wieder auflösen, wenn er grundsätzlich und ohne Vorbehalt bereit ist anzunehmen, was ihm das Leben schickt, und hinzugeben, was es ihm abverlangt.

Wenn Sie unter diesem Aspekt Ihre Biographie untersuchen, werden Sie feststellen, daß es immer solch verkrampfte Haltungen wie Ehrgeiz, Perfektionismus, Pflichtgefühl oder Stolz waren, die Sie unfähig gemacht haben, Ihr Leben und sich selbst

153

so zu nehmen, wie es von jener Kraft, die wir Schöpfer nennen, geschaffen wurde und gewollt wird, und Freude daraus zu beziehen. Ihre Bemerkung: *»Ich möchte ein Segen sein und keine Belastung«* unterstreicht dies. Aber gerade die Tatsache, daß Sie anders (und natürlich idealer) sein wollen, als Sie tatsächlich sind, macht Sie zur Belastung – nicht nur für Ihre Umwelt, sondern vor allem für sich selbst. Denn dadurch beschwören Sie einen Konflikt mit der Realität herauf, die sich Ihnen zuliebe ja nicht ändert.

An anderer Stelle heißt es: *»Ich bin nicht unzufrieden mit meinem Leben und meiner Ehe, sondern mit mir, weil ich das Gefühl habe, versagt zu haben.«* Unzufriedenheit ist immer die Folge unrealisierbarer Wünsche. Sie beschweren sich aber nicht nur darüber, daß Sie das »falsch« Gewünschte nicht erreicht haben, sondern machen sich deswegen sogar noch Vorwürfe, indem Sie von Versagen sprechen. Solche Selbstanklagen sind ein weitverbreitetes Laster, weil sie große Vorteile mit sich bringen: Einerseits nimmt man, indem man sich selbst beschuldigt, seinen Anklägern den Wind aus den Segeln, und andererseits erregt man damit Mitleid. Dies bezieht sich nicht nur auf die Umwelt, die man damit unter Gefühlsdruck setzt, sondern vor allem auf einen selbst, da man ja sein eigener Ankläger ist und sich selbst am meisten bemitleidet. So sind Sie bewundernswürdig und bedauernswert zugleich, da Sie trotz übermenschlichem und selbstlosem Einsatz »versagt« haben. Man sollte sich aber darüber klar werden, daß hinter der Versagenstheorie eine gehörige Portion Überheblichkeit steckt, denn eigentlich behauptet man damit, daß man, bei richtigem Einsatz oder Willen, durchaus in der Lage gewesen wäre, dem Ablauf des Weltgeschehens (dessen Teil man ist) eine andere Richtung zu geben, daß man also Schöpfer und nicht Geschöpf ist.

Ich weiß, daß solche Worte hart und ungerecht klingen können. Ich weiß aber auch, daß es für uns, die wir so unbewußt dahinleben, nichts Heilsameres gibt als die Ehrlichkeit sich selbst gegenüber. Wer sich um sie bemüht, kann dorthin vorstoßen, wo sein Übel wurzelt und seine Lebenskraft blockiert ist. Gibt es eine schwerere Last als Selbstlüge und Unwahrhaftigkeit? Aber wer hat schon den Mut und die Kraft, sie abzuwerfen – zumal sie mit jedem Tag unseres Lebens an Gewicht zunehmen. Lieber gehen wir jahrzehntelang mit einem unentwirrbaren System von Rechtfertigungen und Selbstbeschuldigungen hausieren, als uns den wahren Grund unserer Misere einzugestehen. Dies würde uns nämlich zwingen, unser liebgewonnenes Selbstbildnis, unsere Ideale, unseren Glauben, unsere Liebe und woran wir uns sonst noch klammern, in Frage zu stellen und vielleicht zu korrigieren.

Hierzu gehören auch unsere Selbstanklagen. Auch sie sind unwahr und entstammen unserer kleinlichen, oberflächlichen und unselbständigen Lebenseinstellung. Wenn wir dagegen bedenken würden, daß wir uns nicht selbst geschaffen haben, sondern nur mit genau diesen, angeblich schlechten Eigenschaften unsere Aufgabe im Weltgeschehen erfüllen können, würden wir uns darüber nicht grämen und die Verantwortung dafür an den zurückgeben, der allein sie tragen kann.

Wir befinden uns in einem geheimnisvollen Wachstumsprozeß, der uns durch die Höhen und Tiefen menschlichen Lebens und Erlebens führt und unser »Heil« zum Ziel hat. Wachstum aber zeichnet sich gerade dadurch aus, daß der jeweils letzte und aktuellste Entwicklungsstand, gegenüber allen früheren, immer der beste und weitestfortgeschrittene ist. Daher können wir niemals besser sein, als wir tatsächlich im jeweiligen Augenblick sind.

Versagensgefühle sind eigentlich die Folge eines Mißverständnisses. Sie entspringen dem Erlebnis des Kindes, daß seine Bezugspersonen es nach ihrem eigenen Bilde zu formen versuchen und ihm ein Verhalten abverlangen, das ihm *von Natur aus* widerstrebt. Das Kind versucht, den Forderungen seiner Eltern oder Erzieher zu entsprechen, da es fühlt, daß davon sein Überleben abhängt. Fatalerweise aber weiß es gleichzeitig, daß es niemals ihre Erwartungen und Vorstellungen perfekt erfüllen kann *und also immer Fehler machen wird.* Die Erfahrung, dafür schuldig gesprochen und bestraft zu werden, prägt sich ihm tief ein und veranlaßt es schließlich, sich bei entsprechender Gelegenheit jene Vorwürfe, die es üblicherweise zu hören bekommt, selbst zu machen.

So meinen Sie nun, versagt zu haben und geben sich unglücklichen Stimmungen hin, statt sich einzugestehen, daß *jeder von uns so gut handelt, wie es ihm tatsächlich und unter Berücksichti-*

gung aller ihn bedingenden Umstände möglich ist, und daß nicht Sie den Lauf Ihres Lebens bestimmen, sondern eine höhere Instanz darüber entscheidet, was Sie erreichen können und was nicht. Diese Einsicht würde Sie jene »frohe Demut« finden lassen, die Sie mit Ihrem Schicksal aussöhnt.

Das bedeutet allerdings nicht, daß man sich fatalistisch und willenlos treiben lassen sollte. Ohne Zweifel ist es nötig, sich mit all seiner Kraft für ein erstrebenswertes Ziel einzusetzen; wir dürfen uns dabei nur nicht auf irgendeinen Erfolg versteifen, sondern müssen stets bereit sein, davon abzulassen, wenn wir feststellen, daß uns das Schicksal in eine andere Richtung führen will. Der Sinn unseres Lebens liegt nicht darin, etwas Bestimmtes zu erreichen, sondern die angeborenen Anlagen zu verwirklichen, menschliche Qualitäten zu entwickeln und zur Wahrheit zu finden. Dafür aber ist alles, was uns begegnet – Gutes wie Böses, Erfolg wie Mißerfolg – geeignet. Unsere eigentliche Bestimmung ist transzendenter Natur. Wir kommen ihr um so näher, je weiter wir unsere kleinen, irdischen Ziele verfehlen.

Neben Ihrer Bereitschaft, Versagens- und Schuldgefühle zu entwickeln, steckt noch eine andere Tendenz in Ihnen: Ihr starker Wille, der es Ihnen so schwer macht, ein einmal ins Auge gefaßtes Ziel aufzugeben. Menschen wie Sie neigen dazu, lieber zugrunde zu gehen, als sich einzugestehen, daß der Brocken, den sie hinunterzuwürgen versuchen, größer als ihr Schlund ist. Wir alle tragen solche widersprüchlichen Anlagen in uns. Sie gleichen einer Kollektion verschiedenfarbiger Mosaiksteine, die mit Sinn und Gefühl zu einem einzigartigen Kunstwerk, nämlich unserem Leben, zusammengefügt werden sollen. Wir müssen fortwährend um unsere innere Einheit ringen und dabei die Gegensätzlichkeit dieser Welt, die wir so schmerzlich in uns selbst erfahren, unter einem höheren Aspekt zu vereinen suchen, damit sie uns nicht innerlich zerreißt.

Daher sollten Sie nicht bei Ihrer Aussage: *»In stillen Stunden 1abe ich versucht, meinen Charakter zu ergründen. Das Ergebnis ıst für mich beängstigend, da ich nur aus Widersprüchen zu bestehen scheine«* stehenbleiben, sondern nach den positiven Seiten dieser Widersprüche suchen, damit Sie ihren Wert erkennen und mit ihnen umgehen können. Alles hat seinen Sinn: der Kampf wie das Nachgeben, das Helle wie das Dunkle, die Kraft wie die

Schwäche. Unsere inneren Widersprüche geben uns ein Gefühl für die Tiefe und Vielgestaltigkeit unserer Existenz, zwingen uns zur Toleranz dem Andersartigen gegenüber und zwingen uns, eine höhere Form des Friedens zu suchen.

Wer über seinen Konflikten zu verzweifeln beginnt, sollte bedenken, daß auch in den Problemen und Widrigkeiten, Schmerzen und Ungerechtigkeiten, die uns täglich quälen, etwas Höheres – »Gott« genannt – waltet. Ihm, obwohl es uns so unbegreiflich ist, gilt letztlich unser ganzes Suchen und Streben.

Es wäre gut, wenn Sie erkennen könnten, daß Ihre Behauptung, versagt zu haben, genausowenig Ihrer persönlichen Wahrheit entspricht wie Ihr Wunsch, ein Segen zu sein. Denn eigentlich will man nur das sein und erreichen, was man tatsächlich sein und erreichen kann. Daraus ergibt sich die Realität unseres Lebens. Das Problem liegt nur darin, daß man sich dessen meist nicht bewußt ist und meint, man wolle etwas anderes. Jeder von uns hat genau das, was er in der Tiefe seiner Seele will. Wir steuern, mehr oder weniger unbewußt, immer gerade in jene Lebenssituationen, die unser menschliches Wachstum – wenn auch oft unter Schmerzen – am meisten fördern.

Wenn es Ihnen gelingt, Ihr Perfektionistenideal aufzugeben und sich statt dessen mit der Wirklichkeit Ihres Lebens, wie auch immer sie aussehen mag, zu identifizieren, lösen sich Ihr Krampf und Ihre Angst, denn dann haben Sie nichts mehr zu verlieren oder zu gewinnen, sondern sind und haben das, was Sie tatsächlich sind und haben. Das bedeutet natürlich nicht, daß sich dadurch alle Probleme in Wohlgefallen auflösen, aber es ermöglicht Ihnen, trotz allen Fehlern und Mißerfolgen mit sich zufrieden zu sein.

»Im übrigen« schreiben Sie, *»sagt mir mein Verstand dasselbe, was Sie schreiben: Negative Gedanken machen in irgendeiner Form krank. Aber leider besteht zwischen Verstand und Gefühl bei mir eine Diskrepanz, mit der ich nicht fertig werde.«* Daß Sie mit ihr nicht fertig werden können, ist kein Wunder, denn Sie selbst sind es, die diese Diskrepanz in dem Versuch, mit ihr fertigzuwerden, ständig vergrößert. Sie wollen mit Ihrem Verstand etwas erzwingen, was nur ganz zwanglos durch das »Herz« in Sie einströmen kann. Der Zwiespalt, den Sie empfinden, ist die Abwesenheit Ihres wirklichen Fühlens, das Sie durch negative

Emotionen ersetzen und vor dem Sie offensichtlich Angst haben. Anscheinend sperren Sie sich schon lange dagegen, weil es Ihr Leben in eine andere Richtung zu lenken oder Ihnen zumindest zu einer anderen Selbstsicht zu verhelfen droht. So rennen Sie auch heute noch irgendwelchen Vorstellungen von Bewährung, Segen und Erfolg hinterher, statt Ihre tatsächliche Bewährung, nämlich Ihr segensreiches Wirken und Ihre wirklichen Leistungen, zur Kenntnis zu nehmen.

Sie schreiben: *»Zum Beispiel habe ich das Gefühl, daß sich bei mir alle Sorgen und Ängste in der Schilddrüse festsetzen, die auch prompt alle paar Jahre etwas dicker wird.«* Und: *»Das schwebt wie ein Damoklesschwert über mir.«* Dieses Schwert haben Sie selbst über sich gehängt, indem Sie sich ständig alle schlimmen Konsequenzen vorstellen. Es wird jetzt höchste Zeit, daß Sie sich mit Ihrem Kropf anfreunden, statt ihn zur Quelle und zum Ziel negativer Gedanken zu machen. Denn dadurch kann er nur schlimmer werden. Betrachten Sie ihn jeden Tag, gewöhnen Sie sich an ihn, lächeln Sie ihm zu. Warum muß er denn mit aller Gewalt verschwinden? Er ist ein Teil von Ihnen und tut Ihnen doch zur Zeit gar nichts – außer Sie daran zu erinnern, daß Ihr Leben noch eine andere Dimension besitzt als jene Ihrer Wunsch- und Idealbilder. Er könnte der Kristallisationspunkt für tiefsinnige Betrachtungen und Erkenntnisse über Ihr ganzes Sein werden, wenn Sie ihn dazu benützen, sich mit der Ungewißheit der Zukunft und der Unabsicherbarkeit des Lebens zu beschäftigen, und versuchen, für alles bereit zu sein.

Was soll Ihnen denn schon passieren, da Sie doch eine unsterbliche Seele besitzen?

Vertrauen wagen

Sehr geehrte Frau...,
Sie schreiben:»*Ich habe Ihr Buch ›Bewährung in der Krankheit‹
mit großem Interesse und Gewinn gelesen. Es hilft mir, mein
Leben im großen Zusammenhang zu sehen, das Dunkle zu akzeptieren, ohne das das Helle nicht hell sein kann. Sie haben in über-
zeugender Weise Mut gemacht, den Gefühlen und Ängsten nicht
auszuweichen, sondern sie zuzulassen, ihnen nachzuspüren, sie
auszuhalten – meist lösen sie sich dann auf...*« So ist es in der
Tat, und Sie sprechen offensichtlich aus Erfahrung. In unseren
Gefühlen – und natürlich auch den Ängsten – drückt sich eine
Wahrheit aus, die Eingang in unser Bewußtsein finden will, und
da ihnen ein gewisses Energiequantum innewohnt, verändern sie
uns. Wenn wir uns ihnen öffnen, bereichern und korrigieren sie
unser Selbstverständnis und Weltbild und versetzen uns in die
Lage, dem Weg, der uns bestimmt ist, bereitwillig und überzeugt
zu folgen. Wenn wir sie aber zu ignorieren versuchen, machen
sie sich selbständig und führen uns mittels unbewußter Reaktionen in Situationen, in denen uns das, wogegen wir uns verschlossen haben, auf drastischere Weise und in gröberer Form
erneut in den Weg tritt und uns einen bedeutend größeren Aufwand an Kraft oder Schmerzen abverlangt. Denn eine Wahrheit
hört ja nicht dadurch auf zu existieren, daß wir uns von ihr
abwenden.

Allerdings steht uns nicht grundsätzlich jede Erkenntnis
offen. Nur ganz entfernt können wir ahnen, auf welche unendli-
cher und unergründlicher Tiefe unser bewußtes Leben
schwimmt, und immer ist es nur ein winziger Bruchteil des
großen Mysteriums unserer Existenz, der sich uns in einem Gefühl oder einer Einsicht zu erkennen gibt. Deshalb würde ich auf
die Frage, mit der Sie den oben zitierten Satz fortführen:
»*...wenn sie aber zu tief verborgen sind, so daß wir nicht daran
kommen oder wir sie auch nicht aushalten würden – was dann?*«

antworten, daß es für uns, subjektiv gesehen, keine verborgenen Gefühle gibt. Ein Gefühl ist etwas konkret Erfahrenes, und was wir nicht fühlen, das heißt, was noch in der Unendlichkeit unseres Unbewußten schlummert, ist für uns nicht vorhanden. Vielleicht meinen Sie aber die Verdrängung von Gefühlen, die immerhin so tief gehen kann, daß diese momentan nicht mehr erreichbar sind. In diesem Augenblick existieren sie für uns nicht; sie pflegen aber nach einer Zeit wieder aufzutauchen und uns erneut anzurühren.

Ich halte es auch für mißverständlich, von Gefühlen, die man nicht aushalten kann, zu sprechen, denn das, was Sie offensichtlich damit meinen, ist nur eine traurige, durch unseren inneren Widerstand hervorgerufene Entartung – eine Emotion oder Leidenschaft – des ursprünglich reinen Gefühls. Zum Beispiel Verzweiflung, Sorge, Angst, Eifersucht, Verbitterung: Sind sie nicht das Ergebnis unserer unüberlegten, geradezu automatischen Weigerung, eine Lebensrealität, die uns in unserem Fühlen bewußt werden will, als Ausdruck göttlichen und sinnvollen Wirkens zu akzeptieren? Und kann diese dumme, selbstherrliche Ablehnung der Lebenswirklichkeit etwas anderes hervorrufen als das Empfinden eines unaushaltbaren Druckes, eines übermenschlichen Schmerzes? Gefühlen muß man sich hingeben, ohne Vorbehalt und Bewertung. Dann entfalten sie ihren Segen und werden zur inneren Botschaft. Aushalten dagegen bedeutet so etwas wie Widerstehen oder Überwinden, und das freilich ist das Gegenteil davon und kann nur diese Ungeheuer des Seelenlebens hervorrufen, die Sie mit Recht unerträglich nennen. Sobald wir aber unser Sträuben aufgeben, werden wir erhoben und getragen wie der Vogel vom Winde, statt wie ein abgestorbener Baum unter ihm zu zerbrechen.

Natürlich ist es, wie Sie schreiben,»*wenn es einem gut geht, relativ leicht, sein Schicksal anzunehmen, im Bewußtsein, daß dahinter ein Sinn ist, daß man wächst und reift.*« Und daß es Ihnen, als Sie »*in tiefer Dunkelheit waren, nicht möglich war, dahinter einen Sinn zu sehen*«, ist nur zu begreiflich, denn diese Dunkelheit ist ja gleichbedeutend mit dem Nicht-Sehen-Können. Je krampfhafter wir dann versuchen, einen Sinn in das, was wir erleben, hineinzulegen, desto tiefer wird die Dunkelheit. In solchen Momenten können wir nur sagen: Es ist zu groß und zu schwer, als daß ich jetzt einen plausiblen Sinn darin finden könnte. Aber dennoch, und das ist das Wichtigste daran, können wir uns ins Gedächtnis rufen, wie oft wir diesen Sinn schon gefühlt oder erkannt haben und versuchen, ihn in uns lebendig zu halten. Wenn wir die Augen schließen, wirkt ja auch das zuletzt gesehene Bild in uns fort, und je intensiver wir uns seiner zu erinnern bemühen, desto länger bleibt es vor unserem geistigen Augen bestehen. Sollte man nicht den immer wieder erfahrenen Lebenssinn, das Gefühl dafür, daß alles richtig und wohlbestellt ist, in ähnlicher Weise in sich wachhalten, damit man auch in dunklen Zeiten darauf zurückgreifen und, wie Sie schreiben, *»die Gnade, wenn man plötzlich eine Hand spürt, die trägt«,* erfahren kann? Denn ohne unsere Bereitschaft sind wir blind dafür.

Es ist ein weitverbreiteter Irrtum unserer Zeit, daß man glaubt, man könne Herr seines Schicksals werden. Man versucht, sich mit technischen Raffinessen gegen alle Eventualitäten abzusichern, sein Unterbewußtsein zu manipulieren, sich einen unerschütterlichen Glauben anzueignen oder gleich die große Erleuchtung zu finden. Dies alles ist jedoch unsinnig, weil die Essenz unseres Lebens gerade darin besteht, daß es sich weder voll ausloten noch verläßlich vorherbestimmen läßt. Vor allem verschließt sich uns dann eine der wichtigsten Erkenntnisse, die der Mensch haben kann: daß der eigentliche Grund unserer Existenz göttlicher Natur und daher übermenschlich und unbegreiflich ist – und immer bleiben wird. All die psychologischen Kniffe, autosuggestiven Sprüche oder beruhigenden Heilslehren sind angesichts des unendlichen und irrationalen Mysteriums, dem wir entstammen, lächerlich und unbedeutend, denn sie sind nur das Produkt unseres beschränkten, menschlichen Verstandes.

Soviel aber wissen wir: Der Sinn unseres Lebens und unserer Menschwerdung besteht in der Suche nach dem Transzendenten, dem Göttlichen, das alles bewirkt, das wir immer wieder rational zu erklären versuchen und doch nur irrational erfahren können. Hierfür ist jedem von uns ein anderer Weg vorgezeichnet. Wir nennen ihn Schicksal. Der einfache Mensch auf dem Lande findet das Göttliche vielleicht in der Beobachtung der Natur, der Philosoph in einem großen Gedanken, der begnadete

Künstler in seinem Werk und der Religiöse in einem metaphysischen Erlebnis. Eines verbindet alle Menschen, egal welcher Rasse, Klasse oder Religion: daß jeder dazu bestimmt ist, zum »Heil« zu gelangen. Das ist es, was ihn sich vorwärtsentwickeln, suchen und leben, die Hölle durchschreiten und den Himmel finden läßt.

»Wie ich aus Ihrem Buch entnehme, sind Sie nicht Christ im Sinne der Bibel«, schreiben Sie und fahren fort: *»Eigenartigerweise aber haben mich Ihre Ausführungen veranlaßt, den Gott der Bibel wieder ernst zu nehmen – Vertrauen zu wagen. Die Kraft, die Sie immer wieder zitieren, ist für mich Gott, der in Jesus Christus mein Bruder geworden ist.«* Ja, jeder hat dafür ein anderes Wort oder Bild. In Ihnen ist jener Gott, den Sie aus der Bibel kennen, wieder lebendig geworden, mir aber sind diese klaren Begriffe mehr und mehr zerronnen. »Gott« hat seine Konturen verloren und ist etwas Allumfassendes, Unfaßbares und Unnennbares geworden, das ich in Anbetracht der Tatsache, daß ich sein gewaltiges Wirken in mir und meiner Welt fühle und erkenne, mit dem Wort »Kraft« umschreibe.

In unserem Bedürfnis nach Rationalisierung und Festlegung suchen wir immer nach Begriffen, die es uns ermöglichen, mit dem betreffenden Phänomen praktisch umzugehen und es in unsere Welt der Formen und Gesetzmäßigkeiten einzuordnen. Für mich aber ist »Gott«, wenn er auch in all diesem wirkt und Gestalt annimmt, doch etwas darüber Hinausreichendes, unser Begriffsvermögen Übersteigendes. Deshalb benütze ich auch gern das Wort »Etwas« dafür: »Etwas« bewirkt uns, läßt uns leben, gibt uns einen Sinn und zieht uns an. Da das Göttliche aber uns allen gemeinsam ist und unseren eigentlichen Kern ausmacht, finden wir in diesen verschiedenen Worten, Bildern und Begriffen letztlich doch immer nur dasselbe. So ist aus der von mir zitierten »Kraft« Ihr »Gott« geworden. Das freut mich, denn es zeigt, daß wir uns verstanden haben.

Sie fahren fort: *»Ich habe gesehen, daß Gott ein liebender Gott ist, dem ich mich vertrauensvoll anbefehlen darf als dem Töpfer, der mich zu einem brauchbaren Gefäß formt.«* Für Sie ist Gott in Jesus Christus ein Bruder, ein liebender Gott, dessen Bewußtwerdung in Ihnen Vertrauen auslöst. Wie schön, denn für viele ist er ein strafender, fordernder und ungerechter Gott.

Aber indem ich Ihre Worte lese, sehe ich die Gefahr, daß dieses Bild, das Sie da so beruhigend und klar zeichnen, sich in der Not als bloßes Wunschbild entpuppen und verblassen könnte – was Sie offensichtlich mehr als einmal erlebt haben, als die Dunkelheit Sie überfiel. Denn in Anbetracht des unfaßbaren, unausdrückbaren und allumfassenden »Etwas«, das wir Gott nennen, erscheinen mir selbst solch erhebende Begriffe und Vorstellungen wie Liebe, Gerechtigkeit und Güte unpassend und unzureichend.

Ich meine, daß wir »Gott« aus dem Zwang unserer Projektionen, Wünsche und Erwartungen befreien und zu einem unser rationales Denken übersteigendes Wissen werden lassen müssen, damit er uns wirklich erreichen kann. Es heißt zwar: »Gott ist die Liebe.« Aber wer von uns weiß schon, was das ist? Wir haben vielleicht eine Ahnung davon; es wird uns in seltenen Augenblicken auf unaussprechliche Weise bewußt, aber eigentlich ist es eine Vermessenheit, Gott als gut oder böse, liebend oder strafend zu bezeichnen. Wir können nur verstummen und uns ihm vorbehaltlos zu öffnen versuchen, können »Es« oder »Ihn« in uns sein und geschehen lassen und damit Seinserfahrungen machen, die uns zeigen, daß »Er« in Wirklichkeit etwas ganz anderes ist als der Liebende oder Strafende.

In den Bildern, die wir von ihm entwerfen, aber können wir uns selbst und das, was wir in diesem Augenblick brauchen, erkennen. Unsere Psyche erschafft ständig einen Hintergrund, vor dem wir leben können und der unserem vordergründigen Treiben Tiefe und Gegengewicht gibt. So sucht man – mehr oder weniger bewußt –, wenn man Angst vor Strafe hat, einen liebenden und vergebenden Gott. Wer sich dagegen frei von Schuld fühlt, benötigt ihn nicht. Er ist offen für die Erfahrung eines anderen, nicht in die menschlichen Mißverständnisse und Unzulänglichkeiten verstrickten Gottes.

Wenn Sie eine solche Aussage nicht von vornherein ablehnen, werden Sie doch vielleicht dagegen einwenden, daß niemand frei von Schuld sei. Begehen wir denn nicht täglich irgendwelche Sünden, übertreten Gesetze, handeln schlecht und unmoralisch? Sind nicht unsere Schuldgefühle und unser schlechtes Gewissen der unübersehbare Beweis dafür, daß wir schuldig geworden sind?

Das stimmt natürlich unter gewissen persönlichen Aspekten; dennoch ist auch wahr, daß der Mensch grundsätzlich, in einer überpersönlichen Weise, frei von Schuld und Verantwortung ist. Diese Erkenntnis ist von eminenter Bedeutung für seine seelische Gesundheit, denn ein sich schuldig fühlender Mensch kann nicht anders als krank sein oder werden. Sie bezieht sich aber nicht auf den Bereich unseres gesellschaftlichen Zusammenlebens, dem ja der Schuldbegriff entstammt, sondern auf jene Ebene unserer Existenz, auf der sich unsere eigentliche Menschwerdung vollzieht, auf der wir über die Welt hinauswachsen und zu »Gott« finden. Hier verlieren die engen Begriffe menschlichen Denkens und menschlicher Moral ihre Gültigkeit.

Unter Schuld versteht man üblicherweise die Übertretung einer gesetzlichen oder moralischen Grenze, innerhalb derer ein Mensch als gut oder anständig gilt. Diese Begrenzung prägt sich unserer psychischen Struktur schon in frühester Kindheit ein, indem wir, entsprechend dem jeweiligen Zeitgeist, erzogen und mit Hilfe von Tabus in bestimmte Bahnen gelenkt werden. Mit zunehmender geistiger Entwicklung und Bewußtwerdung aber verlieren diese Maßstäbe für uns immer mehr an Bedeutung und Berechtigung, und nicht nur das – sie bringen uns in tiefe innere Konflikte. Denn das in uns aufkeimende Wissen um unsere selbstverantwortliche Individualität und übermenschliche Herkunft macht es uns mehr und mehr unmöglich, eine von Menschen gesetzte Norm zu akzeptieren, und zwingt uns, nach einer eigenen Moral, nach unserem inneren Gesetz zu suchen: *»Jesus sagt: ›Ich will mein Gesetz in dein Herz schreiben‹. Wenn wir gegen dieses innere Gesetz verstoßen, so kann uns das in große Not bringen«*, schreiben Sie. Gibt es eine größere Not als unser Schuldgefühl?

Gerade die Tatsache, daß wir Gebote und Gesetze trotz »besserem Wissen« unter einem unerklärlichen und unwiderstehlichen Zwang mißachten, ist ein Zeichen dafür, daß es höherwertige Notwendigkeiten geben muß, angesichts derer unsere Vorstellungen von »gut« und »böse« ihre Gültigkeit verlieren. Wir können diese Notwendigkeit als »Teufel« bezeichnen und verurteilen oder als Ausdruck eines unbegreiflichen, über unserer momentanen Moral stehenden göttlichen Wesens betrachten. Im ersten Fall verteufeln wir uns selbst und zerstören uns mit dem

Gift der Selbstbeschuldigung, im zweiten dagegen beugen wir uns in Demut und sagen: »Dein Wille geschehe – auch wenn ich ihn nicht verstehe.«

Die Erfahrung, sündig und schuldig geworden zu sein, öffnet uns aber die Augen für unsere Grenzen. Sie ist die Schwelle zu einem neuen, höheren Verständnis, ein notwendiger Schritt auf unserem Weg zu »Gott«. Nur wenn wir hier nicht in unseren kleinlichen, menschlichen Kategorien hängenbleiben, sondern voll »frommen Erstaunens« all das akzeptieren, was nun einmal durch uns geschehen mußte – mag es uns nun gut oder schlecht erscheinen –, können wir jenen Zustand erreichen, in dem die Harmonie alles Seienden herrscht.

Unsere Krankheiten entstehen aus unserer inneren Disharmonie, aus unserem Konflikt mit der Lebenswirklichkeit. Indem wir diese ablehnen und meinen, sie müsse ganz anders aussehen, entzweien wir uns mit dem, der sie so gewollt hat. Wenn wir aber bedenken, daß wir uns nicht selbst geschaffen haben, und beobachten, wie wenig wir Herr unserer Gedanken, Gefühle und Taten sind, wie sie aus einer unergründlichen Tiefe auftauchen und uns zu Denkenden, Fühlenden und Handelnden machen, wird uns eine der wichtigsten Voraussetzungen unseres Selbstverständnisses fragwürdig: die Annahme, daß wir einen freien Willen hätten. Sie bedeutet, daß wir Schöpfer statt Geschöpf sein wollen, und bringt uns in einen Gegensatz zum wirklichen Schöpfer aller Dinge. Vor allem aber löst sie einen Korrekturmechanismus aus: den seelischen Schmerz. Er soll uns bewußt machen, daß wir uns von »Gott« entfernen.

So hat unser Schuldgefühl, das ja nur unter der Voraussetzung eines freien Willens und voller Verantwortlichkeit existieren kann, tatsächlich eine Grundlage. Allerdings besteht diese nicht in der Übertretung menschlicher Moral, sondern darin, daß wir uns zu Richtern über die gottgegebene Wirklichkeit aufschwingen. Diese »Sünde« wird uns in dem Augenblick vergeben, in dem wir aufhören, etwas, das geschehen ist (oder besser: geschehen mußte), nachträglich zu be- oder verurteilen. Dieser Versuch, der ohnehin nur ein theoretisches Denkspiel nach dem Motto »hätte, wäre oder dürfte nicht sein« ist, bereitet uns, wie wir alle wissen, einen unbesiegbaren Schmerz, der so lange andauert, bis wir davon ablassen.

Die meisten von uns wehren sich gegen die Behauptung, sie hätten keinen freien Willen, denn diese bedeutet nicht nur, daß sie bescheiden zurücktreten und das Haupt beugen müßten, sondern erscheint ihnen in Anbetracht der Tatsache, daß sie doch so etwas wie einen Willen in sich bemerken, als unwahr. Darin tritt uns eines der seltsamsten und irrationalsten Phänomene unserer Existenz ins Bewußtsein, nämlich die Tatsache, daß zwar alles unausweichlich vorausbestimmt und schicksalhaft festgelegt ist, daß wir aber dennoch so leben müssen, als sei es nicht so, als stehe es uns frei, unser Leben nach eigenem Gutdünken zu gestalten. Gerade in diesem Widerspruch entwikkelt sich unser Wissen darum, daß wir einerseits dem Willen eines Höheren unterworfen sind, andererseits aber, da wir ein Ausdruck von ihm sind, an seiner Allmacht teilhaben.

Das Gefühl des freien Willens ist eine Illusion, die immer dann entsteht, wenn es uns gelingt, unserem Schicksalsweg bereitwillig und vorbehaltlos zu folgen und uns mit dem, was wir erleben, vollkommen zu identifizieren. Dann haben wir den Eindruck, als sei die Gestaltung unseres Lebens unser eigenes, selbstverantwortetes Werk. Freiheit besteht für den Menschen immer darin, seinem inneren Gesetz zu folgen (was zugleich seine Unfreiheit bedeutet). Wenn wir zu dem finden, was die Religionen Demut nennen, nämlich zu einem vertrauensvollen Annehmen dessen, was ist, was geschieht, was wir sind und sein müssen, dann geben wir die Verantwortung wieder an den zurück, der allein sie tragen kann und der allein weiß, was richtig ist. Dann können wir sagen: »Was du in mir und durch mich tust, ist gut getan.« Wo bleibt da die Sünde?

Unsere Selbstverurteilung, die im Grunde nur eine Spielart unserer Selbstherrlichkeit darstellt, ist, wie angedeutet, nicht nur eine Ursache unserer Krankheiten, sondern läßt uns gleichzeitig, da wir doch ahnen, daß dies noch nicht die letzte Wahrheit ist, nach einem liebenden, vergebenden Gott suchen.

Die Vergebung der Schuld aber ergibt sich niemals aus dem Tun, sondern ist die Folge eines veränderten Seins. Man findet sie nicht dadurch, daß man sich anklagt oder Besserung gelobt, auch nicht, indem man etwas vermeintlich Schlechtes unterläßt oder Gutes tut. Nein, wir werden nur dann erlöst, wenn wir die Quelle unserer Selbstbeschuldigungen, nämlich unsere Moral, revidiert und Frieden mit uns – so wie wir sind – geschlossen haben. Statt uns selbst zu verurteilen, sollten wir zu uns sagen: »Was geschehen ist, sollte geschehen. Was ich getan habe, habe ich nicht in der Absicht getan, eine Sünde zu begehen, sondern weil ich aufgrund aller Umstände, die mein Leben ausmachen, und jenes Bewußtseinszustandes, in dem ich mich damals befand, nicht anders konnte. Allerdings würde ich es heute, nachdem ich durch diese Erfahrung reifer und klüger geworden bin, wahrscheinlich nicht mehr tun.«

Man kann niemals mit dem Bewußtsein von heute das Gestern beurteilen. So können wir immer nur so gut handeln, wie es uns in diesem Augenblick möglich ist, obwohl wir schon heute wissen, daß wir es eines Tages besser machen werden. Mit dem Verstand allein können wir der Lebenswirklichkeit nicht gerecht werden; stets muß auch das Fühlen, das Irrationale hinzukommen. Wenn wir uns auch in der Vorstellung die schönsten Taten und Zustände ausmalen können, so sieht doch die Realität meist ganz anders aus und verweist unsere edlen Gedanken in den Bereich der nutzlosen Phantasien und Hirngespinste.

Sie schreiben: *»Hinter das Kapitel, in dem Sie sich mit der Schuld auseinandersetzen, habe ich ein dickes Fragezeichen gesetzt. Meines Erachtens müssen wir lernen, zwischen echten und falschen Schuldgefühlen zu unterscheiden... Die meisten Schuldgefühle, die uns krank machen, gehören in den Bereich der falschen Schuldgefühle. Sie sollten wir erkennen und gründlich damit aufräumen.«* Auch die Unterscheidung zwischen echten und falschen Schuldgefühlen ist meiner Meinung nach problematisch und führt nur zu Scheinlösungen, denn wer sagt uns, welches Schuldgefühl echt und welches falsch ist? – wo wir doch nicht einmal definitiv wissen, was gut und böse ist. Die Forderung, mit den »falschen Schuldgefühlen« aufzuräumen, erweckt den Anschein, als sei es uns tatsächlich möglich, sie von den »echten« zu unterscheiden. Man muß dabei aber bedenken, daß diese Unterscheidung nur nach den Kategorien unseres jeweils vorherrschenden Denksystems geschehen kann, also auch nur relativ und keineswegs von ewiger Gültigkeit ist. Grundsätzlich gilt für jedes Schuldgefühl: Wenn es uns durch Erweiterung unseres Horizontes gelingt, in unserem »persönlichen Gesetzbuch« jenen Paragraphen zu streichen, der uns in einen Konflikt mit dem bringt, was wir bei allem guten Willen und unter dem Druck der unser Leben bestimmenden Umstände getan haben, verschwindet es wieder. Einfach abschütteln aber kann man es, wie Sie ja auch feststellen, nicht.

Sie schreiben: *»Aber echte Schuldgefühle, zum Beispiel wenn eine Frau ihr Kind abgetrieben hat und darüber schier zerbricht (ganz gleich aus welchem Grunde sie es getan hat) – kann man die in den Griff bekommen, indem man die Maßstäbe der Moral, auch der kirchlichen, in Frage stellt und verrückt? Solch eine Schuld läßt sich doch nicht abschütteln!«* Eine solche Aussage veranlaßt mich zu der Frage: Sprechen Sie von sich selbst? Können Sie mit diesem Schuldgefühl nicht wie mit den »falschen« aufräumen, weil Sie hier ein besonders starkes Tabu in sich tragen und geben ihm daher das Attribut »echt«? Was ist dann mit den unzähligen Frauen, die nach einer Abtreibung keine »echten« Schuldgefühle empfinden, sondern freien Herzens vor ihren Gott treten? Sind sie einem Wahn, einer Geistesverwirrung oder gar dem Teufel zum Opfer gefallen? Und was ist – wenn wir einmal eine solche Frage stellen wollen – gottgefälliger: das Fehlen von Schuldgefühlen, also die innere Harmonie, oder jener Zustand, in dem ein Mensch sich ausweglos herumquält, in dem er seine Fähigkeit, Lebensfreude zu empfinden und zu verbreiten, verloren hat?

Ihr »echtes Schuldgefühl« bedeutet wahrscheinlich, daß das Leben Sie eine grundlegende Grenze hat übertreten lassen und Sie sich nun gegen eine *echte*, das heißt alles verändernde und in Frage stellende Bewußtseinserweiterung sträuben. Kein Tabu hat allgemeine und ewige Gültigkeit; es gilt grundsätzlich nur in bezug auf bestimmte Umstände und ist Ausdruck der jeweiligen Bewußtseinslage. Wenn man sich genötigt sieht, eine tabuisierte Grenze zu überschreiten, so ist das ein Zeichen dafür, daß sich der geistige Horizont erweitert hat. Es gilt dann, diese innere Entwicklung auch in seinem Bewußtsein nachzuvollziehen, damit man Frieden mit sich schließen kann.

Ich meine, »Gott« gibt uns immer recht verständliche und deutliche Zeichen, ob wir eins mit ihm sind. Denn strebt nicht alles in uns fortwährend nach innerer Harmonie, Lebensfreude und ganzer Entfaltung? Noch einmal: Es heißt, Gott sei die Liebe. Hat aber die innere Zerrissenheit durch Schuldgefühle etwas mit Liebe zu tun? Und kann ein Mensch mit einem schlechten Gewissen etwas anderes ausstrahlen als niederdrükkende, scheußliche Gefühle? Man braucht sich nur in seine Gesellschaft zu begeben, um zu wissen, was ich meine.

Mancher meint, wenn er unter dem Druck seiner Schuldgefühle kompensatorische »gute« Taten begeht, so habe dies etwas mit Liebe zu tun und werde Vergebung nach sich ziehen. Würde er ehrlich in sich hineinhören, dann wüßte er, daß dies nur ein verlogener Versuch ist, sich freizukaufen. Der innere Friede ist etwas Überirdisches, Göttliches, und deshalb können wir ihn nicht durch äußerliche Taten verdienen. Dies aber ist der große Irrtum, dem der normale Mensch immer wieder verfällt, weil er das Rechtsdenken, nach dem die menschliche Gesellschaft – mehr schlecht als recht – ihre Ordnung notdürftig aufrechterhält, auf sein Seelenleben überträgt. Nein, die Vergebung der Schuld ist ein seelischer Prozeß, eine innere Wandlung. Daher schreiben Sie: »*Die Vergebung der Schuld durch Jesus Christus ist doch erfahrbar. Durch seine Vergebung sind Menschen befreit worden und konnten neu beginnen. Er verändert Menschen. Ist das nicht die Kraft, die Sie erwähnen?*«

Ja, sie ist es, und die Vergebung, von der Sie sprechen und die Sie vielleicht erfahren haben, besteht in diesem Zurückfinden zu jenen Quellen, aus denen wir leben, zu jenem Wissen, daß letzten Endes keine Schuld so »echt« ist, daß sie ewig besteht. Wenn wir, statt uns an unserer Schuldvorstellung festzuklammern, uns für die Erkenntnis öffnen, daß, obwohl wir so falsch und schlecht gehandelt oder gedacht zu haben scheinen, in Wirklichkeit unser Tun doch einem höheren Sinn dient, und daß wir nur ein Teilchen in diesem unbegreiflichen Weltgeschehen und Werkzeuge des Schicksals sind, vergeht unser Wahn, dafür verantwortlich und also schuldfähig zu sein, wie eine dunkle Wolke in der Sonne.

Diese Erkenntnis ist eine Gnade und kann natürlich nicht willkürlich herbeigezwungen werden. Wer sie aber ernsthaft sucht, dem wird sie zuteil. Wir können wieder in die paradiesische Unschuld zurückfinden (über die Adam und Eva, nachdem sie gelernt hatten, die Schöpfung mit menschlichen Augen zu sehen, auf einmal nur noch die Nase rümpfen konnten) und dabei gleichzeitig in unserer eigentlichen menschlichen Entwicklung einen großen Schritt vorwärts machen. Dann sagen wir nicht mehr:»Ich bin schuldig, weil ich diese schlechte Tat begangen habe«, sondern fragen uns höchstens:»Warum mußte ich es tun?« Und auf der ehrlichen Suche nach der (letztlich nicht zu findenden) Antwort hierauf kommen wir »Ihm« ein Stück näher.

Selbstverwirklichung

»Sehr geehrte Frau...,
wenn jemand – wie Sie – von sich sagt: *»Ich habe schon vor langer Zeit mein Ego verloren und finde nicht mehr zu mir selbst. Auch einsame Urlaubstage und viele schlaflose Nächte haben mir nicht geholfen«,* und: *»Mein bisheriges Leben habe ich nur mit einem eisernen Willen geschafft. Damit habe ich Schwäche, Angst und Schmerzen immer wieder überwunden, aber seit einiger Zeit klappt das nicht mehr; ich bin total erschöpft«,* so ist das eine dringende und ernstzunehmende Mahnung aus dem Inneren, sein Leben grundlegend zu ändern. Wenn man dazu nicht bereit ist, dauert es erfahrungsgemäß nicht lange, bis einen eine Krankheit oder ein Schicksalsschlag dazu zwingt. Ihre Schwäche, Ihre Angst und Ihre Schmerzen lassen vermuten, daß Sie gegen sich selbst leben. Sie sind nicht die Ursache Ihres Leidens, sondern sein Ausdruck; sie wollen Ihnen etwas bewußt machen.

Leiden ist immer ein Zeichen dafür, daß etwas nicht stimmt, nicht richtig ist. Dieses Nicht-Stimmen, Nicht-Richtig-Sein oder – allgemein gesprochen – diese »Unwahrheit« kann sich auf die einfachsten, jedermann verständlichen Vorgänge wie auf die kompliziertesten, unbegreiflichen Lebenszusammenhänge beziehen; es kann uns persönlich oder als Teil einer Gemeinschaft betreffen. Wenn wir zum Beispiel unseren Körper nicht richtig behandeln, wird er krank; wenn wir unser Auto nicht richtig bedienen, verursachen wir einen Unfall; wenn wir gegen ein Gesetz verstoßen, werden wir bestraft; wenn wir den Sinn unseres Lebens verlieren, geht es uns schlecht; wenn wir unserem Schicksal gegenüber eine falsche, weil ablehnende Haltung einnehmen, verlieren wir unsere Lebensfreude; wenn unsere Vorfahren krank waren oder die Gemeinschaft, der wir angehören, ein Unrecht begeht, haben wir ebenfalls darunter zu leiden. Jedes Leid, ja schon jedes Unbehagen will uns zu einer Korrektur in unserem Fühlen, Denken oder Handeln bewegen.

Im Prinzip wäre es sehr einfach, sein Leiden zu beenden: Man brauchte nur den ihm zugrundeliegenden Fehler aufzugeben. Hier aber taucht das entscheidende Problem auf: *Worin besteht er?* Wenn man bemerkt, daß man sich an der heißen Ofenplatte verbrennt, zieht man die Hand zurück, und wenn man feststellt, daß man für eine Gesetzesübertretung bestraft wird, unterläßt man sie. Was aber soll man tun, wenn man nicht weiß, weshalb man leiden muß, wenn man seinen Fehler nicht erkennt? Um diese Frage dreht sich unser ganzes Leben, und in Ihrem Brief ist sie in den Worten *»Mein einziger Trost ist schon seit langem das Wort: Ich lasse dich nicht, du segnest mich denn,«* ausgedrückt. Instinktiv wissen Sie, daß ein Segen in Ihrer Krankheit liegt: Es ist die Erkenntnis, wo Sie etwas falsch, oder besser gesagt, wie Sie es richtig machen können.

Ihre Erschöpfung allerdings zeigt, daß Sie in der verkehrten Richtung suchen. Vielleicht könnte Ihnen folgende Fragestellung weiterhelfen: *»Wie finde ich das, was für mich gut und richtig ist?«* Dann würde aus Ihrem verzweifelten Kampf eine erfreuliche Suche, denn Sie würden sich immer nur dorthin wenden, wo es Ihnen gut ginge, und würden das meiden, was Sie krank, traurig oder bösartig macht. Wir haben ja einen sehr feinen »Kompaß« für die richtige Lebensrichtung bekommen: unsere Fähigkeit, Freude oder Schmerz zu empfinden.

Wenn Sie hierauf achten würden, wüßten Sie auch die Antwort auf Ihre Frage: *»Wenn man aber nichts erzwingen kann, was nicht sein soll, wie will man feststellen, wann noch Zeit zum Kämpfen ist und wann schon zum Aufgeben?«* Sie lautet: Man erkennt es daran, ob einem der Kampf noch Freude macht und einen Lebenssinn gibt. Wenn Sie sich für etwas Richtiges und *für Sie* Wahres einsetzen, werden Sie stark und lebensbejahend. Wenn Sie aber gegen sich selbst, das heißt Ihre seelischen Bedürfnisse oder Ihre naturgegebenen Anlagen kämpfen, blockieren Sie Ihre Kraft und verlieren Ihre Lebensfreude.

Wenn man nicht mehr weiterkann oder merkt, daß man etwas Unmögliches will, ist es Zeit, davon abzulassen und ein anderes Ziel zu suchen. Wir müssen zwar der »Sehnsucht unseres Herzens« folgen und alles, was sich uns dabei in den Weg stellt – vor allem unsere Vorurteile, Ängste, Selbstlügen und Moralfesseln – überwinden, gleichzeitig aber die Wirklichkeit unseres Lebens akzeptieren und als grundsätzlich richtig anerkennen. *»Tu nur, was dir gelingt, und wünsche nur, was dir bestimmt ist!«* – das ist das Geheimnis der Lebenskunst.

So wie starke Depressionen oft auf große, aber unterdrückte Aggressionen hinweisen, ist auch Ihre Schwäche in Wirklichkeit das Zeichen einer großen Kraft, die durch Ihren Kampf gegen sich selbst blockiert ist. Indem Sie gerade diese Schwäche zu überwinden versuchen, stärken Sie noch deren Urheber und Ihren eigentlichen Feind. Dieser besteht in einer Unwahrheit: einer negativen Lebenseinstellung oder angelernten Moral, einem unrealistischen Wunsch oder einer falschen Vorstellung, einer lebensfremden Überzeugung oder einem vorteils-orientierten Glauben, einem gefälschten Selbstbildnis oder unbegründeter Angst vor Verlust, Mißerfolg oder Unglück.

Vielen Menschen geht es ähnlich wie Ihnen: Sie sind erschöpft und unglücklich, weil sie mit aller Gewalt eine falsche Lebenssituation aufrechtzuerhalten suchen, weil sie gegen unabänderliche Umstände kämpfen, weil sie eine Ehe führen, in der nicht »das Herz zum Herzen findet«, weil sie eine menschliche Beziehung pflegen, die ihnen nicht behagt, weil sie einen Beruf ausüben, der ihnen nicht liegt, weil sie eine gesellschaftliche Position behaupten, der sie nicht gewachsen sind, weil sie unnötig Verzicht leisten oder sich selbst verleugnen, kurz, weil sie ohne Herz und Sinn leben und vergessen haben, daß Stärke allein aus der Freude kommt. Daß damit nicht die üblichen Zerstreuungen, Vergnügungen und Ersatzbefriedigungen gemeint sein können, läßt sich leicht daran erkennen, daß diese uns betäuben, erschöpfen, von uns selbst ablenken und ein Gefühl der inneren Leere hinterlassen. Echte Freude dagegen entspringt immer nur aus der Selbstverwirklichung, denn diese ist das für jeden von uns »Richtige«, unsere persönliche Wahrheit.

Worin aber liegt diese? Was ist der Sinn unseres Lebens? Liegt er in unserem eitlen Selbstverständnis, unserem bewunderten Lebenswerk, in der Durchsetzung unserer Überzeugungen, der Liebe unserer Mitmenschen? In unserem täglichen Brot, unserem Beruf, unserer Familie, unserer Verantwortung, unserem Image, unserer Gesundheit? Ja, all diese Ziele, Wünsche und Ideale, die sich auf unseren menschlichen Alltag beziehen, sind zweifellos wichtig und können eine notwendige Etappe auf un-

173

serem Lebensweg darstellen. Sie bringen uns jedoch kein Glück, wenn wir darüber das »Heil der Seele« aus den Augen verlieren. Wenn wir hungrig sind, verlangen wir nach Essen, wenn wir arm sind, nach Besitz, und wenn wir Schmerzen haben, nach Beschwerdefreiheit. Sobald wir aber gesättigt, reich oder schmerzfrei sind, stellen wir fest, daß es etwas gibt, das uns in viel stärkerem Umfang hungrig, arm und leidend macht: unsere ungestillte Sehnsucht nach dem Eigentlichen, um dessentwillen wir dieses Leben bekamen.

Es besteht in der Suche nach dem Sinn des Lebens, unserer Bestimmung, der Freude, der Wahrheit und jenem unfaßbaren Geheimnis, das wir »Gott« nennen. Danach ehrlich zu suchen, bedeutet gleichzeitig, jeden Tag aufs neue und in anderer Form zu finden. Es bedeutet auch, sich selbst zu verwirklichen und seinen eigenen Weg unbeirrt und aufrecht zu gehen, der den einen in ein ruhiges, »schönes« Leben, den anderen in ein erregendes, gewaltiges Ringen führt, dem einen »Glück« und dem anderen »Unglück« bringt.

Immer macht uns unsere Selbstverwirklichung frei, stark und optimistisch. Selbst, *wenn uns unsere innere Stimme heißt, etwas Schweres auf uns zu nehmen, so gibt es doch nichts Leichteres für uns als dieses,* denn alles andere kann, weil es uns nicht entspricht, nur noch schwerer sein. Es kommt vor allem darauf an, sich nichts vorzumachen, sondern ehrlich in sich hineinzuhören und sein *ganzes* Fühlen – Freude wie Schmerz – ernstzunehmen. Je intensiver und bewußter Sie sich freuen oder leiden können, desto klarer erkennen Sie, was für Sie richtig ist, und desto stärker wird Ihre Motivation, Leid zu vermeiden oder sich daraus zu befreien. Sie brauchen sich nur immer zu fragen, ob die Gefühle, Gedanken, Wünsche oder inneren Haltungen, denen Sie sich gerade hingeben, Sie stark und froh oder traurig und schwach machen, um zu wissen, »wo es lang geht«.

Der Weg aus der Krankheit

Unser Leben entwickelt sich zwischen zwei gegensätzlichen Strömungen: Die eine treibt uns dazu, hier auf Erden Fuß zu fassen, Schwierigkeiten zu überwinden, nach Besitz, Ansehen und Sicherheit zu streben, die andere aber zieht uns in feinem, dauerndem Sog wieder aus dieser Welt hinaus, in eine »jenseitige« Dimension, die über der materiellen steht und die wir »göttlich« nennen. So geraten wir immer wieder an eine Grenzlinie, an der unsere Selbstverantwortung und Eigenmacht ihr Ende findet und wir uns von einer überpersönlichen Macht weitergeführt sehen. Es gilt, mit ganzem Einsatz zu kämpfen und dennoch auch nachgeben zu können, sein Ziel nicht nur mit einem Ausrufe- sondern auch mit einem Fragezeichen zu versehen, leben zu wollen und zugleich zum Sterben bereit zu sein.

Sehr geehrte Frau...,
leider hat Sie die Betroffenheit über das Schicksal Ihrer Bekannten veranlaßt, Herrn Dr. H. als Scharlatan zu bezeichnen. Er hat jedoch nie behauptet, er könne alle Kranken heilen oder jeden Konflikt lösen, sondern hat nur nachgewiesen, daß Konfliktlösung Voraussetzung für eine Heilung wäre. Es ist ja immer der Kranke selbst, der sich in einem ihm angemessenen Bewußtwerdungsprozeß heilt. Der Arzt kann ihm hierbei eine gewisse Hilfestellung geben, entscheidend aber ist, ob er wirklich gesund werden will (nicht seine Krankheit verdrängen oder unerkennbar machen). Das allerdings ist, weil er dazu seine ganze Lebenseinstellung ändern, sich seinen Selbstlügen stellen und gewissermaßen ein neuer Mensch werden müßte, seltener als man glauben möchte.

Man sollte auch bedenken, daß der Verlauf unseres Lebens nicht in unsere Macht gelegt ist. Wir können uns zwar um das Richtige bemühen, ob und wann aber die Saat aufgeht, wird an »höherer Stelle« entschieden. Daher hat Ihr heroischer Ausdruck »*Wenn ich all die Kraft besitze, mir eine Krankheit zu machen, dann kann ich im Prinzip auch dieselben Kräfte verwenden, diese zu überwinden*« ein ungutes Gefühl in mir hervorgerufen. Ich meine, Sie werden diese selbstherrliche Einstellung noch revidieren müssen, denn Sie werden mit ihr, auch wenn Sie diesmal »Glück« gehabt haben, weder in einer schweren Krankheit noch einer Lebenskrise bestehen können. Eine Krankheit ist ja nichts, was man sich »macht«, sondern etwas, was man im Laufe seiner Menschwerdung erlebt. Ohne Zweifel gibt es dabei einen Bereich, der unserem Willen und unserer Verantwortung untersteht, doch er reicht nur so weit wie unser Bewußtsein. Was uns nicht bewußt ist, können wir weder vorsätzlich tun noch lassen.

Ihre Krankheit hat Ihnen die Möglichkeit gegeben, sich bestimmter persönlicher Fehler und Unwahrheiten bewußt und damit wieder gesund oder genauer: gesünder als vorher zu werden. Warum haben *Sie* diese Chance bekommen und andere, die sicher ebenso gern gesund wären, nicht? Hier sitzt meiner Meinung nach der schwache Punkt in Ihrer Einstellung. Sie nennen in Ihrem Bericht viele gute Beispiele, wie man durch aktiven Einsatz seine Gesundheit »macht«, und es entsteht dadurch, trotz gegenteiliger Beteuerung, insgesamt der Eindruck, als hänge es nur vom eigenen Einsatz ab, ob die Krankheit überwunden wird oder nicht. Ihre Schilderung erweckt den Anschein, als hätten Sie es nun für alle Zeiten geschafft. Das aber ist nur die halbe Wahrheit.

Sie schreiben: »*Ihr letztes Buch löste bei mir einigen Widerspruch aus, denn Sie äußern sich dort schicksalsergebener, als ich es für mich nachvollziehen kann...*« Sie dagegen hätten »*einen sehr aktiven Weg aus der Krankheit in die Heilung*« gewählt, etwas vereinfacht gesprochen: »richtig« gegessen, gedacht, gefühlt und gehandelt. Da konnte der Erfolg ja nicht ausbleiben. Daß Sie in Ihrer Krankheit aber etwas erlebt haben, das Ihnen die Augen etwas mehr geöffnet hat, und daß Sie es vor allem deshalb geschafft haben, wieder gesund zu werden, weil Sie eben doch Ihr Schicksal angenommen haben, ist Ihnen anscheinend nicht so klar geworden, daß Sie es aussprechen konnten.

»*Denn eines war mir bewußt: Bei einer psychosomatischen Erkrankung liegt es in meiner Hand, ob ich genese oder nicht*«, schreiben Sie. Dazu meine ich, daß wir zwar durch unsere Krankheit (deren Wurzel immer in der Seele liegt) aufgerüttelt und an unsere Verantwortung uns selbst gegenüber erinnert werden, daß es aber keineswegs in unserer Hand liegt, ob wir genesen oder nicht. Wir können nur den Weg, der sich da vor uns auftut, mit offenem Herzen zu gehen versuchen, nicht aber bestimmen, wohin und wie weit wir auf ihm kommen.

Dieser Gesichtspunkt ist meines Erachtens für jeden Kranken ausgesprochen wichtig, denn er weiß ja nicht, ob es für ihn vorgesehen ist, wieder gesund zu werden, ob ihm »trotz« all seiner Mühe eine lange Leidenszeit bestimmt ist oder ob er gar sterben muß. Aber nur wenn er für alles vertrauensvoll offen ist, bekommt er die innere Gelassenheit, die er braucht, *»um sich«* wie Sie schreiben, *»in eine positive Richtung zu entwickeln«*. Wer nichts mehr zu verlieren hat, kann nur noch gewinnen.

»Ich wußte damals nicht, daß ich Herr über meine Gedanken bin und damit über meine Gefühle, Handlungen, Eigenschaften«, bemerken Sie. Diese Aussage zeigt, daß Sie es gern wären, und über der Erfahrung, daß Sie tatsächlich in größerem Umfang, als es Ihnen vorher klar war, darauf Einfluß nehmen können, scheinen Sie vergessen zu haben, daß wir nur im Bereich des uns Bewußten Herr sind, und dort auch nur zum Teil. Dagegen beherrscht uns das, was in unserem Unterbewußten liegt – vor allem das Verdrängte – in einem viel größeren Umfang. Gefühle sind der Ausdruck des Irrationalen, nicht Beherrschbaren. Sie kommen, wie die Gedanken, »irgendwoher«. Wir können sie weder machen noch beherrschen, sondern ihnen höchstens gewisse Prioritäten zuweisen oder sie verdrängen, was ihnen um so größere Macht verleiht. Die einzige Möglichkeit, sinnvoll mit ihnen umzugehen, ist, sie zuzulassen, zu durchleben und dabei bewußter zu werden.

Übrigens findet sich in Ihrem Bericht ein Zeichen dafür, daß es Ihnen doch nur auf der Basis einer echten Schicksalsergebenheit gelungen ist, dieses Stadium Ihres Lebens mit so erfreulichem Ergebnis zu durchlaufen: *»Ich hatte das Gefühl, ins Nichts zu fallen. Ich bekam keine Luft mehr. Panik. Und plötzlich, als sei mir ein Schleier von den Augen gerissen, eine Ruhe und Klarheit, wie ich sie noch nie erlebt hatte. Langsam wuchs in mir ein Glücksgefühl, das ich nur als allumfassend beschreiben kann. Ich fühlte* *mich so glücklich und klar wie nie zuvor, obwohl diese Klarheit mich aller Illusionen beraubte, meine Vorstellungen von mir selbst vernichtete. Es war eine Kapitulation und ein Sieg zugleich.*«Dies war eine Schlüsselsituation und für mich eine Ihrer wichtigsten Aussagen, denn tatsächlich geht es, wenn wir in eine ausweglose Situation geraten, nur dann weiter, wenn wir uns fallen lassen, wenn wir alles, woran wir hängen, was wir wollen, was wir sind, aufgeben. Diese Kapitulation vor etwas Größerem ist gleichzeitig der Sieg über die kleinlichen Hoffnungen, Erwartungen und Vorstellungen, aus denen wir bestehen und die uns in eben diese Sackgasse geführt haben.

Daß Sie dann aktiv gekämpft und sich bemüht haben, Fehler zu überwinden und innere Klarheit zu bekommen, ist unbestritten und hat entscheidend zu Ihrer Gesundung beigetragen. Dahinter aber stand die (Ihnen anscheinend unbewußte) Bereitschaft, alles, was war, zu akzeptieren. Vielleicht müssen Sie sich auch jetzt noch als Macher Ihres Schicksals fühlen? Vielleicht ist noch eine Angst in Ihnen, wieder ins Nichts zu fallen? Sie meinen vielleicht, daß Sie nur dadurch gesund geworden sind, daß Sie sich selbst, Ihre Fehler, Schwächen und Bedürfnisse ernst genommen haben. Aber bedeutet eine solche Haltung nicht auch, daß Sie die Wirklichkeit, die ja Ihr Schicksal ist, angenommen haben? Äußert sie sich nicht auch in dem, was wir sind und »richtig« oder »falsch« tun? Sie haben vieles akzeptiert, haben Widerstände und Vorstellungen aufgegeben. Warum? Weil Sie gespürt haben, daß es für Sie keinen anderen Weg gab, daß Sie es tun mußten. Und warum mußten Sie es? Weil es Ihr Lebensweg war, weil es Ihnen bestimmt war, krank, dann gesund und dabei etwas bewußter zu werden.

»Entscheidend ist der Wille des Patienten, gesund zu werden und sein Glaube ohne Zweifel, daß es gelingen werde«, stellen Sie fest. Das klingt gut und und scheint einfach zu ein. Aber wie soll ein Mensch an die Zukunft glauben, wenn er nicht das Vertrauen in sein Schicksal, in »Gott« oder sein Glück hat – alles Phänomene, die er nicht machen, die er nur erfahren kann und denen er sich unterwerfen muß. Wenn er aber unbedingt glaubt, er könne mit seinem Glauben etwas erzwingen, dann hat er in das Feuer seines Leidens, das ja aus dem Konflikt mit seiner Lebenswirklichkeit entstanden ist, wieder Öl gegossen. Sie be-

merken hierzu: *»Verzweiflung, Hoffnungslosigkeit und das Gefühl, dem Schicksal ausgeliefert zu sein, können nur dann entstehen, wenn wir unsere Wünsche und Hoffnungen an einen anderen Menschen fixieren und unser Bewußtsein auf die Zukunft richten, in der die Früchte unserer Anstrengungen endlich aufgehen sollen.«* Eben, »*ausgeliefert*« (in diesem negativen Sinne) sind wir nicht dem Schicksal, sondern unseren Erwartungen und Vorstellungen, von denen wir genau wissen, daß sie nur dann etwas taugen, wenn sie unserer Lebenswirklichkeit entsprechen.

Wer glauben kann, oder besser: wer weiß, daß letzten Endes alles (und vielleicht unter einem höheren Aspekt, als er ihn jetzt hat) nur richtig und deshalb »gut« ausgehen kann, verliert den inneren Krampf, bekommt einen klaren Blick und versteht, was ihm in seiner Krankheit geoffenbart werden soll. Erst dann ist er für den nächsten Entwicklungsschritt reif, der der Sinn seiner derzeitigen Krankheit ist und Gesundung heißt.

Es ist ja nicht allen beschieden, wieder »gesund« zu werden. Sind demnach alle nicht geheilten oder gar gestorbenen Kranken Entgleisungen, Nieten, Ausschuß des Weltgeschehens? Und ist – diese Frage kam mir bei der Lektüre Ihres Berichtes auch noch – eine Krankheit, ob sie nun Krebs oder Rheuma heißt, eine sinnlose Panne? Ist »Heilung« der einzige Weg zum Heil? Und der Tod: ist er schließlich die Krönung dieses ganzen Unfugs? Oder bedeuten sie noch mehr?

Mir scheint, daß der Kranke auf diese dringenden Fragen eine Antwort braucht, auch wenn diese nicht gleich in sein simples, ihn letztlich krankmachendes Lebensverständnis paßt. Aber irgendwo bleibt dann doch etwas hängen und keimt vielleicht unter dem Druck seines Leidens auf, wenn er, in allen Hoffnungen enttäuscht, nach etwas sucht, was ihn erhebt und trägt. Erst wenn jemand sein ganzes wahnsinniges Festklammern, seine Wünsche, seine Hoffnungen oder sein Selbstmitleid aufgegeben hat und weiß, daß ihm eigentlich gar nichts passieren kann, selbst wenn er stirbt, hat er die Kraft und Ruhe, sich um das Nächstliegende, Vordergründige aktiv zu kümmern, seine Konflikte und Ängste zu überwinden und vielleicht auch nach einer geeigneten Therapie zu suchen.

Wer wirft den ersten Stein?

Tatort einer wahren Begebenheit: Ein kleiner, baumbestandener Platz in einem ruhigen Wohnviertel.

Tatzeit: Sonntag morgen.

Die Täter: 1. Ein Mann mittleren Alters, der nervös auf dem Platz auf- und abgeht, offensichtlich auf etwas oder jemanden wartend. Seine Bewegungen und Gesichtszüge drücken Spannung und Gereiztheit aus. 2. Ein Halbwüchsiger, der gelangweilt mit seinem lärmenden Moped durchs Viertel knattert und jedesmal, wenn er über den Platz kommt, mehrere Runden darauf dreht. Dabei fährt er dicht an dem wartenden Mann vorbei.

Tatbedingungen: Als der Halbwüchsige das dritte Mal unter Getöse den Platz überquert, hält ihn der Mann gereizt an und sagt ihm, er solle diesen Lärm unterlassen und verschwinden. Der Mopedfahrer gibt darauf keine Antwort und fährt weiter. Nach kurzer Zeit erscheint er wieder auf dem Platz und beginnt seine, diesmal offensichtlich provozierenden Runden zu drehen. Der Mann tritt ihm, noch erregter, in den Weg und droht ihm unmißverständlich, wenn er noch einmal erscheine, werde er ihn erschießen. Der Halbwüchsige fährt davon.

Die Tat: Nach einigen Minuten erscheint er wieder und beginnt, seine Runden zu drehen. Der Mann tritt auf ihn zu, zieht einen Revolver aus der Tasche und erschießt ihn.

Der Mörder, der sich ohne Widerstand abführen ließ, wurde zu lebenslanger Haft verurteilt. Die Brutalität und Sinnlosigkeit dieses Verbrechens erregte damals die ganze Stadt, und wenn auch du, liebe Leserin oder lieber Leser, dich darüber empören oder entsetzen würdest, wäre das nur normal und verständlich. Allerdings würde das nicht genügen. Denn diese scheußliche Mordgeschichte steht hier nicht, wie in der Sensationspresse üblich, um deine Emotionen aufzuheizen, sondern um dich betroffen zu machen und ein paar Fragen aufzuwerfen, mit denen man sich auseinandergesetzt haben muß, wenn man selbst einmal in menschenwürdiger Weise mit einem Unrecht oder Schicksalsschlag fertig werden will.

Ohne Zweifel wurde der Mörder zu Recht verurteilt. Dennoch: Wem hat eigentlich seine Verurteilung genützt, da doch dadurch weder das Opfer wieder lebendig noch das Unrecht ungeschehen gemacht werden konnte? »Strafe muß sein!« wendest du vielleicht ein, oder: »Recht muß Recht bleiben! Wo kämen wir denn hin, wenn jeder seine Triebe und Gelüste hemmungslos ausleben dürfte, wenn man stehlen, betrügen, verletzen oder morden dürfte, wie es einem gerade in den Sinn kommt?« Nur Abschreckung kann uns vor Verbrechen schützen. Der Mensch ist schlecht – das ist bekannt, und Schlechtes kann, wie ebenfalls jeder weiß, nur mit Schlechtem bekämpft werden. Rufen nicht selbst gewisse »Pazifisten«: »Krieg dem Krieg!«? Und gibt es da nicht außerdem noch ein besonderes Vergnügen, das nicht einmal das blutgierige Raubtier kennt? Rache ist nun einmal süß. Wer will schon darauf verzichten?

Wirklich – es wäre geradezu absurd, wollte man auf ein Unrecht mit Nachsicht und Verständnis reagieren.

Und doch – wie gut täte es uns, wenn wir es einmal versuchten! Heißt es nicht: »...wie wir vergeben unseren Schuldigern?« Sind wir nicht alle in irgendeiner Form Schuldiger? Kann es nicht jedem von uns bestimmt sein, eines Tages etwas Schreckliches zu tun? Du zum Beispiel, als du neulich wutentbrannt dein Kind schlugst oder aus Unachtsamkeit beinahe einen furchtbaren Verkehrsunfall verursacht hättest, oder ich, als ich vor Jahren durch eine Fehldiagnose einen Patienten in akute Lebensgefahr brachte. Es ging noch einmal gut aus; das Schicksal war gnädig. Aber immerhin hat es uns ins Bewußtsein gerufen, wie wenig wir uns im Grunde von jenen Missetätern, Sündern oder Verbrechern, auf die wir so gerne mit dem Finger zeigen, unterscheiden.

In jedem von uns schlummern ein paar böse Geister; täglich kann uns, allen guten Vorsätzen zum Trotz, »der Teufel reiten«. Man braucht uns nur ein Unrecht anzutun, uns etwas zu verweigern oder wegzunehmen – schon erwachen die gehässigen oder zerstörerischen Emotionen in uns. Unsere »menschlichen Schwächen«, die wir für so normal halten, daß wir sie nicht

181

aufgeben wollen – Eifersucht, Wut, Haß, Rachsucht, Neid, Gier, Lüge, Stolz, Intoleranz, Fanatismus, Angst, Beleidigtsein, ja selbst die »Liebe« – machen sie uns nicht bösartig und gemein, treiben sie uns nicht dazu, andere (oft auf höchst subtile Weise) zu quälen, verfolgen, erpressen oder unterdrücken?

Wer kennt sich schon genau, wer will die ganze Wahrheit über sich wissen? Wir meinen, wenn man uns für anständig, ordentlich, hilfsbereit, ehrlich oder zuverlässig hält, wenn wir die geltenden Gesetze und Gebote einhalten oder jene »schlechten Gedanken«, die man nicht denken darf, unterdrücken, seien wir »gute Menschen«. Den Unmenschen aber, die Bestie, die auch noch in uns steckt und einen mörderischen Kampf ums Überleben führt, wollen wir nicht wahrhaben.

Deshalb lächelst du vielleicht überlegen und winkst ab: Nein, auf dich trifft das alles nicht zu. Noch nie warst du versucht, jemanden zu ermorden, noch nie hast du jemanden den Tod gewünscht und hast auch nie »richtig« gestohlen oder betrogen. Und wie du dich kennst, wird sich auch in Zukunft nichts daran ändern. Bei dieser Behauptung muß es sich um einen Irrtum handeln.

Ja, hier liegt tatsächlich ein Irrtum vor. Dieser beruht auf einer bekannten anatomischen Eigenart des Menschen: Sein Auge kann auf größte Entfernung kleinste Splitter erkennen, und dies, obwohl riesige Balken in ihm stecken. Und es hat noch eine außergewöhnliche Eigenschaft: Es läßt das Häßliche um so größer erscheinen, je weiter dieses von ihm entfernt ist. Was dir bei anderen Menschen unerträglich erscheint, wird an dir selbst verzeihlich.

Diese Eigenschaft ist eine Hilfsmaßnahme unserer Seele, die verhindert, daß wir an uns zerbrechen. Indem sie uns das »Schlechte« zunächst aus der Entfernung, nämlich bei anderen, vor Augen führt, läßt sie uns Zeit und Ruhe, daraus auch auf uns selbst zu schließen. Wenn wir dann die Forderungen, die wir unserer Umwelt stellen, bei uns selbst – hautnah – überprüfen, erkennen wir oft, wie übertrieben oder unberechtigt sie sind, und beginnen, bei anderen das zu tolerieren, was wir auch in uns selbst nicht austilgen können.

Natürlich ist es richtig, Verbrechen und Unrecht zu verfolgen, weil wir selbst es nicht erleiden oder begehen wollen und weil

182

Recht herrschen muß. Dennoch müssen wir, wenn wir nicht die Wahrheit verleugnen wollen, zugeben, daß wir eigentlich – wenn vielleicht auch in anderer Beziehung – genauso schuldig sind wie jene, die wir zu verurteilen pflegen, oder anders herum, daß diese aus einer überpersönlichen Sicht die gleiche Unschuld besitzen, die wir für uns beanspruchen.

Wirfst du den ersten Stein?

Grundsätzlich handelt jeder von uns so gut, wie er tatsächlich (unter Berücksichtigung aller dabei mitwirkenden Umstände und Bedingungen) kann. Das Gesetz unseres Lebens zwingt uns dazu. Sein »Geist« ergreift von uns Besitz und gibt uns eine Perspektive, unter der die betreffende Tat für uns zur unausweichlichen Notwendigkeit – zu unserem Schicksal – wird und alles andere in diesem Augenblick falsch wäre. Wir sind Werkzeuge der Vorsehung, die mit unserer Hilfe ihren rätselhaften, unbegreiflichen und oft so »unmoralischen« Plan realisiert. Den einen bestimmt sie zum Opfer, den anderen macht sie zum Mörder. Jeden aber führt sie auf unbegreiflichen und oft schmerzlichen Wegen seiner Vollendung, dem »Heil«, entgegen.

So ungeheuerlich das unserem kleinlichen Denken zunächst auch erscheinen mag, so dient doch alles, was in dieser Welt geschieht – und sei es das größte Unglück oder das fürchterlichste Verbrechen –, einem höheren, wenn auch für uns unbegreiflichen Sinn, und in letzter Konsequenz trägt nicht der Mörder die »Schuld« an seiner Tat, sondern der, der sie in seinem Lebensplan vorgesehen hat. Wollen wir »Ihn« dafür verurteilen?

Ja, tatsächlich, wir versuchen es immer wieder, wenn wir mit unserem Schicksal hadern, wenn wir trauern, hassen, uns rächen, neiden, verurteilen oder uns selbst beschuldigen. Und jener bedauernswerte Vater, dessen Tochter vor Jahren infolge einer falschen ärztlichen Behandlung tödlich erkrankte, ist ein trauriges Beispiel dafür. Er verfolgte den Arzt, der in bester Absicht gehandelt hatte, jahrelang mit seinem Haß und wurde selbst darüber schwer krank.

Der Stein, den wir so selbstgerecht auf einen anderen werfen, trifft letztlich uns selbst, weil wir damit uns selbst verfolgen. Das Urteil, das du über andere fällst, gilt auch für dich, und wenn du nicht vergeben kannst, zeigt dies nur, wie sehr du dich selbst haßt.

Zwar würde es fast übermenschliche Größe bedeuten, wenn wir angesichts eines schweren Schicksalsschlages vertrauensvoll zum Himmel »Dein Wille geschehe!« oder nachsichtig zu unserem Mitmenschen: »Ich vergebe dir, denn du weißt nicht, was du tust!« sagen könnten. Aber wenigstens bei den kleinen Ärgernissen und Verlusten könnten wir es einmal üben, indem wir uns sagen »Wer weiß, wofür es gut ist?« oder: »Es wird schon seinen Sinn haben.« Es würde uns viel Leid ersparen.

Da unsere Welt zwei Seiten besitzt: eine irdisch-menschliche und eine überirdisch-göttliche, herrscht in ihr auch zweierlei Recht. Das erste, »menschliche«, ist durch das primitive Raubtier in uns repräsentiert und verlangt von uns, um unser Überleben zu kämpfen und uns auf Kosten unserer Konkurrenten durchzusetzen. Bei ihm heißt es: Auge um Auge, Zahn um Zahn. Das zweite, »göttliche«, manifestiert sich in unserer Lebensrealität, die ein Ausdruck der *Wahrheit* und der *Absoluten Gerechtigkeit* ist. Sich ihm zu unterstellen bedeutet, mit der Wirklichkeit des Lebens – und sei sie noch so schwer – Frieden zu schließen und in ihr einen Sinn zu suchen. Indem man dabei »über sich selbst hinauswächst« und, statt Unrecht durch Unrecht zu bekämpfen, nach einem höheren Verständnis sucht, verläßt man jene Niederungen menschlichen Existierens, in denen das Leid zu Hause ist.

Ob das Weltgeschehen wirklich besser und gerechter wäre, wenn es in unsere Hand gelegt wäre? Sicher nicht. Wieviel Unrecht würden wir begehen und welches Leid würden wir uns bereiten, weil wir in unserer Dummheit, Verblendung und Gier versuchen würden, daraus ein oberflächliches, nichtsnutziges Dauervergnügen und vorteilhaftes Geschäft zu machen. Unsere nach Erlösung und Erleuchtung dürstende Seele aber würde dabei verkümmern. Nein – diese Welt ist tatsächlich die beste aller möglichen, und unser Leben könnte nicht HEILbringender sein – trotz oder gerade wegen all des Unrechts, das wir erleiden und das wir verüben müssen. Dies aber kannst du nur erkennen, wenn du bedingungslos nach Wahrheit und Freude suchst.

Willens sein

Immer wenn es uns offensichtlich nicht gelingen soll, ein Problem oder einen Schmerz durch Veränderung äußerer Umstände zu beseitigen, müssen wir dies in uns selbst, in unserer Lebenseinstellung zu erreichen versuchen. Die Frage heißt dann nicht mehr: »Wie kann ich diese Unannehmlichkeit oder dieses Unglück überwinden?«, sondern: »Wofür ist es gut? Was will es mir über mich zeigen, und inwiefern kann ich daraus lernen, besser mit meinem Leben klarzukommen?« Hier bewahrheitet sich das Wort: »Wer sucht, der finaet« in seinem weitesten Sinne   vorausgesetzt, wir ₔnd bereit, alles, was wir dabei finden, ernstzunehmen.

Sehr geehrte Frau...,

unser ganzes Leben besteht aus der Suche nach dem inneren Frieden. Ohne ihn ist es sinnlos, unerfreulich und zerstörerisch. Er bedeutet nicht nur ein ausgewogenes Verhältnis zwischen unserer selbstbewußten Individualität und den überpersönlichen Kräften, die auf uns Einfluß nehmen, also zwischen Menschlichem und Transzendentem, sondern auch ein Gleichgewicht in uns selbst, zwischen jenen Kräften und Tendenzen, die uns angeboren sind und unsere Persönlichkeit ausmachen. Dieses innere Gleichgewicht zu bewahren, ist für die meisten von uns ein ihr ganzes Leben überschattendes Problem. Denn nicht selten tragen wir die widersprüchlichsten Anlagen in uns. So können wir zum Beispiel gleichzeitig aggressiv und friedlich, fordernd und nachgiebig, extrovertiert und introvertiert, materialistisch und geistig veranlagt sein. Wir können uns erotisch zu einem Menschen hingezogen fühlen, der uns gleichzeitig in anderer Hinsicht abstößt, können heute Dinge wichtig finden, die uns morgen schon nichts mehr sagen oder uns selbst gleichzeitig lieben und hassen.

Solange wir darüber nicht im klaren sind, werden wir im gewaltsamen Konflikt unserer inneren Gegensätze aufgerieben und zerstört. Unser Leben besteht dann in einem nie endenden, fruchtlosen Kampf gegen widrige Umstände, feindliche Menschen oder ein ungerechtes Schicksal, weil wir nicht wissen, daß uns dies alles deshalb in unserem äußeren Leben so schmerzhaft bewußt werden muß, weil wir es in uns selbst nicht zur Kenntnis nehmen. Immer wenn wir eine bestimmte Anlage unter Vernachlässigung der anderen ausleben, antworten diese mit heftigen Gegenreaktionen. Diese bestehen zunächst in seelischen, später auch in körperlichen Krankheiten und sollen das naturgegebene Gleichgewicht unserer inneren Kräfte wiederherstellen. Oft schießen sie allerdings darüber hinaus und schaffen dadurch neue Probleme.

Gegensätze lassen sich nur unter einem höheren gemeinsamen Nenner vereinen. Auf unsere Seele bezogen, ist dies der innere Friede. Solange wir diesem nicht in größter Bewußtheit die verschiedenen Impulse, Strebungen und Wünsche, von denen wir beherrscht werden, unterordnen, lassen sie uns durch ein chaotisches Leben taumeln, wie die sturmzerwühlte See ein steuerloses Schiff. Dabei kann es nicht ausbleiben, daß sowohl unsere äußeren Lebensverhältnisse und menschlichen Beziehungen, als auch unsere körperliche Verfassung Schaden nehmen. Immer wieder sind wir aufgerufen, uns über das, was uns treibt und zieht, motiviert und beflügelt, umherwirft und zerreißt, klarzuwerden und vor allem eine Antwort auf die Frage zu suchen, was uns dies alles über uns selbst mitteilen will. Nur so können wir unter den zerstrittenen Teilen unserer Seele Frieden stiften und jedem den Platz zuweisen, der ihm von Natur aus zusteht.

Sie schreiben: »*Ich beginne zu lernen, was es bedeutet, nicht zu wollen, sondern willens zu sein. Wie fast alle wichtigen Lektionen in meinem Leben, lerne ich auch diese auf dem harten Wege, nämlich durch Erfahrung. Dabei ist rein äußerlich nichts Besonderes passiert, nur daß mir das, was ich WILL, nicht mehr gelingt oder sich mir entzieht. Das war nicht immer so. Viele Jahre schienen mein Wille, meine Disziplin und meine Energie die einzige Garantie für mein Überleben zu sein. Ich weiß natürlich, daß alles im Leben seine Zeit hat. Die Zeit der Expansion, der Extroversion und des Aufbaus meines – inzwischen ziemlich prallen – Egos ist vorbei.*« Und es scheint, daß Sie wieder einmal nach Ihrem inneren Gleichgewicht suchen. Wenn Sie die Erfahrung, die Sie jetzt machen müssen, so bewußt durchleben, wie Sie darüber schreiben, wird sie Ihnen großen Segen bringen. Sie wird jener Tendenz, die in der Zeit Ihrer großen Willensanstrengung und Aktivität zu kurz gekommen ist und in dem Wunsch besteht, »willens« zu sein, zu ihrem Recht verhelfen.

Es drückt sich hierin nicht nur das überindividuelle Bedürfnis des Menschen nach der Gotteserfahrung aus, die in der Erkenntnis der eigenen Ohnmacht und der Geborgenheit in einem größeren, übermenschlichen Willen besteht, sondern auch ganz individuell eine Komponente Ihrer seelischen Struktur, die auf Nachgeben und Geschehenlassen ausgerichtet ist. Wir können eben nicht nur wollen und kämpfen. Wir haben auch das Bedürfnis, zu erfahren und zu erfühlen, was ja nur aus der Passivität im richtigen Sinne, nämlich der bereitwilligen Annahme des Schicksals, möglich ist. In Wirklichkeit bedeutet dies die Kontaktaufnahme mit dem Göttlichen.

Sie sprechen von Ihrer ungewöhnlich hohen Konzentrationskraft, in der, da sie mit einem unbeugsamen Willen und leidenschaftlichem Temperament gepaart sei, eine gewaltige Potenz liege, und fahren fort: »*Bevor ich krebskrank wurde, waren diese Kräfte in mir mehrfach blockiert und richteten daher die Gewalttätigkeit gegen mich selbst.*« Mir kommt da der Gedanke, daß möglicherweise nicht die Potenz Ihres Willens, sondern im Gegenteil die Fähigkeit, »willens zu sein«, blockiert war, weil Ihr Wille zu große Gewalt über Sie bekommen hatte. Weiter heißt es: »*Heute sind diese Kräfte ins Fließen gekommen. Das ist insgesamt bestimmt gesünder, aber nun muß ich lernen, mit diesen Kräften umzugehen, sie nicht zu unterdrücken oder zu beherrschen, sondern zu transformieren.*«

Transformieren ist ein heute weithin gebräuchliches Wort geworden, was allerdings nicht besagt, daß es ein klarer Begriff ist, denn was soll man eigentlich darunter verstehen? Umwandeln, in einen anderen Zustand überführen – aber wie und in welchen? Das ist eine der großen Fragen, die die Menschheit seit eh und je beschäftigt. Weil der Zustand, den man ersehnt, unbekannt, weil unerfahren ist, kann man ihn auch nicht bewußt zu erreichen versuchen. Unser menschliches Wachstum besteht gerade darin, daß sich unser Bewußtsein allmählich erweitert, sich ein neuer Horizont auftut, daß wir etwas erleben, erfahren, erkennen, was zuvor für uns im Dunkel des Unbewußten und Ungeahnten lag. Also kann auch dieses Transformieren nur darin bestehen, sich den Kräften anzuvertrauen, die in und auf uns wirken. Immer wenn wir ein festes Lebensziel ansteuern, gehen wir in die Irre. Denn wir wissen ja nicht, wohin die Reise unseres Lebens gehen soll. Deshalb meine ich, daß Sie sich über Ihren vielbeschworenen Willen, an den Sie sich so verzweifelt geklammert haben und auch heute noch zu klammern scheinen, und das, was er Ihnen eingebracht hat, so klar wie möglich werden sollten. Er muß wieder auf das Maß zusammenschrumpfen, das ihm zusteht, und sich dem größeren gemeinsamen Nenner, nämlich Ihrer seelischen Einheit und Ausgewogenheit, unterordnen.

Sie befinden sich bereits mitten auf diesem Weg, wie Ihre Frage zeigt: *»Aber wie, bitte schön, lernt man unabsichtsvolles Tun, wie kann man Demut erfahren, ohne gebrochen zu werden?«* Der Begriff »unabsichtsvolles« Tun, der an sich eine sprachliche Absurdität und Verneinung in sich selbst darstellt, zeigt Ihren Wunsch nach einer anderen Seinserfahrung. Diese verbirgt sich immer hinter dem Absurden. Sie werden es selbst wissen: Unabsichtsvolles Tun kann man nicht erlernen wie eine Lektion, denn es ist etwas, das nicht in den Bereich bewußten Wollens fällt.

Und doch – ist unser ganzes Leben nicht ein solches »unabsichtsvolles Tun«? Sind wir nicht ohne unsere Absicht in diese Welt geraten, gehen wir nicht die Wege, die uns bestimmt sind, aus einem absichtslosen Antrieb heraus, entsteht unser Fühlen, Denken, Handeln, Erkennen, Erfahren nicht »aus sich heraus«? Solange wir leben, handeln wir »unabsichtsvoll«, weil wir das Werkzeug eines höheren Willens sind. Wenn wir aber meinen, unsere Biographie sei die Folge unseres Wollens, wenn wir stolz auf das »Erreichte« und unzufrieden über unser »Versagen« sind, entfernen wir uns von ihm. Da dies unsere Lebensfreude und unseren Lebenssinn beeinträchtigt, versucht dann unsere darunter leidende Seele, uns durch Krankheit und Unglück die Scheuklappen unserer Selbstherrlichkeit von den Augen zu reißen.

»›Laß einfach los!‹ werden Sie vielleicht sagen, ›dir kann nichts passieren, du hast es sogar schon einnmal getan und es war gut so.‹ Verdammt nochmal, ich weiß es ja, und doch: Wachstumsschmerz ist flammend – qualvoll bis zum Zerreißen – ein Fegefeuer

der Läuterung – wenn du es aushältst...« Ihre Worte lassen ahnen, wie sehr Sie darunter leiden. Doch Ihr Schmerz, so flammend und qualvoll er auch sein mag, wird Sie nicht läutern, solange Sie ihn für Wachstumsschmerz halten, denn er entsteht in Wirklichkeit gerade daraus, daß Sie nicht wachsen wollen, daß Sie sich unbewußt gegen das Leben, das Richtige, die Freude, die sich in Ihnen manifestieren wollen, sträuben, weil sie nicht in Ihre Denkklischees, Ihr Weltbild und Ihre Gewohnheiten passen, weil Sie »es auszuhalten« suchen und etwas anderes wollen als das, worauf Sie zugeführt werden sollen.

Meinen Sie, eine Blume empfindet Schmerzen, wenn sie wächst und erblüht? Und – was ist es denn anderes als Ihr inneres Wachstum, wenn Ihnen das Herz aufgeht angesichts eines erfreulichen Erlebnisses, wenn sich Ihre Seele weitet bei einem großen Gedanken, wenn Ihre Ahnung von dem großen Licht, dem alles entgegenstrebt, wieder etwas deutlicher geworden ist? Bereitet Ihnen das Schmerzen? Zerreißt Sie das? Nein, versuchen Sie nicht mehr, auszuhalten und Widerstand zu leisten. Das Leben ist stärker als Sie. Versuchen Sie, sich ihm hinzugeben, jeden Augenblick, immer aufs neue, so bewußt wie möglich. Suchen Sie die Freude, das Licht, die Übereinstimmung mit dem großen, unbegreiflichen Wesen, aus dem heraus alles geschieht und wächst.

Geben Sie sich der Wirklichkeit Ihres Lebens hin, sehen, fühlen, erleben Sie sie, ohne Absicherung, ohne Gedanken an Vor- oder Nachteile oder die Zukunft. Und wenn Sie nur noch einen Tag zu leben hätten, so sollte dieser Tag zur freudvollen Ewigkeit für Sie werden. Fühlen Sie durch alles, was Ihnen bewußt wird, hindurch, bis Ihnen etwas *Großes* offenbart. Lassen Sie sich vom Rausch des Lebens, das in Ihnen strömen will, erfassen, absichtslos, um seiner selbst willen, sozusagen aus reinem Vergnügen. Das Eigentliche, das Göttliche, die Freude können wir nicht absichtsvoll planen oder erzwingen. Wir können nur versuchen, sie, die ständig in uns sind, zu erkennen.

Lassen Sie los, was Sie daran hindert, sei es, was es will. Vergessen Sie nicht, was Sie in den Augenblicken der »Erleuchtung« über den Sinn des Lebens, die Freude und das Unvergängliche erfahren haben. Dann erkennen Sie, daß Angst vor der Zukunft oder Krankheit nur ein Hirngespinst, eine Ausge-

189

burt entarteter Phantasien ist, Ausdruck der unbewußten Weigerung, sich ganz und gar dem Leben hinzugeben. Das können wir selbst in einer Krankheit, denn sie ist ja die Aufforderung aus unserer Seele, endlich die freudlosen, kleinlichen, häßlichen und selbstquälerischen Einstellungen, Denk- und Lebensgewohnheiten aufzugeben, mit denen wir das unerhörte und unfaßbare Wunder, das wir ständig in uns erleben, zu vergewaltigen versuchen.

Sie haben recht: Dies hat etwas mit Demut zu tun, und Ihre Frage: *»Wie kann man Demut erfahren, ohne gebrochen zu werden?«* ist eigentlich nur rhetorisch, denn sie zeigt, daß Sie in Ihrem Innersten wissen, daß Demut nichts mit Gebrochen-Werden zu tun hat. Sie bedeutet im Gegenteil, daß man mit freudigem Herzen, aufrechtem Haupt und voller Vertrauen sich einem Größeren in die Hand gibt, von ihm durchdrungen und seiner teilhaftig ist. Demut bezieht sich ja auf das Göttliche, das uns niemals erniedrigt oder bricht, sondern uns im Gegenteil befreit und erhebt. Indem wir uns in Demut unserer menschlichen Kleinheit bewußt werden, entsteht in uns das Wissen um »Gott«, das Gefühl dafür, daß wir selbst Teil und Verkörperung von etwas Unbegreiflichem und Übermenschlichem sind. Wenn überhaupt etwas gebrochen wird, so sind es unsere törichten Denkklischees, die uns dazu treiben, uns gegen die Vorsehung aufzulehnen und das, was sie uns bestimmt hat, zu verurteilen. Hiervon frei zu werden, ist eine Wohltat, denn dabei kehren gleichzeitig Wahrheit und Frieden in uns ein. Auch Sie haben Demut schon unzählige Male erlebt, ohne daß Sie dabei gebrochen wurden. Sie haben nur vielleicht nicht gewußt, daß es die Freude über Ihr Leben und die Dankbarkeit für das Schöne in dieser Welt war.

Wenn Sie schreiben: *»Dennoch hadere ich nach wie vor mit Ihrem Schicksalsbegriff. Er weckt bei mir Assoziationen von demütiger Annahme von Schuld, von der einem niemand vermitteln kann, worin sie eigentlich besteht. Gott in seiner unendlichen Weisheit erlegt mir ein unabänderliches, hartes Schicksal auf, aus dem es kein Entrinnen gibt. Meine Aufgabe ist es, dieses Schicksal ohne Widerstand und Klage anzunehmen, dann winkt mir die ewige Glückseligkeit im Jenseits«,* muß ich Sie etwas drastisch verbessern: Nicht »Gott« in seiner unendlichen Weisheit, sondern Sie selbst in Ihrer »Dummheit« erlegen sich dieses harte Schicksal auf, denn diese Bewertung stammt ja von Ihnen. (Übrigens hätten Sie, wenn Sie Ihr Schicksal positiver sehen könnten, auch nichts dagegen, daß Sie aus ihm nicht »entrinnen« können – wohin eigentlich?) »Gott« gibt es Ihnen, weil es richtig ist. Sie aber bezeichnen und empfinden es als hart, weil es Ihnen nicht paßt, und meinen, Sie wüßten besser, was richtig ist. Wir finden immer nur das, was wir suchen, unsere Augen sehen nur das, wofür unser innerer Blick offen ist. Wollen wir »Gott« dafür die Schuld geben, wenn wir nur »hart« empfinden und sehen können?

So ist auch der Schicksalsbegriff, mit dem Sie hadern, nicht meiner, sondern der Ihrige. Sie sind es ja, die auf meine Worte diese traurigen Assoziationen von Schuld und Strafe entwickeln. Das zeigt, daß in Ihnen das Gefühl, schuldig zu sein, und der Wunsch nach Bestrafung lauern. Was bedeuten sie? Woher kommen sie? Zwar kämpft etwas in Ihnen – zum Glück – dagegen, solange es aber in Ihrem Selbstverständnis noch den Irrtum »Schuld« gibt, sind Sie ihm verfallen. Schuld ist ein scheußlicher Drache, den Sie im eigenen Haus züchten, und indem Sie ihm immer wieder Nahrung geben, bekommt er die Kraft, Sie zu tyrannisieren. Deshalb ist es wohl an der Zeit, daß Sie sich mit dem Phänomen Schuld noch genauer auseinandersetzen. Ziehen Sie den elenden Wurm nur einmal ans Licht der Wahrheit, der Lebenswirklichkeit. Dann vergeht er wie ein Gespenst, weil Sie erkennen werden, daß Sie weder Verantwortung noch Schuld an diesem unbegreiflichen Weltgeschehen, dem auch Ihr Leben, Fühlen, Denken und Handeln entspringt, tragen können. »Schuldig« werden wir in dem Augenblick, in dem wir meinen , wir seien *für das, was mit und durch uns geschieht, persönlich verantwortlich*, das heißt, es hänge nur von unserem freien und selbstherrlichen Willen ab, es zu verhindern, und es liege in unserer Hand, nicht »schuldig« zu werden.

Tatsächlich aber handeln wir stets aus der Notwendigkeit des Augenblicks, die das momentane Endergebnis sämtlicher uns bedingenden und betreffenden Umstände ist, von denen uns aber nur ein winziger Bruchteil bewußt ist. Das Gefühl der Schuld zeigt, daß wir uns zum Herrn unseres Schicksals aufzuschwingen versuchen, und erinnert uns daran, daß wir doch nur kleine, ohnmächtige Menschen sind, die das tun müssen, was ihnen als Teil in diesem unerforschlichen Weltgeschehen bestimmt ist – und sei es das größte Unrecht, das ein Menschenhirn ersinnen kann. Es ist ein Zeichen dafür, daß wir »Gottes« Wirken nicht in uns erkennen.

Allerdings können wir weder »Gott« noch seine Schöpfung mit unserem lächerlichen Oberflächenverstand begreifen. Nur wenn wir absichtslos, ohne Wunsch, Vorstellung und Erwartung in uns hineinhören, offenbart »Er« oder »Es« sich uns. Auf diese Erfahrung läuft alles in unserem Leben hinaus. Man kann zu ihr finden, indem man durchs Fegefeuer geht, sich qualvoll zerreißen läßt oder unter seinem harten Schicksal leidet. Es gibt aber auch einen direkteren Weg: die Freude. Denn sie läßt Ihr Herz wie den Gesang eines Vogels geradewegs »in den Himmel« aufsteigen.

Der Götterberg

Unser Leben ist ein großes Symbol, dessen Bedeutung wir, wie das bei Symbolen immer der Fall ist, mit unserem Verstand nur zu einem kleinen Teil erfassen können. Die eigentliche Botschaft, die darin liegt, teilt sich uns über unser Fühlen und Ahnen mit, das, so subjektiv und unbeweisbar es ist, letztlich doch unsere Wege bestimmt. Alles, was uns begegnet, gleicht der winzigen Scherbe eines unendlich großen Spiegels, in dem unser ganzes Bild eingefangen war und den unsere Unfähigkeit zu wirklicher Selbsterkenntnis zertrümmert hat. Je kleiner diese Scherben sind, desto klarer und eindeutiger erscheint uns das darin Gespiegelte; mit zunehmender Größe aber werden ihre Mitteilungen immer umfassender und vieldeutiger. Zwar können wir sie dann nicht mehr bewußt begreifen, dafür aber lassen sie die Quelle unseres intuitiven Verstehens reichlicher fließen und verleihen uns jene Sicherheit der Traumwandler, die uns unbeschadet über die Klippen unseres geheimnisvollen Lebens zu wandern hilft. Das folgende Märchen ist eine solche Scherbe. Es handelt von dir, liebe Leserin oder lieber Leser, und soll in dir jene Saiten berühren, ohne deren feines Schwingen du dieses Buch nicht verstehen kannst.

Es war einmal ein König, dem man den Beinamen »Der Weise« gegeben hat und dessen Regierungszeit in die Geschichte seines Landes als das »glückliche Zeitalter« eingegangen ist. Denn unter seiner Herrschaft gab es weder Kriege noch Hungersnöte, weder Seuchen noch Katastrophen. Dabei war sein Land so unermeßlich groß, daß er niemals, so weit er auch gereist war, seine Grenzen erreicht hatte.

Als seine Zeit auf Erden abgelaufen war, rief er seinen Sohn zu sich und sagte: »Du hast nun alles gelernt, was du für dein schweres Amt wissen mußt. Du kennst die Geschichte unseres Landes, das Finanz- und Kriegswesen, die Rechtsprechung, die

Philosophie, die Kunst und die Religion. Ich habe dir die besten Lehrer unseres Landes gegeben, damit du einst zum Segen unseres Volkes wirken kannst. Allein dafür wirst du auch eines Tages all die Vorrechte, die Macht und den Reichtum von mir erben – nicht aber zu deinem persönlichen Besitz und Vergnügen. Denn auch du, so mächtig du sein wirst, bist nur der Untertan eines noch größeren Herrschers, der jenseits unserer Grenzen in einem Land herrscht, das kein Sterblicher je betreten hat. Ich werde euch bald verlassen und die Reise dorthin antreten, um ihm Rechenschaft abzulegen. Du aber, mein Sohn, vergiß nie, daß ich dir die Herrschaft über unser Volk nur in seinem Auftrag übergebe. Es ist eine Aufgabe, an der du dich bewähren und groß werden sollst.

Ich habe wohl bemerkt, daß du, was deine Macht und dein Ansehen fördern konnte, bereitwillig gelernt hast, daß du aber allen Beschwerlichkeiten, die nicht unmittelbar diesem Zweck dienten, ausgewichen bist. Deshalb hast du dich auch stets geweigert, mich bei dem gefährlichen und schweren Aufstieg auf den Götterberg, den ich zu bestimmten Zeiten unternahm, zu begleiten. Ich habe dich gewähren lassen, denn ich hoffte, daß du mit der Zeit klug genug würdest, um zu erkennen, daß auf ihm das Geheimnis unseres Glückes liegt. Jetzt aber bleibt keine Zeit mehr, und ich bitte dich, mich auf meiner letzten Reise dorthin zu begleiten, damit du es erfährst.«

Und er zog mit seinem Sohn zu jenem geheimnisumwitterten, mächtigen Berg, dessen Kuppe in unendliche Himmelshöhen aufragte, und nahm diesmal auch seinen Hofstaat mit. Sie reisten gerne mit ihm durch das flache, grüne Land, labten sich an süßen Früchten, tanzten mit fröhlichen Menschen, badeten in silbernen Flüssen und lagerten auf weichem Moos. Als sie aber an dem Berg angekommen waren und die Wege steil und felsig wurden, als sie die dunklen Wälder sahen, die ihn unten umgürteten, und die schroffen Steilhänge, die sich aus ihnen erhoben, da stimmten sie ein großes Geschrei an und wußten hundert Gründe, warum sie nicht hinaufsteigen konnten.

»Es wundert mich nicht, daß ihr mir nicht folgen wollt«, sagte der König, »denn Kleinmut und Bequemlichkeit sind wahrlich eine schwere Last. Wie solltet ihr, da sie euch wie eiserne Ketten anhängen, in die Höhen steigen können? Bleibt also hier und wartet, bis ich mit meinesgleichen dort oben war und mich am ewigen Geheimnis gestärkt habe.«

Die Leute waren froh, daß sie rasten und sich den Tag mit allerlei Kurzweil vertreiben konnten. Sie fragten sich nur, wen der König gemeint haben könnte, als er von seinesgleichen sprach, denn weit und breit kannten sie keinen anderen König; so nahmen sie an, es sei seine Familie. Doch als er eines Abends bei sinkender Sonne aufbrach, machte keiner von der königlichen Familie Anstalten, ihm zu folgen. Auch sein Sohn brachte viele Einwände gegen das gefährliche Unternehmen vor.

»Warum«, so fragte er, »sollen wir diese Strapazen auf uns nehmen, wenn wir hier in aller Bequemlichkeit das genießen können, was wir haben? Warum sollen wir auf engen Pfaden bergaufklettern, wenn wir auf breiten Wegen schreiten können? Laß uns um den Berg herumziehen. Wir wollen ihn von allen Seiten betrachten. Das wird genügen, um sein Geheimnis kennenzulernen.«

Alle pflichteten ihm bei und dachten bei sich: Was für einen vernünftigen Herrscher werden wir einmal haben! Der alte König aber nahm seinen Sohn beiseite und sagte zu ihm: »Vergiß nicht den Wahlspruch der Könige: Großes macht groß, Mühe macht stark, Höhe läßt sehen. Befolge ihn, wenn du nicht untergehen willst.«

Da ging der Sohn mit ihm, – nicht, weil er verstanden hatte, sondern weil er es nicht wagte, sich dem Alten zu widersetzen. Als sie ein Stück Weges gegangen waren, blickte er zurück und bemerkte, daß sich ihnen eine Handvoll Männer angeschlossen hatte, die er noch nie bei Hofe gesehen.

»Was wollen diese Männer?« fragte er empört, »Dies ist eine Reise für Könige.«

»Du hast recht, mein Sohn«, entgegnete der Alte, »nur wer den Götterberg bestiegen hat, kann König sein.«

»Wer außer mir, deinem Sohn, sollte das sein?«

»Ja – wenn du dessen würdig bist...«

Sie schritten bergauf, und bald wurde der Pfad so steil und gefährlich, daß sie nur noch mit Mühe vorankamen. Der alte König kannte den Weg und kletterte voran, die anderen folgten ihm. Aber nach einiger Zeit blieb der Sohn, der solche Strapazen nicht gewöhnt war, mehr und mehr zurück. Er rief ihnen zu, sie

195

sollten auf ihn warten, ärgerlich zunächst und schließlich ängstlich, denn er fürchtete sich in dieser Wildnis, in der schwarze Bäume himmelan ragten, wilde Sturzbäche herniederbrausten und unheimliche Tiere durch das Unterholz schlichen. Vor allem aber bangte er um seinen Herrschaftsanspruch.

Man wartete ein- oder zweimal auf ihn, doch je höher die kleine Gruppe kam, desto unaufhaltsamer zog es sie hinan und desto weniger achteten sie auf ihn. Oft erreichte er sie erst spät in der Nacht, von ihrem kleinen Lagerfeuer geleitet, zerschunden, erschöpft und verbittert. Aber seine Vorwürfe fanden kein Gehör. Sie sahen ihn an, als spräche er in einer fremden Sprache. So ging es weiter, Tag um Tag. Es wurde immer heller, die Bäume wichen fußhohem Gras, aus dem sich kahle Felsen erhoben, und der Himmel türmte sich wie eine gläserne Kathedrale über ihnen.

Mit einem Male erreichten sie den Gipfel. Der alte König erkletterte einen großen, flachen Felsen, der nach allen Seiten hin weiten Ausblick bot, und sprach zu seinem Sohn, indem er die Arme ausbreitete: »Dies ist das Geheimnis. Sieh in die Ferne. Dort liegen die Grenzen unseres Reiches. Jenseits des großen Stromes, der so silbern glänzt, leben mächtige, kriegerische Völker. Von hier aus konnte ich immer sehen, ob sie Frieden wollten oder auf Krieg sannen, und die richtige Verteidigung finden. Und dort die Wolken, die sich über den fernen Gebirgen türmen: Sie zeigten mir die Unwetter, die Stürme, den Hagel und die Dürre, so daß ich immer Vorsorge treffen konnte. Dort aber, wo soeben die Sonne versinkt, liegt das Reich des mächtigen Herrn der Welt. Öffne deine Augen, damit du seine Zeichen erkennst, deine Ohren, damit du seine Stimme vernimmst, und dein Herz, damit du verstehst, was er dir zum Wohle deines Volkes aufträgt.«

Er ging auf die Knie, zog den widerstrebenden Sohn zu sich herab und hielt ihn mit eiserner Hand an seiner Seite. Die Nacht brach schnell herein, Nebel stiegen auf und hüllten sie ein. Gewaltige Furcht überfiel den Sohn, und so kniete er, ohne sich zu regen, die ganze Nacht dicht neben seinem greisen Vater, der unbeweglich in die Ferne starrte. Es schien ihm, als höre er Stimmen, und als bewegten sich in den Nebelfetzen Gestalten. Doch er wagte nicht, genau hinzusehen, und hoffte nur inbrünstig, daß diese Schrecken bald vorübergingen. Irgendwann begann der Himmel zu schimmern, bläulich zunächst und dann rosa, und dann stieg gleißend die Sonne aus den fernen Ozeanen. Der alte König wandte sich ihr zu, breitete die Arme aus und sprach, als gebe er jemandem Antwort:»Ja, so sei es.«

Dann wandte er sich an seinen Sohn:»Nun hast du alles erfahren. – Aber hast du es auch verstanden?«fügte er zweifelnd hinzu.»Ich weiß nicht, was dir bestimmt ist, weiß nicht, welchen Weg du gehen willst. Du hast etwas Großes erlebt; das Ziel deines Lebens ist, es zu verstehen.« Er blickte ihm tief und prüfend in die Augen, doch der Sohn senkte den Blick.»Weiter kann ich dich nicht führen, denn hier trennen sich unsere Wege. Heute nacht habe ich den Aufstieg zu jenem Berg entdeckt, nach dem ich mein Leben lang gesucht habe.« Dabei wies er auf einen gewaltig aus dem fernen Horizont aufragenden Gipfel, dessen Spitze sich in den rosa schimmernden Morgenwolken verbarg. »Ihm werde ich nun folgen. Du aber geh zurück und sei ein guter Herrscher. Aber vergiß niemals, hierherzukommen, wenn die Sonne es dir anzeigt.«

Bei diesen Worten übergab er ihm eine seltsam geformte, goldene Scheibe, in die ein roter Stein kunstvoll eingearbeitet war. Wenn man sie in einer bestimmten Weise in die Sonne hielt, schickte diese einen feinen, leuchtenden Strahl durch den Stein.

»Wenn der Stein zu leuchten beginnt, ist für dich die Zeit gekommen, hier auf dem Felsen dein Knie zu beugen und dem Mächtigen zu lauschen. Die Scheibe zeigt es dir rechtzeitig an. Euch, meine Freunde,« sprach er sodann zu seinen Begleitern, »bitte ich, dem neuen König als treue und unbestechliche Berater zur Seite zu stehen, solange er sich dessen als würdig erweist. An eurem Beistand wird er erkennen, ob er sich auf dem rechten Weg befindet.« Dann sagte er zum Ältesten von ihnen:»Dich bestimme ich zum Bewahrer der goldenen Scheibe. Stelle sie meinem Sohn jeden Tag um die Abendzeit auf den Tisch zur Erinnerung, daß auch er nur ein Diener des Herrn über Zeit und Raum ist.« Damit wandte sich der Alte, nachdem er sich herzlich von allen verabschiedet hatte, nach Westen und verschwand bald aus ihren Augen. Der Sohn aber kehrte, von den Begleitern geführt, zu seinem Volk zurück, das ihn zum neuen König bestimmte.

Nun begannen vergnügliche Zeiten. Der neue König schaffte manches unbequeme Gesetz, das sein Vater erlassen hatte, ab und gab seinen Untertanen mehr Freiheit für ihre persönlichen Wünsche, für Unterhaltung und Zeitvertreib. Jene Männer jedoch, die ihn seinerzeit auf den Berg begleitet hatten, warnten ihn immer wieder davor, die alte Ordnung aufzulösen und Gebräuche abzuschaffen, die er, wie sie sagten, noch nicht verstehe. Anfangs vermochten sie ihn noch zu beeinflussen, doch mit der Zeit nahm er sich andere Berater, die ihm Vorschläge zur Errichtung einer neuen, besseren Welt machen sollten, in der es weder Krankheit noch Mühe, weder Leid noch Angst gäbe. Er trug ihnen sogar auf, Mittel und Wege zu finden, um den Tod zu besiegen.

Der Erfolg schien ihm recht zu geben, denn sein Volk wurde – allerdings dank der weisen Vorsorge des alten Königs – weder von Feinden noch von Hungersnöten heimgesucht. So lebten alle in immer größerer Gedankenlosigkeit vor sich hin. Auch der neue König ergab sich mehr und mehr den angenehmen Zerstreuungen, die ihm der Thron ermöglichte – und wäre da nicht die goldene Scheibe gewesen, die ihn jeden Abend an den unangenehmen Auftrag seines Vaters erinnerte, er hätte sich für vollkommen glücklich gehalten.

So aber überfielen ihn immer wieder Unbehagen und Bangigkeit, wenn er den feinen Strahl der Abendsonne vorwärtsrücken und den Tag des schweren Aufstiegs näherkommen sah. Er wagte nicht, die Reise abzusagen, aber er erlaubte doch seinen neuen Günstlingen, laut zu fragen, welchen Sinn es hätte, sich einer solchen Gefahr auszusetzen, nur um einem Aberglauben zu huldigen. Sie befürchteten, daß auch sie ihn auf den sagenumwobenen Berg begleiten müßten und begannen, ihm Vorschläge zu machen, wie er, wenn er so sehr an der schönen Aussicht interessiert sei, bequemer und sicherer hinaufgelangen könne.

Er antwortete nicht darauf, aber im Grunde seines Herzens gab er ihnen recht. Der Bewahrer der goldenen Scheibe aber erinnerte ihn mit immer dringlicheren Worten daran, daß es Zeit sei aufzubrechen. Schließlich ging der junge König mit seinem ganzen Gefolge auf die Reise. Sie ließen keine Gelegenheit aus, sich zu vergnügen und zu zerstreuen und langten in der angenehmsten Stimmung am Fuße jenes Berges an. Nur der König wurde zunehmend verdrießlicher und verschob den Aufstieg von Tag zu Tag. Doch die goldene Scheibe mahnte immer dringlicher.

So machte er sich schließlich voller Widerwillen an den Aufstieg und forderte auch seine neuen Günstlinge auf, ihn zu begleiten. Als aber der Weg in die schwarzen Wälder einmündete, blieben sie, einer nach dem anderen, unter allerhand Vorwänden zurück. Der König verstand sie und beneidete sie darum. Schließlich war nur noch die kleine Gruppe von früher bei ihm, die auch diesmal wieder eilig und unbeirrt dem Gipfel entgegenzog. Ja, dieses Mal nahmen sie noch weniger Rücksicht auf ihn, gönnten sich kaum Rast und eilten die halben Nächte hindurch. Vergeblich rief er sie an, befahl ihnen zu warten und bedrohte sie sogar. Sie aber achteten nicht darauf, sondern strebten, wie von einer magischen Kraft angezogen, schneller und schneller in die Höhe.

Wieder ging es durch tiefe Schluchten und dunkles Unterholz, über reißende Bergbäche und steile Felsen, höher und höher, dem Himmel entgegen. Endlich erreichten sie den Gipfel, und als sich der König mit letzter Kraft auf den Felsen geschleppt hatte, stand da die goldene Scheibe und leuchtete in glutrotem Scheine auf. Er sah seine Begleiter auf die Knie fallen und die Arme ausbreiten und folgte ihnen, wie unter einem fremden Zwang. Sein Blick ging in die Ferne, und er erkannte im Abendschimmer das silberne Band des großen Stromes, das ferne Gebirge mit den Wolkentürmen und die unendlichen Ozeane. Doch bald versank alles in der Dunkelheit, und wieder stiegen die Nebel auf. Seine Begleiter waren verschwunden. So war er allein auf dem Felsen, umgeben von Stimmen und Gestalten, und fürchtete sich so sehr, daß er schließlich in besinnungsloser Erschöpfung zu Boden sank.

Als er erwachte, stand die Sonne bereits eine Handbreit über dem Horizont und überzog das Land mit ihrem strahlenden Licht. Mühsam erhob er sich und starrte in die Ferne, doch dort war alles in einen seltsamen Dunst getaucht, der den Blick auf die Landschaften, die Ströme, die Wolken, die Meere und Gebirge verbarg. Er stand da und erinnerte sich, wie sein Vater seinerzeit die Arme gehoben und »Ja, so sei es!« gesagt hatte.

Doch als er diese Geste wiederholen wollte, da waren ihm die Arme schwer wie Blei, und die Worte kamen ihm nicht über die Lippen.

Die Sonne stieg höher, wärmte seine erstarrten Glieder und gab ihm wieder Mut, so daß er unwillig ausrief:»Was soll dieser Unsinn? Wo bleibt dieser angeblich mächtige Herrscher, den ich hier erwarten soll? Ich sehe ihn nicht und höre ihn nicht, und auch diese Aussicht ist es nicht wert, solche Strapazen und Gefahren auf sich zu nehmen. Ich will es nicht wieder tun!« Er blickte um sich. Da stand nur noch der Bewahrer der goldenen Scheibe neben ihm und warf ihm einen so durchdringenden Blick zu, daß er verstummte und sich wortlos an den Abstieg machte.

Als er wieder im Lager angekommen war, veranstaltete er ein großes Fest, um sich von der Mühsal zu erholen und die seltsamen Ängste, die ihn nicht mehr verlassen wollten, zu vertreiben. Seinen Baumeistern aber gab er den Auftrag, einen sicheren und breiten Weg auf den Berg zu führen, mit bequemen Lagerstätten und ausreichenden Vorratskammern, und ein Lustschloß auf dem höchsten Felsen zu errichten, damit er von dort in aller Bequemlichkeit die Aussicht genießen und den Auftrag seines Vaters erfüllen könne. Denn ganz wagte er sich ihm doch nicht zu widersetzen und duldete daher auch weiterhin jeden Abend die goldene Scheibe auf seinem Tisch.

Seine Baumeister begannen, breite Schneisen in die undurchdringlichen schwarzen Wälder zu schlagen, Brücken über die Ströme zu bauen und die Gegend von allen gefährlichen Tieren zu befreien. Sie arbeiteten Tag und Nacht, denn wieder rückte der Strahl auf der goldenen Scheibe unaufhaltsam vorwärts. Und dann war es soweit: Mit einem großen Fest weihte der König die schöne, neue Straße auf den für unbezwingbar gehaltenen Berg ein, und jedermann freute sich darauf, eines Tages selbst hinaufzusteigen.

Die Zeit für den Aufbruch war gekommen. Diesmal brauchte der König nicht daran erinnert zu werden – der Bewahrer der goldenen Scheibe hatte ohnehin damit aufgehört. Er hatte sie nur noch jeden Tag stumm auf den Tisch gestellt und sich mit einer Verbeugung entfernt. Dem König war dies recht, denn er wußte auch ohne Worte, daß jener sein Unternehmen verurteilte.

Mit fröhlicher Musik brach man auf. Diesmal mußte der König nicht allein hinaufsteigen, sondern der ganze Hofstaat und selbst das Volk drängte nach, so daß er schließlich unter ihnen eine Auswahl traf. Er hatte erwartet, an jener Stelle, an der die Straße in die dunklen Wälder einmündete, wieder auf die früheren Begleiter zu stoßen, doch sie blieben aus. So zog er, sein Unbehagen darüber durch nichtssagende Gespräche vertreibend, seinem Ziel entgegen. Dieses Mal wurde es fürwahr eine vergnügliche Reise. Es fehlte an keiner Bequemlichkeit, und man hatte nicht die geringste Gefahr zu bestehen.

Ausgeruht erreichte der König den Gipfel, erfreute sich an dem anmutigen Schlößchen, von dessen großen Fenstern aus er die majestätische Aussicht genießen und sich seiner lästigen Pflicht entledigen wollte. Die goldene Scheibe stand bereits auf einem Tischchen am Fenster, und schließlich kam der Augenblick, da der Stein tiefrot aufleuchtete. Der König trat ans Fenster. Er sah die Städte und Flüsse, Straßen und Felder und freute sich an seinem riesigen Besitz. Dabei aber entging ihm daß sein Blick nicht mehr über den silbernen Grenzstrom hinausreichte, und an der Stelle, wo sein Vater ihm einst die gewaltigen Wolken gezeigt hatte, ein großes Gebirge ihm die Sicht in die Ferne versperrte. Man hätte meinen können, er sei nicht auf dem wirklichen Gipfel, sondern auf halber Höhe. Und in der Tat hatten seine Baumeister, als sie bemerkten, daß ihre Künste nicht ausreichten, um den Weg bis auf die himmelragende Spitze zu führen, einfach den steilen Gipfel des Berges weggesprengt und das Schloß auf einer niedrigeren, ähnlich aussehenden Kuppe errichtet. Der König, in seiner Erleichterung darüber, daß er diesmal so angenehm hinaufgekommen war, bemerkte es nicht.

Er ließ sich seinen Sessel bringen, um den Abend zu erwarten, und als er sah, daß der Bewahrer der goldenen Scheibe wieder auf die Knie sank, sagte er laut: »Es ziemt sich nicht für einen König zu knien. Ich will den angeblich Mächtigen, von dem ihr mir so viel erzählt habt, hier erwarten und hören, was er mit mir zu verhandeln hat.« So blickte er hinaus, genoß die großartige Aussicht und erinnerte sich mit Behagen, wie er beim letzten Mal gezittert, gefroren und gelitten hatte. Die Nacht brach herein, die Sterne funkelten, eine kühle Brise zog durch die geöffne-

201

ten Fenster, und schließlich schlief er in seinem weichen Sessel ein.

Da hatte er einen Traum: Er sah seinen Vater auf dem Felsen, so wie er einst gewesen war, stumm in die Ferne deuten. Dort ragten über mächtigen Gebirgen gewaltige, drohende Wolkentürme, in denen Blitze aufleuchteten und Donner grollte. Tief unten aber sah er eine ungeheure Kriegerschar, die im Begriff war, den Grenzstrom zu überschreiten. Ihr Anführer ritt voraus, und auf seiner langen Lanze war ein Kopf aufgespießt. Von eisigem Schrecken durchfahren, erkannte der König, daß es sein eigener war.

Schweißgebadet und zitternd erwachte er und ließ seinen Leibarzt rufen. Dieser war einst ein Taschenspieler gewesen und hatte mit kleinen Zaubereien das Volk auf den Jahrmärkten unterhalten. Doch er hatte höchste Würden errungen, weil er eine Medizin gegen die bösen Träume gefunden hatte, von denen der König jetzt jede Nacht heimgesucht wurde. Normalerweise nahm er sie täglich vor dem Schlafengehen, doch diesmal hatte er es im Hochgefühl seines Triumphes versäumt. Der Leibarzt reichte ihm die eilends zubereitete Tinktur, und schon war alles vergessen. Der König versank in einen tiefen, traumlosen Schlaf und erwachte erst, als die Sonne hoch am Himmel stand. In heiterer Stimmung rief er seine Begleiter zusammen. Gemeinsam erfreuten sie sich an dem schönen Ausblick, und einige waren so keck zu behaupten, die furchterregenden Sagen vom Götterberg, die im Volke umgingen, seien reine Ammenmärchen.

Zunächst war es dem König nicht aufgefallen, daß die goldene Scheibe samt ihrem Betreuer verschwunden war. Doch eines Abends fügte es sich, daß er allein auf der großen Schloßterrasse saß, ohne die vielfältigen Unterhaltungen, mit denen er sonst die Stille zu vertreiben pflegte. Sein Blick wanderte über den Horizont, wo die Sonne gerade unterging und einen letzten, glutroten Strahl zu ihm herübersandte. Eine Amsel sang ihr süßes Abendlied. Da blieb plötzlich einen Herzschlag lang die Zeit für ihn stehen, und er sah vor seinem inneren Auge den roten Stein auf der goldenen Scheibe aufleuchten, die er so lange nicht vermißt hatte. Von einem tiefen Schmerz erfaßt, fühlte er eine unendliche Leere in sich: Wie arm war er gegen diesen kleinen Vogel, der sein dankbares Lied in den Abend sandte! Zugleich wußte er, daß er in diesem Augenblick auf dem Götterberg erwartet wurde. Sein Herz krampfte sich in schneidendem Schmerz zusammen, und unter Stöhnen sank er in seinem Sessel zusammen. Man fand ihn und rief den Leibarzt, der ihm sogleich eine Medizin eingab, die er schon seit langem für diesen Fall bereithielt. Nach kurzer Zeit fühlte der König zu seiner großen Erleichterung, wie sich die eiserne Klammer in seiner Brust lockerte. Auch die bösen Ahnungen, die ihn vorhin mit so vernichtender Gewalt überfallen hatten, lösten sich auf wie Gespenster im Sonnenlicht. So pflichtete er seinem Leibarzt bei, als dieser erklärte, es habe sich nur um die Folge eines zu schweren Abendessens gehandelt.

Dann spielten wieder die Musikanten, und angenehmes Geplauder erfüllte den Abend. Der König aber, froh über die schnelle Hilfe, die ihm sein Leibarzt gegeben hatte, verlieh ihm einen Orden und verlangte, daß das Mittel stets griffbereit sei, denn er fürchtete sich vor einem neuen Anfall. Auch achtete er darauf, daß er nie mehr in den Abendstunden allein auf der Terrasse blieb. Einen Augenblick hatte er daran gedacht, eilig auf den Berg zu ziehen, doch eine seltsame, tiefe Angst hielt ihn davon ab.

Bald darauf hieß es gerüchteweise, feindliche Horden hätten die Grenzen überschritten. Der König sandte Verstärkung dorthin; da man aber nichts Genaues erfuhr, dachte er bald nicht mehr daran. In diesem Jahr gab es auch zum ersten Mal seit langer Zeit eine Mißernte, weil schwere, unvorhergesehene Unwetter die Felder verwüstet hatten. Der König beauftragte seine Minister mit dem Bau von Schutzvorrichtungen, und angesichts der reichlichen Vorräte, die man noch aus früheren Jahren hatte, machte man sich keine Sorgen. Bald stellte sich jedoch heraus, daß man bei der Lagerung der Vorräte zu nachlässig gewesen war und ein großer Teil von ihnen verdorben war. Zugleich aber mehrten sich die Nachrichten, daß der Feind, indem er überraschend angriff, immer öfter die Oberhand behielt und sich bereits an mehreren Stellen diesseits des Grenzstromes festzusetzen begann. Der König ordnete an, mit der ganzen Truppenmacht zurückzuschlagen.

In dieser Zeit geschah es wieder, daß ihm eines Abends, als er gedankenlos auf die Terrasse hinaustrat, die untergehende Sonne einen so blendenden Strahl ins Auge sandte, daß er, von furchtbarem Kopfschmerz erfaßt, zu Boden stürzte und sein Hofstaat meinte, der Schlag habe ihn getroffen. Doch auch dieses Mal genas er schnell mit Hilfe des Leibarztes, der jetzt immer um ihn war. In dieser Nacht aber sah er sich selbst im Traum auf dem Gipfel des Götterberges knien und daneben eine Lanze, auf der sein Haupt aufgespießt war. In einem seltsamen Taumel widerstrebender Gefühle, in Seligkeit und Todesangst zugleich, erwachte er und befahl den sofortigen Aufbruch.

Die Straße war lange nicht benützt worden, doch noch immer ermöglichte sie einen schnellen und mühelosen Aufstieg. Oben angekommen, war er einen Moment lang versucht niederzuknien, doch dann ließ er sich in den bereitstehenden Sessel sinken und starrte in die Ferne. Alles war in Dunst und Nebel getaucht. Je weiter er blickte, desto verschwommener wurde der Ausblick, und die Gegend, in der er den Grenzstrom wußte, war nur noch als Andeutung zu erkennen. Auch die Ozeane und die fernen Gebirge waren verhüllt. Lediglich ein dunkler, schwarzer Berg, den er früher nicht bemerkt hatte, zeigte seine Konturen. Beklommen blieb er die ganze Nacht so sitzen und wartete auf den Sonnenaufgang. Doch weder an diesem noch an den folgenden Tagen hob sich der Nebel. Schließlich wurde der König unruhig, ungeduldig und zuletzt ärgerlich und rief aus: »Was soll ich hier schon finden, indem ich Träumen nachjage! Gebiete ich doch über die besten Gelehrten und tapfersten Krieger, und der klügste Arzt ist in meinem Dienst.« Und so zog er wieder hinab in seine Residenz.

Aber er fand keine rechte Ruhe. Seine Träume wurden immer quälender, so daß das abendliche Mittel verstärkt werden mußte. Sein Herz füllte sich mit unerklärlichen Sorgen, obwohl ihm seine Feldherren von glänzenden Siegen berichteten und man eine gute Ernte erwartete. Immer wieder trat er, wie abwesend, hinaus ins Licht der untergehenden Sonne und blickte mit einem Weh im Herzen, das er sich nicht erklären konnte, in die Ferne. So traf ihn eines Abends wieder ein letzter, glutroter Strahl so heftig, daß er ohne Besinnung zu Boden fiel und trotz der stärksten Medizin einen Tag lang nicht zu sich kam. Als er schließlich erwachte, rief er mit Heftigkeit: »Die goldene

Scheibe! Wo ist sie? Schafft sie mir herbei!« Aber niemand aus
seinem Hofstaat wußte etwas davon. Schließlich ließ er im ganzen Reich verkünden, wer ihm die goldene Scheibe wieder-
bringe, solle zum Dank Minister werden. Als sein langes Warten
erfolglos blieb, drohte er gar, wer sie vor ihm verberge, werde
hingerichtet. Doch er wartete vergeblich.

Nun begann der König dahinzusiechen. Er fand keine Freude
mehr an den Zerstreuungen, verlor das Interesse an geistreichen
Wortgeplänkeln, rauschenden Festen und üppigen Gelagen und
begann, die Erfolgsnachrichten seiner Minister mit mißtraui-
schen Kommentaren zu versehen. Von Zeit zu Zeit ließ er sich
auf den Götterberg tragen, doch nur, um nach einiger Zeit,
während der er vergeblich in den undurchsichtigen Dunst ge-
starrt hatte, ärgerlich wieder zurückzukehren. Der Leibarzt
sprach von einem unerklärlichen Klimawechsel, der den Berg
ungesund gemacht habe, und auch die neue, wesentlich stärkere
Medizin konnte nur noch für kurze Zeit die alte sorglose Stimmung hervorrufen.

So ließ der König eines Tages überall verkünden, wer ihn zu
heilen wisse, dem werde er sein halbes Reich geben. Da strömten
von überall die erfahrensten und geschicktesten Ärzte herbei,
um ihn zu heilen. Sie probierten alle Mittel an ihm aus und
quälten ihn auf jede nur erdenkliche Weise; doch wenn es einmal
eine kurze Besserung gab, so war er anschließend dafür um so
kränker.

Eines Tages erschien ein stattlicher Reiter auf dem Schloß und
erklärte, er werde den König heilen. Die Höflinge hatten die
Hoffnung darauf längst aufgegeben und sich angewöhnt, die
Heilkundigen wieder fortzuschicken. Doch aus Quellen, die niemand kannte, drang das Gerücht zu ihnen, daß dieser Reiter der
größte Arzt der Welt und zugleich überaus mächtig und gefährlich sei. So ließen sie ihn ehrerbietig zum König, der seit langer
Zeit nur noch im Sessel sitzen konnte.

»Du kommst, um mich zu heilen?« fragte der König müde
und ohne Hoffnung. »Wie willst du das anstellen? Man hat alles
mit mir versucht, hat mich geschnitten, gebrannt, gestochen und
vergiftet, man hat mein Blut vergossen und meine Lebenskraft
zerrüttet. Was bleibt da noch?«

»Ich gebe dir«, sprach da der Stattliche, »ein neues Herz.«

205

»Ein neues Herz?« fragte der König. »Ein neues Herz, ja, das ist es, was ich brauche. Mein altes taugt nichts mehr. Die Sorgen haben es verschlissen, und es weiß nicht mehr, wofür es schlagen soll. – Aber«, fragte er, und die Aussicht auf ein neues Herz belebte ihn zunehmend, »wie willst du das anstellen?«

»Das laß nur meine Sorge sein. Du bist nicht der erste, dem ich dazu verhelfe. Aber ich fordere einen hohen Lohn dafür.«

»Du weißt, die Hälfte meines Reiches wird dein sein. Was kannst du mehr verlangen?«

»Behalte dein Reich und deine Schätze. Ich will etwas anderes: dein altes Herz. Du gibst es mir für das neue, und wir sind quitt.«

Der König schwieg, denn er wußte nicht, was er von dem Vorschlag halten sollte. »Was soll mein altes Herz schon wert sein?« dachte er bei sich. Und doch zögerte er.

Da sagte der Stattliche: »Es gibt noch einen anderen Weg zur Heilung; doch er ist beschwerlich und gefährlich, und niemand kann dir dabei helfen. Du mußt den Götterberg besteigen.«

»Das habe ich oft getan, aber es hat mir nichts genützt«, winkte der König ab.

»Wenn du es wirklich getan hättest, säßen wir hier nicht beisammen. Aber ich verstehe dich, denn es ist fürwahr ein beschwerliches Unternehmen. Wenn du dagegen schnelle und bequeme Heilung willst, dann schlag ein. Ich heile dich, während du schläfst.«

Dabei erschien ein abgründiges Lächeln auf seinem Gesicht. Dem König ward bang in der Brust. Doch die Aussicht, schnell gesund zu werden, lockte ihn zu sehr.

»Was machst du mit meinem alten Herzen?« fragte er. »Es taugt doch zu nichts mehr.«

»Ich werde es verspeisen, denn es gibt mir Kraft«, antwortete der Stattliche, und seine schwarzen Augen funkelten dabei.

Da zuckte des Königs altes Herz zusammen. Doch er fragte weiter: »Und mein neues Herz: Wird es nicht schlechter sein, da es doch nur ein Ersatz ist?«

»Nein, es ist viel besser. Es ist stark und unempfindlich gegen Sorgen, Nöte und all die törichten Schmerzen. Außerdem –« und dabei beugte er sich mit vielsagendem Blick vor, »macht ihm die Abendsonne nichts aus.«

Wieder fühlte der König einen Stich in seinem schwachen Herzen. Doch zugleich erinnerte er sich des Schmerzes, mit dem ihn die Abendsonne mehrmals fast vernichtet hatte.

»Nein, das möchte ich nicht wieder erleben«, murmelte er leise vor sich hin, »ich will leben, will mich meiner Reichtümer erfreuen, will die Freuden der Tafel und des Bettes genießen und wieder ohne böse Träume schlafen.«

»Das alles wirst du mit deinem neuen Herzen können!«

»So sei es!« rief der König aus und gab ihm die Hand darauf.

›So sei es‹! klang es in seinem Inneren nach, als höre er wieder seinen Vater sprechen. Erschrocken wandte er sich um, da sandte die untergehende Sonne einen glutroten Strahl durchs Fenster. Der Stattliche aber trat mit einer schnellen Bewegung vor und schirmte den König dagegen ab. Im nächsten Augenblick war es Nacht, und der König fiel in einen tiefen Schlaf.

Als er erwachte, fühlte er sich seltsam leicht. Er sprang aus dem Bett, verlangte nach einem üppigen Mahl und ließ sich seine schönsten Kleider bringen. Dann gab er Befehl, ein glänzendes Fest vorzubereiten. Es gab manches Gerücht über den fremden, stattlichen Reiter, der den König so wunderbar geheilt hatte und dann ohne Lohn wieder verschwunden war. Der Diener aber hatte am Morgen die Vorhänge im Schlafgemach verschlossen gefunden, was noch nie vorgekommen war. Besonders aber wunderte er sich über eine kleine, seltsam geformte goldene Scheibe, die mit geheimnisvollen Zeichen und einem roten Stein geschmückt war und auf einem Tischchen am Fenster lag. Er rückte es, nachdem er die Vorhänge geöffnet hatte, in die Ecke, wo es nicht weiter auffiel.

»Der König ist wieder der alte«, raunte man im Volk erfreut, denn nun begann eine Zeit des Feierns und Schmausens, des Jagens und Treibens. Es war wie in früheren Zeiten, und sie ließen sich weder durch die ungewöhnlich schweren Unwetter, die es in diesem Jahr gab, noch durch die Gerüchte von einer Niederlage der königlichen Truppen davon ablenken. Des Königs neues Herz aber war, wie es der Stattliche versprochen hatte, stark und unempfindlich. So raubten ihm weder die vielen Bittgesuche der Armen noch die Strafaktionen, die er durchführen lassen mußte, um genügend Geld für sein aufwendiges Leben zu bekommen, seinen tiefen und traumlosen Schlaf. Zwar wurden jetzt gelegentlich Stimmen im Volke laut, die seinen Blick fremd und sein Herz kalt nannten. Aber die meisten waren doch zufrieden, da sie wieder ungestört ihren Interessen und Geschäften nachgehen konnten. So verging ein Jahr.

Da begab es sich eines Tages, daß der König, wie immer mit lärmendem Gefolge, über den Marktplatz ritt. Das Volk machte ihm unter tiefen Verbeugungen Platz. Plötzlich aber erklang ein durchdringender Schrei. Alles verstummte und starrte auf den König. Dessen Pferd stand wie angewurzelt vor einem kleinen Mädchen, das mit ausgestrecktem Arm und entsetztem Blick auf ihn zeigte und nicht zu schreien aufhörte, bis seine Stimme heiser wurde und in einem tonlosen Gestammel erstarb. Der König wurde bleich wie der Tod, und hätte ihn nicht der Leibarzt aufgefangen, so wäre er vom Pferd gestürzt. Seit langer Zeit wieder fühlte er sein Herz; es ging ihm ein tiefer Stich hindurch, als sei er verwundet worden. Man brachte ihn aufs Schloß und warf das Mädchen mitsamt einem alten Mann in langem Gewand, der es tröstend in die Arme geschlossen hatte, in den Kerker.

In seinem Schlafgemach fiel der König sogleich in eine unruhige Geistesabwesenheit. Wieder sah er den Markt, die Menschen und das Mädchen, wie es auf ihn zeigte, und während er sich plötzlich aufrichtete, entrang sich seiner Kehle der gleiche schrille Schrei, wie ihn das Mädchen ausgestoßen hatte: »Ein Toter, ein Toter!« Schweißgebadet und zitternd sprang er aus dem Bett und eilte mit großen Schritten in dem großen Raum auf und ab. Als er aber in die dunkle Ecke neben dem Fenster kam, fiel sein Blick auf das kleine Tischchen, auf dem noch immer die goldene Scheibe lag. Der Diener hatte sie, einer Eingebung folgend, unberührt dort liegen lassen.

Wie ein Schlag ging es da durch sein Herz; es war, als wolle es zerspringen und zwang ihn auf die Knie. Ein bitterliches Schluchzen stieg in ihm auf, während er mit tonloser Stimme immer wieder flüsterte:»Ich bin tot, ich bin tot, ich habe mein Herz verloren.« Die ganze Nacht und den folgenden Tag kniete er so vor dem Tischchen mit der goldenen Scheibe, und sein Diener verwehrte jedem den Zutritt zu seinem Gemach und ließ auch die Vorhänge geschlossen.

Als es Abend wurde, öffnete sich mit einem Male geräuschlos

die Tür und eine Gestalt in einem langen Gewand trat herein. Sie schritt zum Fenster, zog die schweren Vorhänge zur Seite und rückte das Tischchen mit der goldenen Scheibe ins Licht der untergehenden Sonne. Der König bemerkte es wie im Traum. Plötzlich aber erkannte er, daß es der Bewahrer der goldenen Scheibe war, der nun ebenfalls neben dem Tischchen kniete und hinaus in den Abend blickte. Und da leuchtete der Stein für einen Augenblick auf und tauchte das Zimmer in ein glutrotes Feuer. Auch in dieser Nacht schlief der König auf den Knien.

Da sieht er wieder im Traume den Stattlichen, wie er sich gerade über ihn beugt, um ihm mit scharfen Krallen den Brustkorb aufzureißen. Plötzlich aber steht neben ihm der Bewahrer der goldenen Scheibe in einem langen, lichten Gewand und hebt einhaltgebietend die Hand. Der Stattliche, als er ihn bemerkt, reißt das Herz mit einem gewaltigen Ruck heraus und verschlingt es mit einem Bissen. »Du kommst zu spät«, lacht er hämisch, »sein Herz ist mein.« Der im langen Gewand jedoch schüttelt das Haupt und erwidert: »Nein, auch diesmal ist es dir nicht ganz gelungen. Ein Rest ist ihm geblieben. Aber er wird viel leiden müssen, bis sein Herz wieder ganz ist. Hebe dich von dannen! Ich kann dich nicht strafen, denn du hast ihm ja den wahren Weg zur Heilung genannt. Er aber wollte König sein.« Damit macht er eine gebieterische Bewegung, und der Stattliche verschwindet mit einer tiefen Verbeugung. Und eine Stimme spricht: »Großes macht groß, Mühe macht stark, Höhe läßt sehen – so ist der Wahlspruch der Könige. Die Seligen aber beugen ihr Knie und öffnen ihr Herz, auf daß sie erkennen.«

Bei diesen Worten erwachte der König und wußte mit einem Male, daß er auf dem Götterberg erwartet wurde. Als der Hofmarschall erregt eintrat, um ihm das spurlose Verschwinden des Mädchens zu melden, sagte er nur: »Es ist gut so.« Dann ließ er das Volk zusammenrufen und sprach: »Bald werdet ihr einen neuen König haben; seht zu, daß ihr eines besseren würdig werdet, als ich es war. Unsere Wege trennen sich nun, doch da sie alle ans gleiche Ziel führen, wollen wir leichten Herzens voneinander scheiden.« Damit wandte er sich nach Westen, wo soeben die Sonne in goldenem Schimmer hinter den fernen Gebirgen versank. Niemand wagte, ihm zu folgen.

So ging er viele Tage, bis er zum Götterberg kam. Als er vor

209

ihm stand und die schöne, breite Straße erblickte, sträubte sich etwas in ihm, sie zu betreten. Er suchte lange nach dem Fußweg, der einst seinen Vater hinaufgeführt hatte. Doch seine Baumeister hatten jede Spur davon gelöscht. So mußte er schließlich widerstrebenden Herzens auf der breiten Straße hinaufsteigen, die ihm nun dreimal beschwerlicher erschien als damals der kleine, wilde Pfad. Sie war eben und gepflastert, doch seine Füße schmerzten darauf. Die Rastplätze waren trocken und sauber, doch es fehlte ihnen das weiche Moos und der erfrischende Duft der wilden Pflanzen. Keine Quelle, an der er rasten konnte, kein Tier, das ihn durchs Unterholz begleitete, keine Schlucht, in deren Schatten er sich erholen, und kein Felsen, den er erklimmen konnte. Selbst der Himmel schien seine Höhe verloren zu haben, da kein wilder Baum in ihn hinaufragte.

Schließlich erreichte er den Gipfel, der ganz von dem Lustschloß eingenommen wurde. Er trat ein und blickte durch die großen Fenster in die Ferne. Doch wieder war alles in Dunst und Nebel gehüllt. In seinem Herzen breitete sich eine unsägliche Traurigkeit aus. Er sank auf die Knie und weinte bitterlich. Die Nacht stieg herauf, am Horizont leuchtete ein schwaches Rot, die Nebel wurden dichter. Der König horchte hinaus und starrte in das Dunkel. Furcht überfiel ihn wie nie zuvor. Da rief er in die Nacht:»Sprich zu mir, Mächtiger. Hier bin ich, dein Diener.« Doch nicht einmal der Wind gab ihm Antwort.

Die Nacht verging, die Nebel hoben sich und der Himmel begann, zart aufzuleuchten. Er sah im ersten Schimmer des Morgenlichtes einen gewaltigen Berg, dessen Spitze sich jetzt, obwohl sie in unendliche Höhen reichte, rosa in der Morgensonne verfärbte. Ganz oben blinkte einen Augenblick lang ein glutrotes, kleines Licht. Da hörte sich der König plötzlich sagen:»Ja, so sei es!« Und seine ausgebreiteten Arme waren jenem Berg entgegengestreckt. Und mit einem Male erinnerte er sich wieder an jenes kleine Lied, das eines Abends vom Fuße der Schloßmauer zu ihm emporgestiegen war:

Stille meines Herzens Sehnsucht,
schenke meiner Seele Ruh,
meine angsterfüllten Augen
schließ mit deinem Frieden zu.

Heute wußte er, daß es die Stimme jenes kleinen Mädchens gewesen war, das später auf dem Marktplatz so entsetzt geschrien hatte; damals aber hatte er sofort die Musikanten herausbefohlen, damit sie durch ein munteres Tanzlied die große Traurigkeit vertrieben, mit der es ihn erfüllt hatte.

So machte er sich auf die Suche, immer dem Horizont entgegen. Es wurde eine lange Reise, Tag um Tag, Monat um Monat – schließlich wußte er nicht einmal mehr, wieviel Jahre vergangen waren, seit er sein Schloß verlassen hatte. Längst hatte er aufgehört zu zählen, wie oft der Mond voll und leuchtend am Himmel aufgestiegen war, wie oft die Bäume ihr Blätterkleid gewechselt und wie oft die großen Regen das Land überschwemmt hatten. Er machte sich keine Gedanken mehr über die Zukunft und grübelte auch nicht mehr über die Vergangenheit nach.

Morgens, wenn sich die Sonne mit neuer Kraft erhob, schüttelte er den Schlaf aus den Gliedern und schritt seinem Schatten nach. Wenn es dann heiß wurde, ließ er sich unter den Bäumen nieder, während die Luft flimmerte, die Grillen ihre Lieder sangen und aus den Blumenwiesen betäubend süße Düfte aufstiegen. Wenn dann die Schatten wieder länger wurden, kehrte seine Seele von ihren Streifzügen durch das weite flimmernde Land, von kühlen Hainen, murmelnden Quellen, stillen Dorfgassen und blauen Hügelketten zu ihm zurück und führte ihn weiter, der Sonne nach, die abends in einem weiten Bogen zu dem fernen, fernen Gebirge hinabstieg, um es für einen Augenblick mit flüssigem Gold zu überziehen. Dann ließ er sich im weichen Gras nieder und lauschte dem süßen Abendlied der Vögel, das ihn früher, als sein Leben noch ohne Sinn war, mit so großer Wehmut erfüllt hatte.

Er zog dahin, seinem unbekannten und fernen Ziel entgegen, ohne Hast und Drang, denn ihm war, als sei er längst angekommen. Oft schien ihm, als sei alles um ihn herum, Bäche und Wolken, Pflanzen und Tiere, ja selbst Berge und Wälder wie er auf der Wanderschaft, als strebten auch sie dem gleichen, geheimnisvollen Ziel entgegen; auch die Wanderer, die er bisweilen traf, erzählten ihm vom Götterberg. Doch immer trennten sie sich nach kurzer Strecke von ihm, um kleine Berge zu erklimmen, die sich hier und dort am Rande des Weges erhoben.

»Was wollt ihr auf diesem Hügel?« hatte er anfangs gefragt. »Dort ist das Ziel«, während er in die Ferne deutete. Sie aber schüttelten den Kopf und belehrten ihn, daß man nur auf diesem Berg hier Vergebung für die Sünden des Stehlens und auf jenem Berg für die des Tötens erlangen könne. Dann wieder zeigten sie ihm Berge, auf denen man um Glück, Gesundheit und sogar Reichtum bitten konnte.

»Worum willst du denn bitten, auf deinem fernen Berg dort hinten, den zu erreichen du dein Leben lang wandern mußt?« fragten sie ihn.

»Ich weiß es nicht«, antwortete er, »aber wenn ich angekommen bin, werde ich es wissen. Etwas ruft mich.«

»Aber«, so meinten sie erstaunt, »suchst du denn nicht das Glück? Willst du nicht Gesundheit oder die Vergebung deiner Sünden?«

»Einst wollte ich den mächtigen Herrscher dort oben um etwas bitten... doch jetzt weiß ich nicht mehr, was ich suche... vielleicht mein Herz.« Indem er dies sprach, fühlte er ein Sehnen in seiner Brust, das ihn mit gewaltiger Kraft vorantrieb.

Regen, Wind und Sonne erquickten ihn, wilde Tiere bewachten sein Nachtlager, fröhliche Vögel grüßten ihn aus den Bäumen, Wolken zogen ihm entgegen, Sterne teilten mit ihm die Nacht, und die Sonne führte ihn weiter und weiter. Mit der Zeit aber schien es ihm, als ginge sein Weg bergauf, als werde der Himmel klarer und die Luft reiner, das Gras kürzer und die Bäume niedriger. Wolken streiften ihn, und in den Nächten wurde es kühl. Doch immer winkte noch in der Ferne ein wolkenverhangener Gipfel.

Eines Nachts aber erwachte er und meinte, eine Stimme zu hören, die ihm weiterzuziehen befahl. Es war so dunkel, daß er den Weg nicht erkennen konnte, und zum ersten Mal seit langer Zeit befiel ihn wieder Furcht. Geh, raunte es in seinem Inneren, fürchte dich nicht, denn ich führe dich. Als er zum Himmel aufblickte, leuchtete dort ein Stern, den er vorher nie bemerkt hatte, und schien zu sagen: Folge mir...

So brach er auf, kroch durch dorniges Gestrüpp, watete durch reißendes Wasser und erklomm schmale Grate, die ganze endlose Nacht hindurch. Plötzlich befand er sich auf einer runden Felsscheibe, die nach allen Seiten von Abgrund umgeben war.

Er suchte und suchte, wohin es weitergehe, doch überall stieß er nur auf schwarze, drohende Leere. Erschöpft ließ er sich nieder; kaum war ihm bewußt, daß es seine Knie waren, auf denen er nun ruhte, und blickte suchend zum Himmel empor. Da verglühte soeben der Stern, der ihn geführt hatte, und am Horizont stieg ein zarter Schimmer empor. Der König aber sank in einen tiefen Schlaf.

Da träumte er wieder: Auf dem Felsen sein Vater, die Arme ausgebreitet, und neben ihm die Lanze mit seinem Kopf darauf. Doch während er sie betrachtete, begann sie sich in einen zarten Baum zu verwandeln, der Zweige und Blätter trieb. Bunte Blüten sprangen auf wie Edelsteine, und während aus ihnen die herrlichsten Früchte wuchsen, verwandelte sich sein aufgespießtes Haupt ebenfalls in eine paradiesisch schöne, herzförmige Frucht. Eine unwiderstehliche Sehnsucht zwang ihn, sie an sich zu nehmen. In diesem Augenblick aber, da sie, wie ein Kleinod, glutrot leuchtend in seiner Hand lag, erwachte er, und sein Blick fiel auf die soeben untergehende Sonne, die ihm einen letzten Strahl zuwarf.

Er blickte um sich – da leuchteten die silbernen Bänder mächtiger Ströme, türmten sich Wolken über noch majestätischeren Gebirgen und schimmerten unermeßliche Ozeane in türkisfarbener Unermeßlichkeit. Tief unten aber lag sein Reich, so winzig, als sei es zum Spielen gemacht. Allenthalben sah er Feuersbrünste lodern und schwarze Unwetter darüber hinwegziehen; und weit hinten, auf der Terrasse des Königspalastes, stand der neue König. Es war sein Leibarzt, der Taschenspieler. Doch seltsam – es berührte ihn nicht.

Die Freude, mit der er erwacht war, verließ ihn nicht mehr. Neben ihm, einsam auf der Spitze dieses hohen Berges, erhob sich ein Baum mit bunten Blüten und herrlichen Früchten und lud ihn ein, sich unter ihm niederzulassen. An seinen Stamm gelehnt, blickte er in die Ferne zu den gewaltigen Gebirgen, bis ihn ein sanfter Schlummer überfiel. Und als er beim Schein der ersten Sonnenstrahlen erwachte, kannte er das Geheimnis des Götterberges.

Verlag Hermann Bauer · Freiburg im Breisgau

Götz Blome

Mit Blumen heilen

Die Blütentherapie nach Dr. Bach

6. Auflage, 360 Seiten, gebunden, ISBN 3-7626-0289-1

Krankheiten mit Blumen oder Blüten heilen zu wollen, erscheint dem aufgeklärten Zeitgenossen als naive Spielerei oder Aberglauben. Er ist an die Behandlung mit »wirksamen« Medikamenten, Operationen und Apparaten gewöhnt und kann sich kaum vorstellen, daß eine so einfache Methode, wie die von Dr. Edward Bach entwickelte Blütentherapie, ernstzunehmende Heilungen bewirken könne. Doch Bach gab gerade deswegen seine renommierte Londoner Arztpraxis auf, weil er ein Verfahren suchte, das dem eigentlichen Wesen der Krankheit gerechter würde als die bisher bekannten Therapien.

Die von ihm entwickelten Heilmittel, die nach einem unkomplizierten Verfahren aus wild wachsenden Blumen und Baumblüten hergestellt werden, unterdrücken oder bekämpfen nichts, sondern geben der natürlichen und gesunden seelischen Anlage ihre Entfaltungskraft zurück und verdrängen so das Krankhafte. Für jeden der von ihm beschriebenen krankhaften Seelenzustände entdeckte er die speziell wirkende Blüte.

Diese so ungefährliche und angenehme Heilmethode wird in diesem Buch ausführlich, unter besonderer Berücksichtigung der Wirkungsweise und ihres geistigen Hintergrundes, beschrieben. Verschiedene Menschentypen werden in Form einer persönlichen Anrede dargestellt, so daß sich der Leser selbst darin erkennen und sein geeignetes Mittel auswählen kann. Es wird kaum einen Leser geben, der sich nicht angesprochen fühlt, denn wer ist schon frei von seelischen Schwächen oder Spannungen?

Verlag Hermann Bauer · Freiburg im Breisgau

Verlag Hermann Bauer · Freiburg im Breisgau

Götz Blome

Bewährung in der Krankheit

2. Auflage, 187 Seiten, kart., ISBN 3-7626-0296-4

Unser Leben führt uns immer wieder in Prüfungen, die wir bestehen müssen. So ist, besonders wenn wir krank geworden sind, die Stunde der Bewährung angebrochen: Wir sollen uns nicht nur um körperliche Gesundung bemühen, sondern vor allem die Möglichkeit zu innerem Wachstum nützen. Unsere übliche Reaktion auf eine Krankheit besteht darin, sofort etwas zu tun, um sie wieder verschwinden zu lassen. Dabei vergessen wir aber, daß wir als geistig-seelische Wesen einen transzendenten Hintergrund besitzen und diesem Umstand mindestens genauso viel Aufmerksamkeit schenken müssen, wie unseren vordergründigen körperlichen Gegebenheiten.

Daß wir in Not geraten sind, sei es Krankheit oder ein Lebensproblem, zeigt uns, daß wir wieder nach der Verbindung zu jener geheimnisvollen Kraft, die sie uns geschickt hat, suchen und uns unserer Lebenssituation bewußter werden müssen. Der erste Schritt muß nach Innen gehen, ihm folgt dann der zweite, der praktisches Handeln und Behandeln bedeutet.

Dieses Buch wendet sich nicht nur an kranke Menschen und ihre mitbetroffenen Angehörigen und Ärzte, sondern auch an jene, die sich für gesund halten, denn die Krankheit ist, in welcher Form auch immer, ein wesentlicher Bestandteil unseres Lebens.

Verlag Hermann Bauer · Freiburg im Breisgau